Jörg Bergstedt
Mythos Attac

Der Medien-Hype um Attac hat politischen Protesten mehr öffentliche Wahrnehmung gebracht. Konkrete Forderungen wie die Tobin Tax oder das Ende des Irakkrieges sind populär geworden. Fraglich aber bleibt, was durch diese Popularität erreicht wurde. Hat Attac den politischen Protest gestärkt? Oder ist der Aufbau einer professionellen Kampagnen-NGO einer der Gründe, warum in Deutschland vielfältige Basisbewegungen wie in Spanien, Italien und anderen Ländern immer noch fehlen? Sind die großen Demonstrationen gegen Kriege oder Sozialabbau ein Erfolg oder mehr ein Grund dafür, dass konkreter, alltäglicher Widerstand kaum stattfindet? Wer steckt hinter Attac? Wer verfolgte mit der Gründung welche Ziele und wie haben sich diese durch den Erfolg der NGO gewandelt? Und nicht zuletzt: Was wird aus der globalisierungskritischen Bewegung Attac?

Eine Vielzahl von Quellen wurden ausgewertet, um einen Blick hinter die Kulissen des Medienphänomens Attac zu werfen. Es ist das bislang einzige Buch, das die Hintergründe des kometenhaften Aufstiegs von Attac kritisch beleuchtet.

Jörg Bergstedt, geboren 1964, ist überregional aktiv, z. B. in der Jugendumweltbewegung und dem Netzwerk »Umweltschutz von unten«. Mitglied des aus dem Expo-Widerstand hervorgegangenen bundesweiten Widerstands-Netzwerk »Hoppetosse« mit Projekten zu Dominanzabbau in Gruppen, Organisierung von unten und direkter Aktion. Lebt und arbeitet in der Projektwerkstatt in Saasen (nahe Gießen).
Veröffentlichungen u.a. *Agenda, Expo, Sponsoring – Recherchen im Naturschutzfilz, Freie Menschen in Freien Vereinbarungen, Reich oder rechts, Nachhaltig, modern, staatstreu?, HierarchNIE!,* sowie das Fachbuch *Handbuch angewandter Biotopschutz.*

Jörg Bergstedt

Mythos Attac

Hintergründe, Hoffnungen,
Handlungsmöglichkeiten

In enger Zusammenarbeit mit:
AG »Attac-Buch« bei Schöner Leben Göttingen
und Aktiven aus der Projektwerkstatt Saasen

Brandes & Apsel

Auf Wunsch informieren wir regelmäßig über das Verlagsprogramm.
Eine Postkarte an den Brandes & Apsel Verlag, Scheidswaldstr. 33,
D–60385 Frankfurt am Main, genügt.
E-Mail: brandes-apsel@t-online.de
Internet: www.brandes-apsel-verlag.de

1. Auflage 2004
© Brandes & Apsel Verlag GmbH, Frankfurt am Main
Lektorat: Cornelia Wilß, Frankfurt am Main
DTP: Wolfgang Gröne, Groß-Zimmern
Umschlaggestaltung: Anja Köcher, MDD-Digitale Produktion
nach einem Foto von Attac Deutschland
Druck: Tiskarna Ljubljana d. d., Ljubljana, Printed in Slovenia
Gedruckt auf säurefreiem, alterungsbeständigem und
chlorfrei gebleichtem Papier.

Bibliografische Information *Der Deutschen Bibliothek:*
Die Deutsche Bibliothek verzeichnet diese Publikation in der
Deutschen Nationalbibliografie; detaillierte bibliografische
Daten sind im Internet über http://dnb.ddb.de abrufbar

ISBN 3-86099-796-3

Inhalt

Vorwort

Attac – der Komet und große Hoffnungsträger am Horizont politischer Bewegungen. Nach Jahren des Durstens, vieler Frustrationen angesichts von Abwanderung aus und Etablierung in vielen politischen Organsationen sowie einer Politik, die immer mehr nur Macht- und Profitinteressen verfolgte, schienen mit *Attac* wieder Erfolge möglich, die sich sehen lassen können. Das erfasste nicht nur begeisterte Jugendliche, sondern auch viele der Älteren, die kraftloser geworden waren mit den Jahren oder sich in ein Alltagsleben mit ausreichendem oder gutem Einkommen »eingenischt« hatten. NGOs und politische Gruppen warteten öfter mit erfolgreichen Jahresberichten, Mitglieder- und Spendenzuwächsen auf als mit widerständig-frechen Aktionen oder visionären Projekten. Zudem modernisierte sich herrschaftsförmige Politik und übernahm die Slogans der früheren Bewegungen. Kriege förderten fortan die Menschenrechte, der »Aufstand der Anständigen« gegen die sichtbaren Neonazis diente dem Standort Deutschland, Geldanlagen und Profit arbeiteten für den Umweltschutz.

In der Zeit um den Jahrtausendwechsel begann Widerstand wieder breiter zu werden, wurde wieder wahrnehmbar in den Medien. Armut und Elend waren auch in Deutschland unübersehbar geworden. Das soziale Gewissen rauchte. International baute sich Protest auf, doch in Deutschland blieb es weitgehend ruhig. Selbst die Massenblockaden in Seattle erlebten hierzulande die meisten vorm Fernseher – ein halbes Jahr vorher hatte deutsche Organisationseliten in Köln noch bewiesen, wie mensch Protest unsichtbar macht. Erst 2001 wendete sich das Blatt, als die Auseinandersetzung an die Grenzen des Standortes von Langeweile schwappte – nach Göteborg und Genua. Die Folge: Ein unglaublicher Hype zunächst um den gesamten Protest und im speziellen die Militanz, nur kurz danach aber nur noch um eine Organisation, die erstens für das alles stand, deren Eliten zweitens aus großen Teilen des unkoordinierten Protestes eine politische Einheitlichkeit organisieren konnten und damit, so drittens das Interesse vieler, den ausufernden Protest kanalisieren sollten.

Dieses Buch stellt *Attac* vier Jahre nach seiner Gründung erstmals auf einen unabhängigen Prüfstand. Viele Werke sind über *Attac* und seine Themen erschienen, aber immer aus der Perspektive von *Attac*-AktivistInnen oder -UnterstützerInnen. Mit diesem Buch ist es anders. Es stammt aus der Feder von Gruppen, die aus voller Überzeugung unabhängig sind und Politikinhalte immer mit der Idee der Emanzipation, der Befreiung von Menschen aus Zwängen und Zurichtungen verbinden. Mit dabei waren auch AktivistInnen von *Attac* – ehemalige oder noch dort engagierte. Die Blicke von innen und außen sind in einer intensiven Arbeit zu einem Bild verbunden, das auf den folgenden Seiten einen Eindruck vermitteln soll, was das Medienphänomen »Attac« tatsächlich ist, wie der »Mythos Attac« entstand, arbeitet und gefördert wird.

Das Buch will zu Streit anregen. Es vertritt keine Wahrheiten, sondern Gedanken, Kritiken und Vorschläge. Streit ist eine Produktivkraft. Sie kann und soll das Denken und Handeln schärfen, aber auch erweitern hin zu neuen Ideen und Experimenten. Kritik darf und soll nicht verurteilen, sondern klären und hinterfragen. Dabei muss sie immer auch selbst wieder kritisch gesehen werden. Streit ist ein endloser Prozess und diese Buch eine kleine Wegmarke – wichtig vielleicht, weil sie ein Korrektiv ist in einer sehr einseitigen Wahrnehmung von *Attac* und politischer Bewegung.

Wir als AutorInnen dieses Buches, die vor allem aus den beteiligten Gruppen und Projekten in Göttingen und rund um die *Projektwerkstatt Saasen* stammen, wollen den Streit und das Ringen um Weiterentwicklung, Aktionsmethoden, gesellschaftliche Utopien und Kritik am Bestehenden gerne fortzusetzen. Wer Kontakt aufnehmen will, mitmischen und mitstreiten will, wer uns für Diskussionen, Veranstaltungen, weitere Texte o.ä. gewinnen will, kann sich melden:

Projektwerkstatt
Ludwigstr. 11, 35447 Reiskirchen-Saasen, Tel. 06401/903283
saasen@projektwerkstatt.de, *www.projektwerkstatt.de/saasen*

Die beteiligten Personen und Gruppen:
AG »*Attac*-Buch« bei *Schöner Leben Göttingen*
Aktive aus der *Projektwerkstatt Saasen*

Unter anderm wirkten mit und stehen für Nachfragen, Referententätigkeit und Diskussionen bereit:
– Simone Ott, Jörg Bergstedt und Espi aus der *Projektwerkstatt*
– Markus Gerke und Patrick Michaelis von *Schöner Leben Göttingen*
– Mark Kappeler aus Marburg

Einleitung: Worum geht es?

Am Anfang steht der kritische Blick: Konnte *Attac* die Handlungsfähigkeit politischer Bewegung stärken? Oder vereinnahmten Eliten den Protest für ihre Zwecke und von oben definierte Positionen und Projekte? Wie ist *Attac* strukturiert und wie sieht die gesellschaftliche Analyse aus. Wie stehen *Attac*-Führung und die Basis zueinander? Geschichte und Struktur von *Attac* werden kurz aufgezeigt. Danach folgen die Hauptkritiken zu Strukturen und Strategien, Positionen und Politik, Bündnisse und Verfilzungen von *Attac*.

Offensive, aufdeckende und hinterfragende Kritik ist wichtig. Mit diesem Buch soll für Kritik eine Lanze gebrochen werden. Dass Kritik eine anspruchsvolle Aufgabe ist, beweist gerade *Attac*: Es wäre schon viel gewonnen, wenn der Protest gegen Weltwirtschaft, Finanzsphären und Konzernen an Tiefgang gewönne. Präzise Kritik ist ein wichtiger Baustein hin zur Entwicklung einer »besseren«, d.h. emanzipatorischen und zielgenauen Politik. Sie ist notwendig zu *Attac* und allen Nichtregierungsorganisationen, Parteien oder »linksradikalen« Gruppen – zur Weiterentwicklung politischer Arbeit.[1]

Die Kritik an *Attac* bezieht sich vor allem auf die internen Strukturen und die politischen Positionen. Im Blick stehen moderne Organisierungs- und instrumentelle Herrschaftsformen, die staatsorientierte und oft verkürzte Kritik sowie die verschiedenen Detailforderungen. Dabei betrifft das Beschriebene nie alle Teile. Die zentralen Strukturen und Führungseliten stehen im Fadenkreuz der Analyse. Dennoch müssen sich alle *Attac*-Mitglieder und -Aktiven fragen, wo sie Verhältnisse akzeptieren, wann sie schweigen und durch den gemeinsamen Namen mittragen, was als »Attac« wahrgenommen wird. Jede *Attac*-Gruppe und jede Aktion unter dem Label »Attac« macht die stärker, die an den Führungsspitzen mit diesem Label eine staatsfetischistische Politik vertreten. Oder schlicht Karriere machen. Die oft vertretene Position, ein gemeinsames Label schaffe Stärke und größere Wirkung in der Öffentlichkeit ist zwar richtig, blendet aber aus, dass über künstliche Einheitlichkeit der gemeinsame Wille nur produziert wird, ohne tatsächlich von denen, auf die sich als Basis berufen wird,

---

[1] Die Bücher »Reich oder rechts?« und »Nachhaltig, modern, staatstreu?« kritisieren die ganze Breite politischer Bewegung. Im ersten werden die Strukturen und Verbindungen von Organisationen zu Staat, Wirtschaft, rechten Gruppen usw. durchleuchtet, das zweite Buch analysiert die politischen Positionen (*www.aktionsversand.de.vu*).

gebildet worden zu sein. Zudem stärkt eine solche Strategie die generelle Neigung in der Gesellschaft, zu vereinheitlichen und kollektive Identitäten zu bilden. Wo, wenn nicht in den politischen Bewegungen, sollen die ersten Experimente starten, sich von diesen Normen, Zurichtungen und Schubladenlogiken dieser Gesellschaft zu befreien?

Das emanzipatorische Modell wäre die »Organisierung von unten«, der Verzicht auf identitäre Geschlossenheit und vereinheitlichte Positionen – ohne »Wir« und »SprecherInnen«. Bewegung ist Kooperation und Vernetzung der Vielen. Der Spruch »Eine Welt, in der viele Welten Platz haben« wird auf die Organisierungsform übertragen. Das taktische Geschick, die gute Strategie richtet sich darauf, möglichst viel zu verbinden, Kooperationen zu ermöglichen, Streit zu organisieren, Austausch und gemeinsame Nutzung von Ressourcen aufzubauen, um mehr zu ermöglichen als im schlichten Nebeneinander zu bestehen. Das abschließende Kapitel stellt die Möglichkeiten direkter Aktion, gleichberechtigter Kooperation und offen-kreativer Gruppenstrukturen vor – als Anregung, nicht als Rezept.

Gruppen, die im Rahmen von *Attac* entstanden sind oder sich der Organisation angeschlossen haben, mögen sich bei der Lektüre oder auch unabhängig davon die Frage stellen, ob die Zugehörigkeit zu *Attac*, die Einordnung in die Struktur eines populistischen, medienorientierten Projektes, instrumentelle Herrschaft, staatsbejahende Ideologie und die Beschränkung in den Aktionsformen eine ausreichende, motivierende Grundlage ist. Die Frage »Attac – Ja oder Nein?« stellt sich dabei aber nicht zwingend. Wer sie in den Mittelpunkt stellt, verkürzt den Blick und muss zudem eine Entscheidung treffen, die für alle gilt. Für eine druckvolle, kreativ-widerständige, visionäre politische Arbeit ist die Frage nicht wichtig, ob eine Gruppe, Teile von ihr oder einzelne Personen bei *Attac* Mitglied sind oder deren Kampagnen und Projekte unterstützen. Jede Vereinheitlichung – ob nun für oder gegen *Attac* – widerspricht der Idee offener Aktionskonzepte. Wichtiger sind die tatsächlichen Positionen, die Form der Aktion und inhaltlichen Vermittlung, die eigenen Gruppenstrukturen und die Art von Vernetzung.

Dieses Buch bezieht sich auf *Attac* als aktuell bekanntestes Label in der politischen Bewegung, ausgestattet mit modernsten Kommunikationsmethoden und ebenso modernen Herrschaftsstrukturen. Doch die alten Umwelt- und sozialen Verbände, die linksradikalen Gruppen, Gewerkschaften und andere sind nicht besser. Sie denken und handeln identitär, sich abkapselnd, dominanzdurchdrungen. Ob nun rote Fahnen mit oder ohne Aufdruck, die immer selben Parolen, ob Eliten im Jackett oder im Kapuzi daherkommen, ob Pace- oder einheitsschwarze Fahnen – es sind immer dieselben Mechanismen identitärer Massenpsychologie sichtbar. So entsteht keine Vielfalt, keine kreativ-widerständige Stimmung. Eher werden so lenkbare Schafherden konstruiert – ganz im Interesse der Eliten in den verschiedenen Teilen der Bewegung, die ihre identitären Blöcke mobilisieren, damit ihre Positionen verkündet werden können. Von daher gelten viele Ideen dieses Buch über *Attac* hinaus – wenn sie auch auf die jeweiligen Gruppen angepasst werden müssen.

Die Entwicklung von Attac[2] Deutschland

Eine Idee aus Frankreich macht Karriere

Vor der Gründung von *Attac* stand die Themensetzung. Die Monatszeitung *Le Monde diplomatique*, einst bildungsbürgerliche Nebenpublikation der Pariser Abendzeitung *Le Monde* für das international interessierte Publikum, hatte sich bereits seit Jahren mit kritischen Analysen zur Weltwirtschaft zu profilieren begonnen. Ein Leitartikel von Chefredakteur Ignacio Ramonet unter dem Titel »Die Märkte entwaffnen« lancierte im Dezember 1997 die Idee, »auf weltweiter Ebene eine pressure group der Bürger zu schaffen, um Druck auf die Regierungen zu machen, damit sie endlich diese internationale Solidaritätssteuer« einführen. Gemeint war die vom US-amerikanischen Wirtschaftswissenschaftler James Tobin Ende der siebziger Jahre vorgeschlagene und nach ihm benannte Lenkungssteuer auf internationale spekulative Kapitalflüsse.

Ramonet schlug auch sogleich einen möglichen Namen für diese zu gründende Organisation vor, nämlich »Attac« – als Kürzel für »Action pour une taxe Tobin d'aideaux citoyens« (deutsch: Aktion für eine Tobin-Steuer als Hilfe für die Bürger)[3]. Die Initiativen sollten zugleich den Übergang zu einer »Gegen*Attac*ke« signalisieren, nach Jahren der Hinnahme angeblich notwendiger Anpassung an die Globalisierung. Im März 1998 folgte die offizielle Gründung von *Attac Frankreich*. Mittlerweile bestehen Ableger oder assoziierte Initiativen in einer Reihe von Ländern, darunter in den meisten EU-Staaten. Ohnehin ist *Attac* sehr »europäisch«, sowohl in den Forderungen wie auch von der Verbreitung. Die zehn größten Länderorganisationen bestehen in Europa[4], unterscheiden sich jedoch oftmals vom französischen Vorläufer – zum Teil dadurch, dass sie eher Profis aus der entwicklungspolitischen und humanitären Arbeit von Nichtregierungsorganisationen zusammenführen oder ihre Kritik an der bestehenden Weltwirtschaft

---

[2]   Teile dieses Textes basieren auf der Broschüre »Attacke« der Gruppe *INKaK* (Hamburg). Diese Broschüre ist vergriffen.

[3]   Die Tobin Tax galt in den Augen der *Attac*-GründerInnen als Allzweckwaffe gegen die in ihren Augen besonders schlimmen Finanzspekulationen. Der Name wurde später leicht geändert, um nicht nur die Tobin Tax (eine Steuer speziell auf transnationale Devisengeschäfte), sondern alle Finanzspekulationen zu erfassen.

[4]   Attac Deutschland (Hrsg.) (2004), »Alles über Attac«, Fischer Verlag Frankfurt a.M. (S. 50).

andere Schwerpunkte setzt als in Frankreich.[5] Gerade die Länder mit starken unabhängigen Basisbewegungen (z.B. Italien) haben bis heute nur sehr schwache *Attac*-Verbände, die zudem sehr spät und teilweise aus Parteikreisen gegründet wurden. In einigen Ländern prägen stärker nationalistische Untertöne die *Attac*-Sektionen, während in Deutschland dem französischen Vorbild ähnliche Strukturen entstanden – ebenfalls unterstützt von sozialdemokratischen Medien.

Die Gründungsphase von Attac Deutschland

Die Pläne, *Attac* in Deutschland zu gründen, entstanden Ende 1999 – vor allem in den Kreisen, die im selben Jahr bei den Protesten gegen EU- und G7-Gipfel in Köln führend waren und dort starke Hierarchien aufbauten, die Nähe zu Regierungsparteikreisen suchten und radikale Gruppen weitgehend ausgrenzten.[6] Im Januar 2000 wurde ein erster *Ratschlag* einberufen, den FunktionärInnen verschiedener Nichtregierungsorganisationen wie *WEED* (Weltwirtschaft und Entwicklung) und *Kairos Europa* dominierten. Im organisatorischen Zentrum stand ein Verein namens *Share e.V.*, der von Menschen aus dem niedersächsischen Verden gegründet worden war. Ihre Vergangenheit lag in der Jugendumweltbewegung. Sie waren entschiedene AnarchistInnen, die Mitte der neunziger Jahre zu marktwirtschaftlich orientierten Projektberatern mutierten und neue, etablierte Arbeitsfelder in der Kampagnen- und Lobbyarbeit suchten (siehe Kap.»Der Filz«). Zu politischen Basisbewegungen hatten sie zum Zeitpunkt der Gründung von *Attac* kaum noch Kontakte. Beide, die gedienten LobbyistInnen von *WEED* mit Kontakten zu Parteien, Ministerien und Ämtern sowie die modernen ManagerInnen aus Verden mit ihrem Knowhow von Medienarbeit, Integration und modernen Hierarchien, bildeten den Ausgangspunkt der neuen Organisation. Als Namen wählten sie noch nicht *Attac*, sondern *Netzwerk zur demokratischen Kontrolle der Finanzmärkte*. Der Bezug auf die internationalen *Attac*-Strukturen war aber von Anfang an gewollt, einige der ersten Regionalgruppen hie-

---

[5] Text bis hierhin aus Bernhard Schmid: »Al'attaque«, erschienen im *iz3w*-Sonderheft: »Gegenverkehr. Soziale Bewegungen im globalen Kapitalismus«.

[6] Siehe den Auswertungsreader »Vom Gipfel kann es nur noch aufwärts gehen« der Gruppe *Landfriedensbruch* (Bestellung und Download über: *www.projektwerkstatt.de/materialien*).
Führende Person in der Vorbereitung war Peter Wahl von *WEED*.

ßen bereits *Attac*. In der Gründungsphase hatte die neue Nichtregie-rungsorganiation eine sehr einfache Struktur und Programmatik. Die Eindämmung der Finanzmärkte waren ihr heißes Thema: Eine To-bin-Steuer sollte erkämpft, die Spekulation gestoppt und die Produk-tion dadurch gestärkt werden. Eine der ersten Ideen, die allerdings nicht umgesetzt wurde, war eine deutsche Großdemonstration Rich-tung Luxemburg. Die konfrontative Grundhaltung, die von Seattle bis Genua die Aktionen stark prägten, fand bei *Attac* keinen Konsens. Forderungen nach Abschaffung von EU, der Welthandelsorganisation (WTO) oder der Weltbank wurden von *Attac*-Funktionären als »sek-tiererischer Quatsch«[7] denunziert.

Schon auf diesem ersten *Ratschlag* wurde ein *Koordinierungskreis* (Ko-Kreis) gegründet, der offiziell nur für die Koordination, Geschäfts-führung und außerordentliche, dringende Aufgaben zuständig sein sollte, aber tatsächlich sofort zur handelnden Zentrale wurde. Wenig später entstand das Bundesbüro im *Ökozentrum* in Verden, wo auch *Share e.V.* residierte, Mitglieder des Koordinierungskreises wohnten und die Internetseite betreut wurde. Die Machtfrage war deutlich ent-schieden. Menschen oder Gruppen, die bei *Attac* Mitglied wurden, sowie lokale *Attac*-Basisgruppen hatten in der Anfangsphase kaum Mitbestimmungsrechte gegenüber der bundesweiten Struktur. Mit dieser undemokratischen Struktur stand *Attac* schnell in der Kritik. Sie führte erst viel später, im Februar 2002, mit der Gründung eines *At-tac*-Rats zu Veränderungen.

Der Attac-Hype ab Sommer 2001

Die Aktionen gegen den IWF/Weltbank-Gipfel in Prag ließen die Be-wegung gegen die internationalen Finanzinstitutionen im September 2000 nach Europa schwappen. Prag war für viele Menschen ein Mei-lenstein, für nicht wenige die erste große internationale Demonstration überhaupt. In der Vorbereitung kam es in einigen deutschen Städten zu Bündnissen, die sich häufig aus lokal entstehenden *Attac*-nahen Gruppen, der Organisation *Linksruck*[8] und linken GewerkschafterIn-

---

[7] Peter Wahl, in: *die taz*, 24.5.2002.
[8] Bundesweite Organisation innerhalb einer internationalen sozialistischen Bewegung, die als Abspaltung aus den Jusos entstand und unter Berufung auf die Ideologie von Leo Trotzki mit sehr einheitlichen, kämpferischen, aber meist oberflächlichen politischen Slogans agiert. *www.linksruck.de.*

nen zusammensetzten. Radikalere Gruppen beteiligten sich an diesen Bündnissen in den meisten Städten nicht, weil sie ihre politischen Positionen nicht aus Gründen der Bündnisdisziplin aufgeben wollten. Die fehlende Vielfalt und der Rückzug vieler ehemals traditionell internationalistisch geprägter radikaler Gruppen wurden von den Bündnissen aber nicht als Mangel wahrgenommen.

Im darauf folgenden Sommer 2001 folgten zwei große Gipfel, gegen die *Attac* offensiv mobilisierte. Nach dem dadurch stark erwachten Interesse an der neuen Protestorganisation förderten von der *Frankfurter Rundschau (FR)* und der *taz* bis zur SPD große Teile der gesellschaftlichen »Mitte« den Aufbau von *Attac*. Die bis dahin kleine Gruppe wurde zum Zentrum ausgerufen. Schon nach wenigen Wochen war *Attac* Meinungsführer. Wer nicht dazugehörte, wurde an den Rand gedrängt oder gegen den eigenen Willen als *Attac*-Gruppe dargestellt. Die wenigen, die Distanz hielten, bekamen das Herrschaftsprinzip des »Teile und herrsche« deutlich zu spüren. Diffamiert als KrawallmacherInnen blieben sie am Rand der öffentlichen Wahrnehmung, während die Attac-Führung, die JournalistInnen u.a. der *FR* und andere vehement den Ausschluss militanter und staatskritischer Proteste aus Bündnissen und Aktionen einforderten.

»Wer wegschaut, wenn sich die schwarze Truppe in die Reihen einschleicht, der macht sich durch Gewährenlassen mitschuldig an der Gewalt. Doppelt mitschuldig macht sich, wer die Polit-Holligans tendenziell auf seiner Seite glaubt.«[9] Dabei gerät auch *Attac* in die Schusslinie, wenn sich AktivistInnen nicht an die vermeintlichen Regeln halten: »Attac-Aktivisten hatten die Straßensperre bei Annemasse maßgeblich mitorganisiert. Sich deutlich von solchen Aktionen zu distanzieren, auf die Kraft der Argumente und die Zahl der Engagierten zu vertrauen: Das könnte die Lehre sein, die die Globalisierungskritiker aus diesem Gipfel ziehen müssen.«[10]

EU-Gipfel in Göteborg

Den Göteborger Gipfel prägte ein riesiges Ausmaß an Staatsgewalt. Erstmals seit vielen Jahren wurde in Westeuropa mit scharfer Munition auf eine Demonstration geschossen. Kurzfristig hieß es sogar[11], ein Demonstrant wäre an seiner Schussverletzung gestorben. 929 Menschen wurden in Gewahrsam genommen, in den folgenden Prozes-

---

[9]   *FR* ,13.7.2001 (S. 3).
[10]   Volker Schmidt: »Ausbruch aus dem intergalaktischen Dorf«, in: *FR*, 2.6.2003 (S. 3).
[11]   Falschmeldung des Fernseh-Senders *N-TV*.

sen erhielten über 40 Personen Haftstrafen von durchschnittlich zwölf Monaten. Alle 170 Verfahren gegen Polizisten, denen Übergriffe, u.a. die Schüsse, vorgeworfen wurden, wurden eingestellt. Der Führungskreis von *Attac* hatte zu diesem Zeitpunkt sein gutes Verhältnis in die Medienlandschaft bestens ausgebaut und nutzte es dafür, die Medienhoheit über die Globalisierungskritik an sich zu reißen. »So wie Tesa für Klebeband steht Attac seitdem für Globalisierungskritik«, beschrieb etwa *die taz* später die Wirkungen der Proteste[12].

Attac-Funktionäre versuchten nach den Protesten, die von Politik und Medien versuchte Spaltung der Bewegung in einen guten reformistisch-braven und einen bösen gewalttätigen Teil voranzutreiben. Die *Attac*-Führung sah sich mengengleich mit dem guten Teil, während gegen militante Politik gehetzt wurde: »Die Menschen sprechen natürlich nur über die Gewalt. Unsere Ideen, die Gründe für unsere Opposition, unsere Vorschläge werden vollständig in den Hintergrund gedrängt [...] Eine Bewegung kann sich nicht auf der Grundlage einer Jugendkultur und auf der Bereitschaft, sich verprügeln zu lassen, entwickeln [...] Darüber hinaus wird die Bewegung aufgespalten in jene, die Gewalt verurteilen und jene, die sie tolerieren.«[13] Die Befürchtung autonomer Gruppen, *Attac* würde seine Medienmacht für sich und gegen andere Teile der Bewegung ausnutzen, hatte sich bestätigt. Mehrere *Attac*-FunktionärInnen forderten die praktische Ausgrenzung militanter Gruppen aus künftigen Bündnissen.

Genua
Nur wenige Wochen später ging das Gipfel-Hopping in die nächste Runde: der G8-Gipfel der führenden acht Wirtschaftsnationen in Genua stand bevor. In der Mobilisierung gab es regional ähnliche Bündnisse wie schon zum IWF/Weltbank-Gipfel in Prag. Diese Bündnisse vernetzten sich vor Genua bundesweit im *Kasseler Bündnis* und organisierten rund 20 Busse. Auch hier beteiligten sich nur wenige linksradikale Gruppen, sie zogen sich teilweise in »eigene« Bündnisse zurück.

Die Beteiligung deutscher *Attac*-Mitglieder an den Protesten in Genua war gering, wie interne *Attac*-Papiere bestätigten. Genua wurde in vielerlei Hinsicht Höhepunkt, aber auch Wendepunkt in Westeuropa für Mobilisierungen und Aktionen gegen die Treffen der Finanzin-

---

[12]   *die taz* , 20.7.2002, das »seitdem« bezieht sich auf die Proteste von Göteborg und Genua.
[13]   Susan George: »Grain desable», elektronischer Brief von *Attac Frankreich*, 18.6.2001.

stitutionen und G8-Staaten: Hunderttausende DemonstrantInnen, stundenlange Auseinandersetzungen auf der Straße, eine zur Festung ausgebaute Innenstadt, hunderte Schwerverletzte, Schüsse auf mehrere Personen sowie ein Toter schufen ein gewaltiges Medienecho, aber auch intensive interne Diskussionen über politische Strategien.

In und durch Genua war es möglich, öffentlich wahrnehmbar Kapitalismus abzulehnen. Für kurze Zeit hatten Gruppen mit radikaleren Vorstellungen die Möglichkeit, sich in bürgerlichen Medien Gehör zu verschaffen[14]. Globalisierungskritik war keine Außenseiterposition mehr: »Eine neue, erstmals wirklich internationale Protestorganisation heizt Politikern und Konzernen ein – und zwar zu Recht«, schrieb *Der Spiegel*.[15]

Attac Deutschland wächst

Vom Aufschwung nach Genua profitierte keine Gruppe oder Bewegung so sehr wie *Attac*. Die Mitgliederzahl stieg rasant an: Vor Genua noch unter 500, einen Monat später schon rund 1000, und dann stetig weiter bis auf über 8000 im August 2002.[16] In vielen Städten gründeten sich lokale *Attac*-Gruppen mit teilweise mehr als 100 Mitwirkenden.

Dieser hatte mehrere Gründe:

* *Attac Deutschland*, in Genua kaum vertreten, konzentrierte sich auf den Ausbau der vorhandenen Kontakte zur Medienlandschaft. Immer wieder wurde der Schein erweckt, dass *Attac* gleichbedeutend mit der gesamten Bewegung sei und für Menschen mit ihrer Kritik am Neoliberalismus gar keine anderen Möglichkeiten bestünde, als zu *Attac* zu gehen.
* Es gab außer *Attac* kaum Gruppen, die gewillt und in der Lage waren, viele Menschen »einzubinden«. Autonome und andere radikalere Gruppen sind in der Bundesrepublik häufig verschlossene Zirkel, in denen neue Menschen kaum offen empfangen werden und deren Öffentlichkeitsarbeit auf Flugblätter ohne Absenderangaben und geschlossene Demoblöcke reduziert ist.
* *Attac* dagegen wollte mit allen über sonstige Differenzen hinweg zusammenarbeiten, die bereit waren, die *Attac*-typischen sozialdemokratischen Formeln zu unterschreiben. Bei *Attac* mitzuma-

---

[14] *Der Spiegel* lud neben *Attac* und *Linksruck* auch die herrschafts- und kapitalismuskritische Gruppe *Schöner Leben* Göttingen zum Interview (*www.schoener-leben-goettingen.de*).
[15] Zitiert nach *INKaK*, 2002: »Attacke!« (S. 5).
[16] Mitgliederzahlen unter *www.attac.de/jesko/mitglieder.html*.

chen wurde Menschen sehr einfach gemacht. Mitglied zu sein war keine bindende Entscheidung. Wer eine Unterschrift leistete, regelmäßig etwas Geld überwies oder zu einer Veranstaltung ging, investierte weniger Kraft als jemand in einer selbstorganisierten Gruppe oder Vernetzung. Über diese Mitglieder hinaus gab es auch eine große Zunahme der Anzahl aktiver Mitglieder bei *Attac*, in Ortsgruppen und AGs. Einige große Projekte entstanden sogar weitgehend selbstorganisiert, z.b. die Sommerakademie in Marburg 2002.[17]

- Der Zustrom an *Attac*-Mitgliedern nach den Protesten von Genua speiste sich einerseits aus enttäuschten Grünen und SPD-AnhängerInnen, auch viele Parteigliederungen wurden Mitglied – also durchaus bürgerliche NeoliberalismuskritikerInnen. Andererseits kamen alte SozialistInnen sowie kämpferische Gruppen wie die *Sozialistische Alternative Voran* (SAV)[18] und *Linksruck,* weil sie eine Chance für ihren Antikapitalismus sahen und von revolutionären Parolen und der neuen Einheitsfront angezogen wurden.

Attac-Kongress

Auf welche Weise *Attac* in der Lage war, den Medienhype zu nutzen, wurde spätestens im Oktober 2001, drei Monate nach Genua, auf dem ersten großen *Attac-Kongress* (19.-21. Oktober 2001) in Berlin deutlich. Dorthin kamen rund 3.000 Menschen, darunter viele, die sich aktiv engagieren wollten. Vor Genua hätte niemand mit einer so großen Resonanz gerechnet. Für den Kongress war es *Attac* wichtig, Prominente mit ins Boot zu holen, u.a. Oskar Lafontaine, Daniel Cohn-Bendit, Susan George und Horst-Eberhard Richter. *Attac* suchte nach Aushängeschildern und fand sie.

Spätestens seit diesem Kongress ließ sich das Label »Attac« nicht mehr auf die Forderung nach der Tobin-Steuer reduzieren. Es kam immer wieder zu Diskussionen um den bevorstehenden Krieg gegen Afghanistan. *Attac* entwickelte neue Schwerpunkte, unter anderem zur Renten- und Gesundheitspolitik, später gegen den Krieg und zum Sozialabbau. Die Hinwendung zu neuen Themen trug dazu bei, dass der Mitgliederzulauf zu *Attac* auch nach den Anschlägen des 11. September 2001 keinen Bruch bekam, zumal die politische Debatte

---

[17] Allerdings kritisierten Aktive aus Marburg die Einmischungsversuche der *Attac*-Führung, siehe Protokoll des Koordinierungskreises vom 3. September 2003.

[18] Wie *Linksruck* eine trotzkistische Gruppe mit sehr ähnlichen Positionen und Aktionsformen.

von allen Seiten sehr stark auf populistische Verkürzungen ausgerichtet war. Das entsprach den politischen Strategien von *Attac*.

Auf dem Kongress waren erste Kontroversen zu beobachten. Einzelne Menschen von der *Attac*-Basis kritisierten die Politik ihres Koordinierungskreises, von denen Teile die Nähe zu Realpolitikern wie Daniel Cohn-Bendit suchten. Sie formulierten, dass der Kurs zu gemäßigt sei und eine inhaltliche Positionierung fehle, die sich von SPD-Programmen abhöbe. Diese Leute meldeten sich aus dem Publikum zu Wort, waren jedoch in der Minderheit. Die Mehrheit trug die Position der Führung mit, man müsse bei *Attac* möglichst viele Personen unter einem gemeinsamen Nenner vereinigen. Insofern stand der Kongress im Oktober 2001 zwar für eine Erweiterung des Themenspektrums, gleichzeitig aber für die starke Ausprägung auf staats- und kapitalismuskonforme Forderungen.

Kampagnen und fortdauernder Medienhype

Attac ist ein Kampagnenverband, d.h. die überregionalen Aktivitäten verlaufen wellenförmig entlang ausgewählter Themen und Ereignisse. Nach dem Kongress standen Demonstrationen gegen den bevorstehenden Angriff auf Afghanistan im Mittelpunkt. Dieses Anti-Kriegs-Engagement hielt dauerhaft und mündete u.a. in die Gründung der Kampagne »Resist« gegen den Irak-Krieg im Jahr 2003.

Darüber hinaus versuchte sich *Attac* in den Bundestagswahlkampf 2002 einzubringen, um dort vor allem die Themen Renten und Gesundheitsversorgung auf die Agenda der Wahlkampfthemen zu setzen. Auch dies sollte vor dem Hintergrund der allgemeinen Globalisierungsdiskussion geschehen. Peter Wahl *von Attac Deutschland* schrieb: »...der Wahlkampf kann als Folie genutzt werden, vor deren Hintergrund die Globalisierungsdebatte umso wirksamer geführt werden kann«. Höhepunkt sollte eine Demonstration am 14. September 2002 (eine Woche vor der Bundestagswahl) in Köln sein, auf der *Attac* seine Forderungen im Bündnis mit den *Jusos* und dem Gewerkschaftsdachverband *ver.di* an die Politik richten wollte. Mit der inhaltlichen Ausrichtung auf die Zukunft der Gesundheitsversorgung machte *Attac* allerdings dabei eine kleine Bauchlandung. Die Mobilisierung für das Thema Gesundheit war schwierig und als offizielles Wahlkampfthema wurde es von den Parteien ausgeklammert. Der erste Versuch von *Attac*, ein Thema »als eigenständiger Akteur« zu setzen, war »gänzlich erfolglos«.[19]

Insgesamt hielt der Medienhype für *Attac* an, die Organisation wurde jetzt in mehreren Themenfeldern als führende Organisation oder gar als Dachverband politischer Bewegung benannt. Aus der Feder von RedakteurInnen von *Spiegel*, *taz* und *Zeit* stammt das erste Buch über *Attac*, welches sich gut verkaufte.[20] Gleichzeitig war das Jahr von zunehmenden internen Auseinandersetzungen geprägt. Die Mitgliederzuwächse mussten bewältigt und Modelle zur Partizipation der Mitglieder gefunden werden. Die inhaltlichen Auseinandersetzungen um Forderungen und Bündnispolitik *Attacs* nahmen zu, ohne jedoch die Dominanz der Führungsgruppe in Frage stellen zu können.

Ende 2002 gingen die Mitgliederzuwächse erstmals deutlich zurück, was eine Finanzkrise verursachte. Das änderte sich 2003 wieder: Die Statistik zeigt den offensichtlichen Zusammenhang zwischen dem Zulauf zu *Attac* und gesellschaftlichen Protesten, d.h. *Attac* wird als Zentrum aller Proteste wahrgenommen. Während des Irakkrieges und in der Phase der Proteste gegen Sozialabbau traten viele Menschen bei *Attac* ein, weil die Medien *Attac* die Erfolge der bundesweiten Demos z.B. am 15. Februar und am 11. November 2003 zugeschrieben. Während des Irakkrieges traten wöchentlich ca. 250 Mitglieder bei, im weiteren Jahresverlauf nur ca. 50.[21] Im Jahr 2003 steigerte sich der Zulauf, bedingt durch die Anti-Kriegs- und Sozialproteste, wieder auf ca. 80 Personen pro Woche. 35.000 Adressen stehen im *Attac*-Mail-Verteiler »d-Info«.[22]

---

[19] Vorwort (S. 11) zur 2. Auflage des Buches Grefe u.a. »attac« (siehe Folgeanmerkung).

[20] Grefe, Christiane/Greffrath/Mathias/Schumann, Harald (2002): »attac – Was wollen die Globalisierungskritiker?«, Rowohlt Berlin. Das Buch in nicht nur eine Beschreibung von *Attac*, sondern erteilt auch strategische Anweisungen u.a. zur Festlegung auf staatskonforme Positionen und Ausgrenzung radikaler Gruppen. Die AutorInnen sind bei der Gründung von *Attac* und *Attac*-Arbeitsgruppen direkt beteiligt gewesen und haben dort sowie im Buch für staatsnahe Positionen, einen Verzicht auf zivilen Ungehorsam und mehr Prominente in der Organisation plädiert. Das Ergebnis dieser Entradikalisierung scheint inzwischen auch ehemaligen BefürworterInnen zu missfallen, darauf deuten Berichte in der *FR* oder *Jungen Welt* hin. Die *Attac*-Buch-AutorInnen bleiben sich aber treu und betrauern, dass nicht »prominente Unterstützer oder Führungsfiguren« (S. 12) und »Europas Attac-Gruppen über keinen professionellen Brückenkopf in Brüssel« verfügen (S. 14).

[21] Bericht der Finanz-AG vom 29.8.2003.

[22] Attac Deutschland (Hrsg.) (2004): »Alles über Attac« (S. 51).

Aktuelle Struktur

Nach dem schnellen Anwachsen von *Attac* mit mittlerweile fast 15.000 Mitgliedern und 200 Ortsgruppen stellte sich die drängende Frage, wie eine adäquate Struktur aussehen kann, die diesem Zuwachs Rechnung trägt. Die Treffen der *Attac*-Gremien und des Ratschlags waren davon geprägt. Die aktuelle Struktur soll hier kurz umrissen werden.[23]

Die Mitglieder

Attac hat Mitte April 2004 14.465 Organisationen und Einzelpersonen als Mitglieder.[24] Außerdem sind lokale Untergliederungen von Parteien UnterstützerInnen von *Attac*. Sie haben kein Stimmrecht, nur ihre Jugendorganisationen können dieses erhalten. Überregional arbeitende Parteien und Parteiuntergliederungen können nach Angaben von *Attac* weder Mitglied noch Unterstützer werden – allerdings wurde der SPD-Parteiverband Hessen-Süd als Mitglied geführt. Das entspricht in der SPD-Struktur einem Landesverband.

Die Basisgruppen

Attac bezeichnet seine ca. 200 Gruppen als »das wichtigste Standbein«.[25] Ortsgruppen und Gruppen an Universitäten können jederzeit neu gegründet werden. Sie sind in der Gestaltung ihrer Arbeit völlig frei, allersdings werden sie von Bundesebene mit Vorschlägen und einheitlichen Mittel der Außendarstellung versorgt. *Attac* setzt sehr stark auf das eigene Logo und ein gleichförmiges Erscheinungsbild durch T-Shirts, Transparente, Aufkleber, Stirnbänder, Luftballons und Fahnen. Zwei Mitarbeiterinnen aus dem Bundesbüro unterstützen die Basis-Aktivitäten. Als besondere Gruppen und Basis-Zusammenhänge sind das *Campus-Netzwerk* aus 23 *Attac*-Unigruppen[26] und *KulturAttac* als Kooperation von KünstlerInnen entstanden. Letztere arbeiten teilweise professionell unter dem Label von *Attac*.[27] Die *Attac*-Gruppen erhalten 30% der Mitgliedsbeiträge, die in ihrem jeweiligen Landkreis

---

[23] Struktur und Finanzen sind sehr transparent auf der Homepage www.attac.de dargestellt.
[24] Stand: 15.4.2004, 9 Uhr. Quelle: *www.attac.de/statistik/mitglied.txt.*
[25] *www.attac.de/regional/.*
[26] *www.attac.de/campus/* (April 2004).
[27] Siehe Kritik des *Ko-Kreises* an der profitorientierten, wirtschaftlichen Tätigkeit von *Kultur Attac* im Protokoll vom 7.1.2004.

anfallen. Jede Gruppe, die diesen Anteil erhalten will, muss eine/n Finanzverantwortlichen bestimmen.

Auf einer Internetseite hat *Attac* typische Problemfälle in Basisgruppen zusammengestellt.[28] »Schrate, Machtgeile und Sektierer« torpedieren in vielen Gruppen die Arbeit, z.b. durch langatmige oder abschweifende Reden auf den Plena. Angegriffen werden auch Personengruppen, die in der *Attac*-Basis ihre Positionen durchdrücken wollen. *Attac* versucht, »die Leute in den Gruppen zu stärken, die *Attac*-kompatible Umgangsformen in der Gruppe wollen«, was auf den Willen zur Gleichschaltung auf ein richtiges Verhalten innerhalb von *Attac* hindeutet.

Der Ratschlag

Zweimal jährlich trifft sich der sogenannte *Ratschlag* von *Attac*, einmal mit einem oder mehreren inhaltlichen Schwerpunkten und einmal mit einem Schwerpunkt auf der Wahl zu Gremien, der Verabschiedung des Finanzplans und anderen organisatorischen Fragen. Auf dem zweitägigen Event treffen sich auch Workshops und Arbeitskreise. Formal wichtig ist die Vollversammlung. Dort werden die Mitglieder des *Attac*-Rates und des Koordinierungskreises gewählt. Der *Attac*-Ratschlag ist das höchste Beschluss fassende Gremium. Er entscheidet über die Annahme von Positionspapieren und das Starten von Kampagnen, zudem kann er – wenn auch nur im Konsens – alle Entscheidungen des Rates oder des Koordinierungskreises rückgängig machen. Alle Interessierte können beim Ratschlag mitdiskutieren und anfangs auch abstimmen. Seit 2003 gibt es ein Delegiertensystem (2-6 Stimmen pro Gruppe je nach Größe).[29]

Der Attac-Rat

Der *Attac*-Rat ist ebenfalls eine große Runde. Er besteht zum einen aus 24 VertreterInnen von *Attac*-Ortsgruppen, die auf den Regionalkonferenzen gewählt werden, wobei jeweils die Hälfte Frauen sein müssen. Daneben sitzen die Mitgliedsorganisationen mit zwölf VertreterInnen, der gesamte Koordinierungskreis und VertreterInnen aller bundesweiten Arbeitsgruppen im Rat. Das Gremium trifft sich im Abstand von einigen Monaten. Der *Attac*-Rat hat eine wichtige Funk-

---

[28] *www.attac.de/regional/sms.php.*
[29] Attac Deutschland (Hrsg.) (2004), (S. 153).

tion bei der Koordinierung von Kampagnen und Inhalten. Hier werden die Schwerpunkte ausgearbeitet und die Ergebnisse des *Ratschlages* umgesetzt. Wegen der großen Zahl von FunktionärInnen aus verschiedenen NGOs und anderen Organisationen kommt dem *Attac-Rat* die Rolle eines Bündnistreffens zu[30] – zumal in Deutschland ein bundesweites Sozialforum bislang fehlt.

Koordinierungskreis (Ko-Kreis)

Der *Koordinierungskreis* ist das geschäftsführende Organ von *Attac*. Er bestimmt und organisiert das Tagesgeschäft, d.h. die häufigen kurzfristigen Beschlüsse, Stellungnahmen usw. Im Koordinierungskreis sitzen je zwei Vertreterinnen der vier Regionen Nord, Süd, Ost und West sowie VertreterInnen aus den Mitgliedsorganisationen – insgesamt 21 Personen. Er trifft sich alle ein bis zwei Monate, die Protokolle sind im Internet einsehbar.[31] In der jüngsten Vergangenheit hat der Ko-Kreis Arbeitsgruppen gebildet, in denen bestimmte Aufgaben wie Pressearbeit, Gruppenbetreuung oder die Pflege der Homepage bearbeitet werden. Zum Teil rotieren die Mitglieder in diesen AGs.[32]

Bundesweite Arbeitsgruppen (AGs)

Innerhalb von *Attac* ist es möglich, eine bundesweite AG zu gründen, die sich mit einem besonderen Thema befasst (Beispiele für AGs: WTO, Globalisierung und Krieg). Die AGs erarbeiten Materialien, Stellungnahmen und Positionsbestimmungen und planen oder diskutieren auch andere Kampagnenarbeit (z.B. Aktionen bei internationalen Treffen). Die AGs können Publikationen herausgeben. Wieviel Geld sie dafür zur Verfügung haben, wird bei der Abstimmung über den Haushaltsplan entschieden. Neue AGs werden vom *Attac*-Rat auf Grundlage eines Arbeits- und Selbstverständnispapiers anerkannt, wenn nötig werden »Nachbesserungen« gefordert Dadurch kontrolliert dieses Gremium die Gründung und die inhaltlichen Positionen der AGs.

---

[30] So drückte es ein *Attac*-Rats-Mitglied in einer Mail der *Hoppetosse*-Mailingliste aus.

[31] *www.attac.de/prot/*.

[32] Übersicht über die AGs u.a. im Protokoll des Ko-Kreises vom 7./8.2.2004.

Wissenschaftlicher Beirat

Der Wissenschaftliche Beirat ist in beratender Funktion tätig. Fast hundert ProfessorInnen, WissenschaftlerInnen und Experten wirken mit – viele bekannte Namen aus den Eliten des Bildungs-Bürger-Innentums sind zu finden. Sie vertreten ein breites Spektrum unterschiedlicher Fachrichtungen. Engagiert sind Ökonomen, Soziologen, Politologen, Juristen, Psychologen und Fachleute anderer Professionen. Ihnen gemeinsam ist die Absicht, ihre Expertise in den Dienst des globalisierungskritischen Netzwerks *Attac Deutschland* stellen. Ein Teil von ihnen ist auch in Beratungsgremien oder Kuratorien weiterer im Umfeld von *Attac* entstandener Organisationen wie der 2001 initiierten und 2003 formal gegründeten *Bewegungsstiftung* oder der vor dem Irakkrieg entstandenen Anti-Kriegs-Kampagne *Resist* aktiv.

Der *Wissenschaftliche Beirat*, mehr aber noch die Mitglieder bei ihren vielfältigen Auftritten und Veröffentlichungen, bringen *Attac* immer wieder ins Gespräch und fördern die Wahrnehmung von *Attac* als Zentrale politischer Bewegung. Dazu tragen auch gerade die gegenüber etablierten Organisationen kritisch auftretenden Beiratsmitglieder mit ihren Auftritten für *Attac* bei, weil sie unabhängige Kritik beiseite drängen, namentlich z.B. Uli Brand oder Roland Roth. Ersterer ist seit langer Zeit in der *Bundeskoordination Internationalismus (BuKo)* aktiv, schreibt NGO-kritische Bücher und sitzt auf vielen Podien als scheinbar unabhängiger *Attac*-Kritiker. Roth ist ebenfalls bekannt geworden als kritischer Buchautor zu Nichtregierungsorganiationen.[33]

Innerhalb des *Attac*-Beirates sind AGs gegründet worden, in denen jeweils ein Teil der Beiratsmitglieder zusammenarbeitet.

Bundesbüro

Beachtenswert war die schnelle Zunahme der hauptamtlichen Kräfte, die für *Attac* tätig sind. So wurden Menschen für die Buchhaltung, die Büro-Organisation, die Drittmittelbeschaffung, zur Gruppen- und Aktions-Unterstützung, für die Öffentlichkeitsarbeit und eine Person für die Geschäftsführung beschäftigt – eine Professionalisierung von *Attac*, gegen die einzelne Bedenken vorgebracht wurden.[34] Die Geschäftsstelle ist kein gleichberechtigtes Kollektiv. Jenseits der Frage, wie die dort Tätigen ihren Umgang miteinander selbst regeln, hat *Attac* eine

---

[33] Roland Roth: »NGO und transnationale soziale Bewegungen«, in: Ulrich Brand u. a. (2001), Nichtsregierungsorganisationen in der Transformation des Staates, Westfälisches Dampfboot, Münster (S. 53).

[34] Zum Beispiel auf dem *Attac*-Rat am 21.9.2002.

formale Hierarchie geschaffen, die sich auch in deutlich unterschiedlichen Lohnhöhen zeigt. Einige Stellen sind nur halbtags, die Entlohnung reicht von BAT Vb für Sekretariatsarbeit über BAT III für die Fachstellen (Presse, Fundraising) bis zur Geschäftsführerin, die außerhalb BAT deutlich besser als die anderen Angestellten gestellt ist.[35]

Entscheidungsfindungsverfahren

Attac entscheidet im Konsens. Damit ist gemeint, dass Entscheidungen nur gelten, wenn niemand ein Veto einlegt. Das klingt gut, und es gehört zum Flair der »Organisation neuen Typs«, auf das Konsensprinzip hinzuweisen. Bei genauerer Betrachtung ist das positive Image des Konsenses nur in Teilen berechtigt. Richtig ist, dass es Kampfabstimmung und damit das machtförmige Übergehen von Minderheitenpositionen zurückdrängt. Allerdings ist die Form einer Entscheidung nur ein Nebenaspekt von Dominanz. Dass überhaupt entschieden wird und damit eine kollektive Position entsteht, der sich z.B. auch Unbeteiligte zu unterwerfen haben, wird durch den Konsens nicht in Frage gestellt. Dominantes Redeverhalten und Abstimmungstricks sind beim Konsens ebenso möglich wie bei Mehrheitsabstimmungen. Zudem bleibt beim Konsens regelmäßig außer Acht, dass die Fragestellung entscheidend ist. Angesichts der dominanten Stellung des Koordinierungskreises von *Attac* kann dieser in der Regel die Frage formulieren oder sogar schon setzen, was der Status Quo ist. Entscheidungen des Ko-Kreises können dann nur noch im Konsens verändert werden. So eingesetzt, passt Konsens optimal zur instrumentellen Herrschaft (siehe Kap. »Organisation neuen Typs«).

Finanzierung

Auffällig positiv ist die Transparenz im Finanzbereich von *Attac*. Auf der entsprechenden Internetseite findet sich als erster Satz »Gerade bei unserem Thema sollten wir besonders offen und transparent mit Geld umgehen.« Das geschieht auch. Die Haushaltsabschlüsse und -pläne sind ebenso einsehbar wie Papiere über Finanzprobleme und Zuständigkeiten.

Attac bezieht seine Einnahmen hauptsächlich aus Mitgliedsbeiträgen und Spenden. Hinzu kommen öffentliche Förderungen und wirtschaftliche Tätigkeit. Im Laufe des Jahres 2003 entstand durch Re-

---

[35] Personalplan zum Haushaltsentwurf 2004.

chenfehler und abnehmende Mitgliederzuwächse eine erhebliche Unterdeckung. »Der Haushalt 2003 schließt nach der aktuellen realistischen Prognose mit einer Unterdeckung von rund 59.000 €. Ende 2003 haben wir Zahlungsverpflichtungen von insgesamt 105.000 €.«[36] Für 2004 wird Schlimmeres angedeutet: »Wenn in 2004 keine drastischen Einschnitte vorgenommen werden oder keine erhebliche Erhöhung der Einnahmen in 2003 und 2004 stattfinden, wird Attac im Lauf von 2004 zahlungsunfähig.« Ein halbes Jahr später sah es jedoch besser aus. Eine Weihnachtsspenden-Aktion brachte ca. 60.000 € Einnahmen, zudem stiegt der Mitgliederzuwachs durch die *Attac* zugerechneten Proteste gegen den Sozialabbau ab Ende 2003 wieder an. *Attac* ist zu einem professionellen Verband geworden. Trotz ständig großer Mitgliederzuwächse[37] und erheblicher Spendeneingänge werden erhebliche Schulden angehäuft. Das ist weit entfernt von der Praxis, die Basis-Bewegungen auszeichnen müsste.

---

[36] Bericht der Finanz-AG vom 29.8.2003.
[37] Für 2004 geschätzte Beitragseinnahmen: 655.000 € (Finanzbericht vom 30.1.2004).

Organisation neuen Typs:
Die Attac-Strategien

Welche Ziele und Strategien spiegeln sich in den Strukturen von *Attac*? Was trieb die GründerInnen und was verfolgen die Leitungsgremien von *Attac* heute? *Attac* wurde 2001 in einem unvergleichbaren Siegeszug durch die Medien binnen weniger Wochen zur meinungsführenden Gruppe bzw. zum Dachverband globalisierungskritischer Bewegung in Deutschland. In weiteren Themen wiederholte sich dieser Ablauf, z.B. mit der Kampagne *Resist* vor dem Irak-Krieg (Ende 2002 bis Anfang 2003) oder ab Sommer 2003 hinsichtlich der Umweltbewegung. Als Mitte 2003 deutliche Proteste gegen soziale Kürzungen und die Agenda 2010 entstanden, war *Attac* zunächst sogar eher Bremser (siehe S. 53ff). Erst kurz vor der Demonstration am 1. November 2003 stieg *Attac* voll ein, die Medien machten *Attac* aber sofort zur Führungsgruppe. Ein analytischer und hinterfragender Blick auf solche Strategien und Strukturen lohnt, um moderne Dominanzformen zu verstehen.

Instrumentelle Herrschaft

> *»Attac ist der organisatorische und politische Orientierungspunkt der Bewegung gegen die kapitalistische Globalisierung.«*
> Bildunterschrift in der *Solidarität,* Mai 2002 (S. 3), Zeitung der *SAV*

Attac hat sich in der Gründungsphase als »Organisation neuen Typs« bezeichnet. Gemeint war damit die Mischung aus einer breiten, vielfältigen Basis und handlungsfähigen bundesweiten Strukturen. Bisher waren die meisten politische Verbände und Gruppen hierarchisch aufgebaut, in der Regel demokratisch. Das setzt die Existenz und den Kontakt von »Oben« und »Unten« voraus. Es gibt formale und informelle Regeln, wie sich Interessen durchsetzen – auch gegen den Willen anderer. Es gibt Unterschiede darin, wer was »zu sagen« und wer welchen Zugang zu Wissen, materiellen und finanziellen Ressourcen hat. Es gibt aber ebenso Regeln, wie sich Positionen von

unten nach oben durchsetzen lassen, z.B. über Anträge auf Mitglie-
derversammlungen. Netzwerke dagegen verfügen formal über keine
zentralen Gremien.[38] Mit der Herrschaftsform der Instrumentalisierung
ist *Attac* erstmals in einem großen Verband die Verknüpfung beider
Elemente gelungen – offenes Netzwerk plus handlungsfähige Zentrale.
Solche instrumentelle Herrschaft bedeutet, die Existenz und die Tätigkeit der »Beherrschten« für sich zu nutzen, sie abzuschöpfen und
eigenen Interessen folgend umzulenken. Sie übt keine direkte Be-
fehlsgewalt aus und bedarf gar keines Kontaktes zur Basis mehr außer dem Wissen oder der glaubwürdigen Darstellung, das es sie gibt.

»Oben« und »Unten« neu ausgerichtet

Die *Attac*-Basisgruppen sind unabhängig von den zentralen Gremien.
Das macht ihre Aktionen und Positionen bunter als in anderen Ver-
bänden. Manche Basisgruppen sind linkspopulistisch, viele marxi-
stisch geprägt, andere von Parteien wie der PDS, der SPD oder den
Grünen dominiert. Einige haben pazifistische Schwerpunkte, andere
argumentieren bürgerlich-demokratisch, manche gehören rechten
Strömungen an – auch wenn *Attac* die Zusammenarbeit mit rechten
Gruppen ablehnt (siehe Kap. »Gemeinsam gegen das Böse«). Das ist
möglich, weil für die Medienpolitik und das öffentliche Auftreten von
Attac die Positionen der Basis nicht wichtig sind. Die zentralen *Attac*-
Forderungen sind nie breit diskutiert, geschweige denn ist über sie
abgestimmt worden. Die politischen Grundforderungen stammen aus
der Retorte, wurden in der Gründungsphase von den wenigen Personen des Koordinierungskreises und den am Aufbau von *Attac* beteiligten Medien geformt und sind seitdem nur um einige aktuelle
Aspekte ergänzt worden. Die Handlungsmacht dazu haben die Me-
dienstars wie Sven Giegold oder Peter Wahl – international vor allem
Susan George, Bernard Cassen und Ignacio Ramonet. Keine Basis
kann sie kontrollieren oder gar auf eine Verbandslinie einschwören.[39]
Mit der Anti-Kriegs-Kampagne *Resist* wiederholten die StrategInnen
von *Attac* dieses Meisterstück. Sie schufen in kleinen Runden Profil
und Positionen, bevor über den Medienhype die Basis zum bereits

---

[38] Ausnahmen davon gab es schon länger, z.B. der *Friedensratschlag*.
[39] Versuche, formal nicht kontrollierbare Gremien oder Elitesphären in demokratische Ent-
scheidungsabläufe einzubinden, sind z.B. in der Gründungsphase der Grünen durch Ro-
tation oder imperatives Mandat versucht worden. Diese übersahen immer die Selbststa-
bilisierungsneigung von Hierarchien, konnten also nur mäßige Wirkung erzielen. Bei *Attac*
gab es gar keine Versuche der demokratischen Kontrolle mehr.

bestehenden Projekt entstand und dann wenige Personen über die »Marke« *Resist* als Sprachrohr der Friedensbewegung agieren konnten.

Die Führungsgremien von *Attac* benutzen die breite Basis, die steigenden Mitgliederzahlen, das Flair des offenen und umfassenden Bündnisses für ihre Interessen. Sie reden im Namen von *Attac*, sie machen Politik als *Attac*. Eine Handvoll Personen »ist« *Attac*. Denn *Attac* ist das Produkt der Wahrnehmung in der Öffentlichkeit, gemacht von Zeitungen wie *die taz, Frankfurter Rundschau, Der Spiegel* oder *Junge Welt*. Für die politische Wirkung sind die Basisgruppen, ihre Aktionen und Positionen völlig unbedeutend – die Basis existiert als Background-Bild und Mitgliedsstatistik. Selbst in den regionalen Tageszeitungen sind in der Regel die Inhalte und Aussagen der *Attac*-Bundesführung öfter zu finden als die Aktivitäten der örtlichen Gruppe.

Weil die Basisgruppen von ihrer Führung nicht direkt in bestimmte Richtungen gedrängt werden, nehmen sie die Beherrschung im Verband kaum wahr. So erklärt sich, warum die Kritik an der Struktur kaum benannt und Kritik von außen auch von den Basis-AktivistInnen oft zurückgewiesen wurde. Was aus dem Bundesbüro kam, war nett, bunt und offen. Es gab Empfehlungen, was mensch tun konnte. Manches war mitreißend formuliert, so dass schon deshalb viele mitmachten. Der Herrschaftsmechanismus entstand nicht über eine direkte Aufforderung zum Mitmachen, sondern die *Attac*-Führung steuerte die politische Außenvermittlung und die Akzeptanz von Kampagnen über die *Attac*-tragenden und z.T. personal mit *Attac* verfilzten Medien. *Attac*-Mitglieder und -Aktive erfuhren wie andere Menschen aus diesen Medien und einigen Rundbriefen, was als neues Thema angesagt war und welche Aktionen laufen sollten. Das hatte Zugkraft, war aber nicht zwingend. Die *Attac*-Führung sprach im Namen der bunten Basis, ohne sie zu konsultieren. Die Positionen und Kampagnen entstanden in kleinen Runden, wurden dann professionell aufbereitet und präsentiert.

Mit einer solchen Politik »instrumentalisiert« die *Attac*-Führung ihre Mitglieder, AktivistInnen und Basisgruppen. Das Ganze wurde als »Organisierung neuen Typs« mythologisiert. Wo gar keine Basisbeteiligung stattgefunden hat, suggerieren die Worte der Führungsgruppe eine Breite der Zustimmung. Vermeldet wurden sogar Ausgrenzungen über die Medien – wie von *Der Spiegel* im Bericht zum *Attac*-Kongress 2001: »Unvermeidlich waren von den Autonomen bis zu den Trotzkisten alle alt-linken Gruppen und Grüppchen vertreten, zumeist mit lautstarken Rednern. Gegen deren Forderung nach Radikalisierung setzten Giegold und seine Mitstreiter ihr Konzept der ›wirklich innovativen‹ Netzwerk-Organisation: Außer Neo-Nazis und Gewalttätern solle jedermann mitarbeiten dürfen. Unter dem Rubrum Attac könnten gleichwohl nur jene ›Kernforderungen‹ firmieren, die ›in jahrelanger Arbeit international unter Hunderten von Initiativen‹ abgestimmt seien.«[40] Dass *Attac Deutschland* zu diesem Zeitpunkt erst wenige Monate existierte, fällt bei solchen Worten nicht mehr auf.

Attac – eine NGO?

Seit einigen Jahren werden größere Verbände oder auf Lobbyarbeit orientierte Gruppen als Non-Governmental Organizations (NGOs, deutsch: Nichtregierungsorganisationen, NRO) bezeichnet. Dieser Name ist irreführend, denn NGO bezeichnet zwar eine formal vom Staat unabhängige, aber ansonsten gerade auf diesen ausgerichtete Form politischer Organisierung. Roland Roth beschreibt das so: »NGO agieren [...] als eine hierarchische nationale und internationale professionelle Elite mit bezahltem Personal, orientiert an konsultativen Prozessen mit nationalen Regierungsinstitutionen und internationalen Organisationen weit abgehoben von lokalen und regionalen Solidaritätsinitiativen, die zumeist auf ehrenamtlicher und freiwilliger Basis arbeiten und weniger als 10 Prozent ihrer finanziellen Mittel vom Staat erhalten. Es gibt also eine starke Tendenz in Richtung separierter Welten. Üblicherweise hat die NGO-Elite ihre lokalen Wurzeln, soweit sie überhaupt vorhanden waren, gekappt und ist wenig interessiert an der Transparenz des Informations- und Verhandlungsgeschehens, zu dem ihre Repräsentanten Zugang haben.«[41]

NGOs richten ihr Handeln auf die Staatsebene aus, d.h. sie schaffen Einheiten auf den gleichen Ebenen (global, Kontinent, Nation [...] eventuell bis zur Kommune), setzen bei Stellenbesetzungen auf Fach- und Verhandlungskompetenz und nutzen öffentlichen Protest höchstens als Druckmittel gegenüber den Herrschenden.

Auf *Attac* trifft die Beschreibung einer Nichtregierungsorganisation nur teilweise zu. An der Basis gibt es kaum Gruppen, die lobbyorientiert arbeiten. Ausnahmen sind die personellen Verflechtungen mit örtlichen PolitikerInnen vor allem aus SPD, Grünen und PDS. Die bundesweiten Strukturen dagegen sind eine Mischung als lobby- und beratungsorientierten Strategien und Kampagnen. Hier handelt *Attac*

---

[40] *Spiegel-online*, 22.10.2001.
[41] Roland Roth: »NGO und transnationale soziale Bewegungen«, in: Ulrich Brand u.a. (2001), (S. 53). Roland Roth ist inzwischen Mitglied im Wissenschaftlichen Beirat von *Attac*.

oft wie eine NGO, d.h. es plant die eigenen Aktivitäten in Zielrichtung auf die Akzeptanz und Wirkung bei Parteien, Medien oder Behörden. Insofern ist *Attac* ein Zwitter aus NGO und kampagnenorientiertem Netzwerk. Die Geschäftsführung von *Attac* näherte sich nach der Gründung schnell den üblichen NGO-Strategien an und plante laut Bericht zum Haushaltsentwurf 2004[42] den Ausbau der zentralen Strukturen sowie das Akquirieren von öffentlichen Fördergeldern (z.B. der EU), Fundraising und Großsponsoren aus der Industrie. Als zukünftige Einnahmequellen favorisierten die zentralen Verantwortlichen von *Attac* dort »die Gewinnung von Großspendern zur gezielten Förderung des Attac-Schwerpunktes Soziale Zukunft Jetzt«.

Vorläufer instrumenteller Herrschaft: Castor, Demos & Co.

Die Vereinnahmungstaktik von *Attac* ist keine neue Erfindung, aber erstmals in einer großen Organisation mit zentralen Organen – einschließlich deren NGO-Orientierung – dauerhaft umgesetzt worden. Beim Widerstand gegen den Castor hätten kein Verband und kein Führungsgremium die Chance, die Vielzahl bunter Aktionen zu kontrollieren. Anweisungen oder Beschlüsse, wer was tun solle, erfolgen nicht oder nur innerhalb der Gruppen und Verbände. Dennoch waren es immer nur sehr wenige, die gegenüber den Medien in Interviews und Pressemitteilungen die politischen Ziele der Aktionen vermittelten – ohne selbst dabei zu sein. Diese instrumentelle Herrschaft, Aktionen anderer ohne deren Einverständnis zur Präsentation eigener Positionen zu nutzen, wurde verstärkt dadurch, dass die meisten AktivistInnen ihre Handlungen kaum selbst nach außen vermitteln wollten oder – mangels Kontakten – konnten. Die PressesprecherInnen redeten dagegen im »Wir«-Stil und somit für die Anti-Atom-Bewegung.

Der strukturell modernste und *Attac* in vielen Punkten ähnliche Teil des Castor-Widerstandes ist *X-tausendmal* quer sowie einige Nachfolgemodelle. Während die eigentliche Aktion, in der Regel eine Sitzblockade, von einer Masse Menschen mit genauen Aufgaben getragen wird, vermitteln sehr wenige Personen ohne Rückkoppelung zur Aktion die Ziele und Positionen nach außen – ein prägnantes Beispiel für instrumentelle Herrschaft (siehe auch Kap. »Das Umfeld«). Mathias Edler, Sprecher der *BI Lüchow-Dannenberg*, beschrieb das als »vielleicht extremste Form der Inszenierung von Widerstand, die das Wendland bisher erlebt hat [...] Widerstand wird zum vorher in ›ge-

---

[42] Protokoll des *Ko-Kreises* vom 3.9.2003, downloadbar von *www.attac.de/prot/*.

waltfreien Trainings‹ eingeübten Rollenspiel, in dem jeder seine feste Rolle – nicht mehr und nicht weniger – zu bekleiden hat.«[43] Die gegenüber der Presse auftretenden Personen waren zu einem großen Teil auch in den Führungseliten von *Attac* und der *Bewegungsstiftung* aktiv.[44]

Bei großen Demos, Camps oder Aktionstagen ergibt sich ein ähnliches Bild. RednerInnen oder PressesprecherInnen treten oft im Namen aller auf, sprechen als »Wir« bei der Beschreibung von Aktionen und Zielen. Vielfach nutzen sie diese instrumentelle Herrschaft auch zur Steuerung von Aktionsformen, indem sie nicht mehr im direkten Verhältnis (Entscheidungsverfahren, Versammlungen, direkte Anweisungen), sondern über die Presse oder in Kooperationsgesprächen mit Unterstützergruppen formulieren, welche Aktionsformen dazugehören bzw. erwünscht sind. So distanzierte sich Wolfgang Ehmcke, der als Sprecher der *BI Lüchow-Dannenberg* auftritt, im Vorfeld des Castor-Transport November 2001 von einer Sägeaktion an Schienen.

Streit bei Attac

In der Gründungsphase von Attac waren interne Konflikte um die Strategie kaum sichtbar. Am 5. Dezember 2002 unterzeichnete die *Attac*-Führung das Papier »Globalisierung gerecht gestalten« mit dem entwicklungspolitischen Dachverband *VENRO* und dem DGB »ohne vorherige Konsultation der Mitglieder«.[45] Das Bemerkenswerte: »Niemand im Ko-Kreis fand das Papier inhaltlich toll, alle wussten von erheblichen Mängeln.« Aber für die *Attac*-Führung waren offenbar nicht die politischen Inhalte wichtig, sondern Image und die Eigenwerbung durch politische Aktivitäten. So hoffte der Koordinierungs-Kreis auf »mögliche positive bündnispolitische Wirkungen in das DGB-Spektrum hinein«, die »die inhaltlichen Widersprüche zu *Attac*-Positionen aufwiegen würden«. Ein schier unglaublicher Vorgang: Die *Attac*-Führung unterzeichnet ein Papier, das sie inhaltlich ablehnt, um sich beim DGB einzuschmeicheln – ohne jegliche Information und Diskussion im eigenen Verband. Das Papier enthielt positive Aussagen zu Marktwirtschaft und neoliberaler Globalisierung. Peter Wahl, *Attac*-Führer,

---

[43] Mathias Edler (2001): Demonstranten als »Staatsfeinde« – »Staat« als Feindbild?«, Alte Jeetzel-Buchhandlung (S. 120). Edler war bei Erscheinen des Buches Sprecher der *BI Lüchow-Dannenberg.*

[44] U.a. agierten in den verschiedenen Jahren Soeren Janssen, Rasmus Grobe, Jutta Sundermann und Jochen Stay als PressesprecherInnen.

[45] Bericht des Koordinierungskreises zum *Attac*-Ratschlag 16.-18. Oktober 2003 in Aachen.

zeigte sich auf der Pressepräsentation stolz, schließlich »ermutigt uns diese gemeinsame Erklärung, auch in Zukunft mit DGB und VENRO sowie mit allen anderen Kräften zusammenzuarbeiten, die sich für eine Alternative zur neoliberalen Globalisierung einsetzen.«[46] Auf dem folgenden *Attac*-Ratschlag am 18.1.2003 in Göttingen kam es zum Streit über das Papier, einige Regionalgruppen verlangten die Rücknahme oder den Rücktritt des Ko-Kreises.[47] Am Schluß stand eine seltsame Beschlusslage: »Der Ratschlag stellt mit großer Mehrheit fest, dass die Gemeinsame Erklärung aufgrund einiger inhaltlicher Festlegungen diesem Konsens von Frankfurt widerspricht«, zog aber die Unterschrift nicht zurück, um den DGB nicht zu verprellen: »Anträge auf Rücknahme der Unterschrift des Papiers fanden jedoch keinen Konsens.« Kritisiert wurde »die Art und Weise des Zustandekommens der Gemeinsamen Erklärung«.[48] Deutlich wird, wie das Prinzip Konsens mit instrumenteller Herrschaft harmoniert. Die Führungsgremien handeln, während die Basis zum Verändern des Status Quo einen Konsens braucht. Der war nicht zu erreichen, daher entstand nur der genannte Kompromiss.

Der *Attac*-Führung ist die eigene Position klar, sie soll durch ein »schlankes Management sowie einen gehörigen Schuss Pragmatismus in Strukturfragen« noch verstärkt werden. Zwar gäbe es »beträchtliche Koordinations- und Kommunikationsdefizite«, aber »wer über Strukturveränderungen nachdenkt, sollte dies vor allem in Richtung Vereinfachung tun«.[49] Als Beispiel für eine sinnvolle Struktur nennt der Ko-Kreis passenderweise die eigene Internetseite. Dortige Foren sind genauso wie die wichtigen Mailinglisten kontrolliert. Die Webseiten bieten zwar eine hohe Transparenz, aber auf ihnen geben die Führungsgremien bekannt, welche Termine, Kampagnen und Themen wichtig sind. Gleichzeitig haben Gruppen ihre eigenen Bereiche. Die bunte Vielfalt als Beiwerk ist gewünscht, während auf Bundesebene alles kontrolliert wird. »Es sollte nicht sein, dass Drucksachen für den bundesweiten Vertrieb entstehen, ohne dass ich sie gesehen habe«, formuliert die Öffentlichkeitsreferentin im Internet ihre

---

[46] Peter Wahl auf der Pressekonferenz zur Vorstellung des *DGB/VENRO/Attac*-Papiers am 5.12. 2002.

[47] Z.B. *Attac Köln* per Plenumsbeschluss am 9.1.2003.

[48] Alle Auszüge aus den Protokollen des Ratschlags von Göttingen am 19.1.2003, *www.attac.de/ratschlag-aktuell/index.php.*

[49] Alle Zitate aus dem Bericht des Koordinierungskreises zum *Attac*-Ratschlag 16.-18. Oktober 2003 in Aachen.

Arbeitsauffassung und fügt an: »Kanalisiert wird bei mir auch alles, was in den Vertrieb kommt.«[50]

Führungskämpfe

Allergisch reagiert die *Attac*-Führung auf das Infragestellen ihrer Position. Innerhalb von *Attac* gibt es verschiedene Strömungen, die selbst den Namen und das Image von *Attac* für ihre Ziele nutzen wollen. Am deutlichsten versuchen das trotzkistische Gruppen, vor allem *Linksruck* und *SAV*. Diese Organisationen waren wegen ihrer hohen Präsenz in Basisgruppen für den bestehenden Ko-Kreis in den Jahren 2002 und 2003 als einzige gefährlich – wenn sie auch untereinander zerstritten auftraten. Aufgrund der instrumentellen Herrschaftsverhältnisse, die selbst Demokratie nicht zuließ (Ko-Kreis- und Attac-Rat-Wahlen erfolgen anfangs als Blockabstimmung mit vorher zusammengestellten Personenlisten), der ausgelagerten Rechtsträgerschaft bei *Share e.V.* und des geschlossenen Auftretens der Führung sind jegliche Versuche von Veränderungen gescheitert. *Linksruck,* selbst zentralistisch organisiert, hat bei *Attac* eine Demokratisierung eingefordert – das wäre die einzige Chance gewesen, selbst VertreterInnen in die Führungsgremien zu entsenden.

Der *Attac*-Ko-Kreis hat in seinem Bericht im Oktober 2003 *Linksruck* und andere angegriffen, dabei aber das Wesen dieses Konfliktes stark verdreht, um selbst als Garant der Offenheit dazustehen: »Ein Problem [...] ist das Phänomen des Entrismus, das heißt die von außen gelenkte Mitarbeit von Mitgliedern von Miniparteien und parteiähnlicher Organisationen. In einigen Fällen hat dies dazu geführt, dass die politische Breite, wie sie für Gesamt-*Attac* typisch ist, verengt wird.« Tatsächlich besteht ein klassischer Machtkampf. *Linksruck* will die Möglichkeit erkämpfen, *Attac* für die eigenen Zwecke zu instrumentalisieren. Die augenblickliche Führung von *Attac*, eine Mischung aus bürgerlichen AltmarxistInnen, modernen ManagerInnen und einigen wenigen BasisvertreterInnen, wehrt dieses ab – aus eigenen Interessen, selbst instrumentalisieren zu können. Sie lügt, wenn sie die Angriffe von *Linksruck* mit der Behauptung abwehrt: »Ein taktisches, instrumentelles Verhältnis zu Pluralität aber passt nicht zum Grundcharakter von Attac.«[51] Instrumentelle Herrschaftsverhältnisse sind der Kern von *Attac* und sehr gut zu vereinbaren mit der Gleich-

[50] Quelle: *www.attac.de.*
[51] Bericht des Koordinierungskreises zum *Attac*-Ratschlag 16.-18.Oktober 2003 in Aachen.

gültigkeit gegenüber dem Treiben der vereinnahmten Basis. Angst hat die zentrale Gruppe nur davor, dass ihre Möglichkeiten, als »Attac« zu agieren, in Frage gestellt werden: »Die Struktur sollte es so weit wie möglich ausschließen, Ressourcen von Attac zu missbrauchen oder die Organisation durch eine ›feindliche Übernahme‹ o.ä. zu instrumentalisieren. [...] In einem noch festzulegenden demokratischen Verfahren sollte das Recht zur Verwendung des Namens ›Attac‹ entziehbar sein.«[52]

Innerverbandlichen Protest stoppen

Instrumentelle Herrschaft wird erleichtert, wenn sich keine Strömungen bilden, d.h. die Basis als unstrukturierte Masse existiert. Das erschwert die Bildung von Opposition. Geschickt ist es, Informationsflüsse zu steuern, wenig Gelegenheit zur Selbstorganisierung der Basis zu geben und die Basis zum Konsensprinzip zu zwingen. Konsens in vielfältiger Basis bedeutet deren Handlungsunfähigkeit und führt zur ohnmächtigen Akzeptanz der Vorgaben durch informelle Eliten, da geschaffene Tatsachen nur einstimmig wieder korrigiert werden können. Dem Koordinierungskreis ist Konsens im gesamten Verband wichtig: »Nach unserem Verständnis ist das Konsensprinzip unverzichtbarer Bestandteil der politischen Kultur von *Attac*. Daher bedarf es einer sehr ernsthaften Diskussion darüber, ob es legitim sein kann, wenn einzelne *Attac*-Gliederungen (Orts-, Regionalgruppen, Arbeitskreise und/oder –gemeinschaften usw.) sich von diesem Prinzip verabschieden und über politische Fragen nach dem Mehrheitsprinzip entscheiden. Nach unserem Verständnis ist das mit den Grundlagen unserer Arbeit unvereinbar.«[53]

Die *Attac*-Führung lehnt selbst die Demokratisierung ab, wenn sie den eigenen Führungsstil als »Pluralität und Konsensorientierung« beschreibt, »Mehrheits- und Machtpolitik« sowie überhaupt den Streit um Führungsfragen ablehnt. »Nur so entstehen auch überzeugte Anhänger und Anhängerinnen dieser Kultur. Die Herausbildung von Flügeln dagegen, von offenen oder verdeckten Machtkämpfen und/oder Fraktionen sind der Anfang vom Ende.«[54] Ein solcher Standpunkt blendet die Interessen der Führung aus: Zwang zum Konsens soll die Organisationskraft der innerverbandlichen Gegenpole erschweren und ausblenden, dass es neben Konsens- und dem ebenso hierarchi-

---

[52]   »Überlegungen zur zukünftigen Rechtsform von Attac«, downloadbar von *www.attac.de.*
[53]   Bericht des Koordinierungskreises zum *Attac*-Ratschlag 16.-18. 10.2003 in Aachen.
[54]   Bericht des Koordinierungskreises zum *Attac*-Ratschlag 16.-18.10.2003 in Aachen.

schen Mehrheitsprinzip noch andere, mehr an Selbstbestimmung der einzelnen Teilgruppen orientierte Diskussions- und Entscheidungsmodelle gibt wie die Kooperation autonomer Teile, offene Plattformen als Infrastruktur oder Fish-Bowl als Streitform.[55]

Hierarchie im Führungszirkel

Die Struktur von *Attac* hat sich im Laufe der Zeit ausgeweitet. Inzwischen sind etliche Gremien unter dem Namen von *Attac* aktiv. Darüber werden Prominente eingebunden, Mitgliedsgruppen an den Beratungen beteiligt oder regionale Vernetzungen geschaffen. Den Kern bilden Koordinierungskreis und Geschäftsstelle. Ersterer weist von den wichtigsten Personen her eine hohe Stabilität auf, d.h. bis auf wenige Personen sind die MacherInnen der ersten Stunde auch heute noch die entscheidenden *Attac*-SprecherInnen. Die Geschäftsstelle lag in der ersten Zeit in Verden und damit vollständig in der Hand der Verdener Clique um Sven Giegold und Felix Kolb, die Ko-Kreis und Bundesbüro in ihrer Person vereinigten. Inzwischen ist die Geschäftsstelle nach Frankfurt am Main umgezogen und professionalisiert. Die dort Beschäftigten arbeiten in einer hierarchischen Struktur und werden unterschiedlich bezahlt: Die Geschäftsführerin verdient nahezu das Doppelte dessen, was der Bürosekretär pro Stunde erhält. PraktikantInnen erhalten gar keine Honorierung.[56] Die beiden wichtigsten *Attac*-Führer im Koordinierungskreis sind ebenfalls hauptamtlich abgesichert: Peter Wahl bei *WEED*, Sven Giegold als Bewegungsarbeiter bei der ebenfalls in Verden gemanagten *Bewegungsstiftung*.[57]

Fazit und Thesen

Attac bietet – wie andere Gruppen auch – Anschauung über die Ursachen von Erfolg und Misserfolg. Kritisches Hinterfragen kann politische Organisierung weiterentwickeln, ob nun innerhalb von *Attac*, neben ihm oder als Überwindung von *Attac* hin zu etwas anderem. Die Strategie der instrumentellen Herrschaft von *Attac* ist wesentliche Ursache für den Erfolg. Die fehlende Hierarchie schuf eine bunte und breite Basis, die in Inhalten und Aktionsformen weitaus vielfältiger

---

[55] Mehr Vorschläge siehe *www.hierarchnie.de.vu* oder im von der Gruppe *HierarchNIE!* Herausgebrachten Reader zu Entscheidungsfindung von unten (*www.projektwerkstatt.de/materialien*).
[56] Quelle: Personalplan für 2003 und 2004, downloadbar von *www.attac.de*.
[57] Zu den Begriffen siehe S. 147.

agiert als die klassischen Verbände, z.B. Umweltorganisationen oder Gewerkschaften. Diese Vielfalt als Folge fehlender Hierarchien ist ein klares Signal, auf starre Verbandsstrukturen zu verzichten und offene Netzwerke zu bevorzugen. Diesem Gewinn steht bei *Attac* aber ein fataler Nachteil gegenüber. Die bunte Schar von BasisakteurInnen bildet keinerlei Gegenpol zum mit strategischen Köpfen besetzen Koordinierungskreis plus dem Bundesbüro und prominenten UnterstützerInnen, die über intensive Kontakte zu den Medien das Bild von *Attac* und die politischen Positionen beliebig gestalten können. Der ständige Hinweis, *Attac* habe keine einheitliche Ideologie, steht in krassem Widerspruch dazu, dass die Eliten der Organisation ihre Positionen und Einschätzungen über die Medien nach außen verkünden – allerdings ausgewählt staats- und marktwirtschaftskonforme. Sie treten im Namen von *Attac* auf. Basisbewegung wäre nur dann konsequent entwickelt, wenn eine Außenvertretung des Ganzen durch Eliten, also die Instrumentalisierung der Basis, gar nicht mehr möglich ist. Zentrale Koordinierungskreise, Geschäftsstellen usw. wären dann gänzlich unnötig, sogar schädlich.

Die ganze Bewegung vereinnahmen

>»Heimatlos gewordene Linke versammelt sich unter dem Dach von Attac.«
>Titel in der *FR* vom 22. Oktober 2001

>»Das Forum von Porto Alegre vertritt die Menschheit. Was sich dort jedes Jahr Ende Januar versammelt, ist zum ersten Mal in der Geschichte – die Menschheit.«
>Ignacio Ramonet, *Attac*-Initiator und Ehrenpräsident, ehemaliger Chefredakteur von *Le monde diplomatique*

Wer vereinnahmt wen?
Verursacher der Vereinnahmung sind zum einen die *Attac*-Eliten selbst, wenn sie eine Bewegung mit der Kernorganisation »Attac« suggeriert. So meinte Peter Wahl, »alle großen Umbrüche würden ihre sozialen Akteure und Bewegungen hervorbringen, so wie die Globalisierung ihre Kritiker in *Attac* vereint«.[58]

---

[58] Marina Achenbach: »Vorausdenken für die Stunde X«, in: *Freitag*, 7.12.2001 (S. 6).

Wichtiger sind die Medien. Ein Teil von ihnen ist von *Attac* als Organisation nicht zu trennen, sondern war von Beginn an wesentliches Rückgrat von *Attac* – so die bereits erwähnten Autoren von »Attac – Was wollen die Globalisierungskritiker«, das zum populistischen Konzept und Personenkult von *Attac* beitrug. Weitere *Attac* stark unterstützende Medien waren die *Frankfurter Rundschau* sowie nach ca. einem Jahr die *Junge Welt* und *Neues Deutschland*. Sie hofften, über *Attac* die Wirkung politischer Aktionen steuern und focussieren zu können. Das Bild, *Attac* sei das Zentrum, musste aber erst medial geschaffen werden, damit es alle glaubten und auch so handelten. Die Wochenzeitung *Freitag* bezeichnete *Attac* als »für Globalisierungskritiker in Deutschland die einzige Anlaufstelle von politischer Relevanz«.[59] *Stern* erklärte *Attac* zur Bewegung des Jahres: »Spätestens seit den Protesten gegen den G8-Gipfel in Genua reden alle über die Globalisierung und ihre Gegner. Wobei zunächst niemand so genau wusste, wer diese Gegner eigentlich sind. Bis ›Attac‹ auftauchte – schon der Name klingt wunderbar nach Angriff und Offensive.«[60] Teile der SPD, der Grünen, der Gewerkschaften sowie die PDS und verschiedene NGOs wurden Mitglied bei *Attac* und machten die Organisation zum Zentrum politischer Bewegung.

Attac-Führer träumten von Beginn an, die Gewerkschaften ins Boot holen. Für das erste gemeinsame Papier brach der *Ko-Kreis* bisherige *Attac*-Beschlüsse. »Die gemeinsame Pressekonferenz von DGB, VENRO und Attac ist eine Premiere. Sie zeigt, dass die Zivilgesellschaft angesichts der zunehmenden Krisenerscheinungen, die die neoliberale Globalisierung hervorbringt, enger zusammenrückt.«[61] Der *Ko-Kreis* glaubte: »Ohne die Gewerkschaften wird es auf absehbare Zeit nicht möglich sein, in diesem Lande nennenswerte Veränderungen herbeizuführen.«[62] Als 2003 häufiger Kooperationen von *Attac* und Gewerkschaften gelangen, verlieh *Attac* oftmals den rückwärts gewandten Bündnissen, Führungsgremien, RednerInnenlisten und Erklärungen das Flair des Radikalen und der sozialen Bewegung. *Attac* wurde zum Logo auch größerer Bündnisse – ein Markenzeichen, das wie in der Wirtschaft inhaltliche Qualität ersetzen kann. Zudem schöpfte *Attac* die Sahne ab: Mitgliederzuwächse, Spendeneingänge und

---

[59] *Freitag*, 12.4.2002 (S. 4).
[60] »Und plötzlich träumen alle von einer besseren Welt«, in: *Stern* 1/2002 (S. 118 f). Der Text wird von *Attac*-Seiten verlinkt.
[61] Peter Wahl auf der Pressekonferenz zur Vorstellung des *DGB/VENRO/Attac-Papiers* am 5.12.2002.
[62] Stellungnahme des Ko-Kreises zum Streit um das *DGB/VENRO/Attac-Papier*.

die Erwähnung in den Medien ging fast vollständig auf das Konto des Logo-Gebers.

Geschichte ist immer die Geschichte der Sieger

Geradezu klassisch für die Verbiegung öffentlicher Wahrnehmung zugunsten von *Attac* ist die Geschichtsschreibung von Seattle und Genua. Die kämpferischen Bilder und die Bedrängnis der dort tagenden politischen und wirtschaftlichen Eliten gingen von anderen Gruppen als *Attac* aus. Während der Straßenkämpfe in Seattle 1999 wollten heutige *Attac*-Führer, u.a. Peter Wahl, noch in den Lobbybereichen der WTO agieren. Sie hielten radikale Forderungen und damit auch das, was dann gelang, für unrealistisch: »Ein Moratorium zu fordern und damit ein kleines bisschen Sand ins Getriebe zu werden, ist natürlich ein klassisches Oppositionsinstrument. Wir müssen uns darüber im Klaren sein, dass das nicht funktionieren wird.«[63] Bei der WTO sei es besser, »sich an ihr zu beteiligen«. GegnerInnen der WTO und der NGO-LobbyistInnen waren das *Direct-Action-Network*, viele unabhängige Öko- und Menschenrechtsgruppen sowie kämpferische, aber teilweise auch nationalistische oder konservative GewerkschaftlerInnen, LKW-FahrerInnen, LandwirtInnen und FischerInnen. In Genua 2001 stammte die Masse aus unabhängigen Gewerkschaften, anarchistischen Gruppen, großen italienischen Protestnetzwerken und einer Vielfalt angereister unabhängiger Initiativen. Ihre Forderungen reichten von demokratischen Reformen bis zu Revolution, nur sehr wenige interessierten sich für die Tobin Tax. Die Geschichtsschreibung lautet aber anders: »Ein Ende des ruinösen Devisenhandels fordern deshalb nicht nur die Aktivisten von Seattle und Genua.«[64] Ähnlich äußerten sich Vertreter von *Attac Frankreich* vor laufenden Kameras während des ersten *Weltsozialforums* in Porto Alegre. »Wir alle« würden für die Tobin Tax eintreten, formulierte z.B. Ignacio Ramonet in einem Live-Streitgespräch mit den Managern vom *Weltwirtschaftsforum* in Davos. Peter Wahl teilt die AkteurInnen sogar ganz offen in nützliche Idioten für Fernsehbilder und die inhaltsvermittelnde Elite – deutlich kann man instrumentelle Herrschaft kaum ausdrücken: »Die Gewerkschaften sorgen für Akzeptanz im gesellschaftlichen Mainstream, die Blockade des Direct Action Network für – fernsehgerechte – Dramatik und die NGO für die inhaltlich

---

[63] Peter Wahl *(WEED)* im Interview , in: *iz3w*, 1999: »millenium round« der WTO.
[64] Einleitung zur Tobin-Tax-Sonderseite , in: *Freitag*, 15.3.2002 (S. 7).

qualifizierte Vorbereitung und Unterfütterung der Aktionen.«[65] Und über allem schwebt *Attac*: »Das Symbol der Antiglobalisierungsbewegung ist die Bürgervereinigung Attac, die mit ihren rotweißen Fahnen auf jeder Kundgebung vertreten ist.«[66]

Weltsozialforen in Porto Alegre und Mumbay

Das *Weltsozialforum* (WSF) sowie viele nach dessen medialer Ausschlachtung entstandene europäische und lokale Sozialforen sind eine Kopie instrumenteller Herrschaft nach dem Muster von *Attac*. Die Kritik daran wurde in unabhängigen Foren auch frühzeitig benannt: »Entstanden ist die Weltsozialforumsbewegung aus den Aktionen gegen das Weltwirtschaftsforum (WEF) in Davos. Im brasilianischen Porto Alegre wurde 2001 eine Art Gegengipfel zum Treffen der Staats- und Konzernchefs organisiert. Problematisch ist, dass damit eine Art Jet-Set der ›globalisierungskritischen Bewegung‹ entsteht, denn nur wenige AktivistInnen aus Basisbewegungen haben Zugang zu Finanzmitteln für interkontinentale Flüge. Besonders ökologisch sind solche andauernden Massenveranstaltungen dadurch auch nicht. In Paris wird wie in Florenz[67] eine hochtrabenden ›Versammlung der sozialen Bewegungen‹ abgehalten, die kaum etwas mit den zapatistischen Ideen von Nicht-Repräsentanz zu tun hat, die am Anfang der Bewegung gegen die kapitalistische Globalisierung und der globalen Aktionstage in Genf, London, Seattle, Prag, Genua, Buenos Aires, Quito, Cancun und anderswo standen.«[68]

Mehrere zehntausend AktivistInnen aus vielen Ländern nahmen jährlich am *WSF* teil. Tatsächlich zeigte sich aber hier deutlicher als an jeder anderen Stelle, was Instrumentalisierung bedeutet. Wenige große Verbände, darunter *Attac*, organisierten das Treffen. Sie teilten die Veranstaltungsorte auf: in die Treffpunkte der wichtigen Personen – unter anderem französische Regierungsmitglieder und viele Führungskader von großen NGOs – und in die Spielwiesen der bunten Basisgruppen. Letzteren gehörten die Straßen und Zeltplätze. Während dort mit Musik, Aktionen und Demonstrationen der fernsehgerechte Rahmen geschaffen wurde, liefen die Pressekonferenzen in Räumen, zu denen die unabhängigen AktivistInnen keinen Zutritt hat-

---

[65] Peter Wahl: »Sie küssten und sie schlugen sich«, in: Ulrich Brand u.a. (2001) (S. 133).
[66] *Le Monde diplomatique,* 11.1.2002.
[67] Gemeint sind die 2002 und 2003 dort stattgefundenen *Europäischen Sozialforen* (siehe unten: »Tricksereien«).
[68] *Europäisches Sozialforum* in Paris, *http://de.indymedia.org/2003/11/65182.shtml.*

ten. *Attac-* und andere NGO-FührerInnen verhandelten unter sich oder mit PolitikerInnen über die Verlautbarungen und Pressetexte. Da viele Tageszeitungen zur Elite dieser sozialdemokratisch und staatskonform orientierten Führungskreise gehören, machten sie das Spiel mit. Keine deutsche Tageszeitung berichtete von den Spaltungen des *World Social Forum* – auch nicht von den Torten, die französischen Regierungsmitgliedern von südamerikanischen Basis-AktivistInnen ins Gesicht geworfen wurden. Erst *Indymedia*[69] verbreitete die Information, die *Junge Welt* druckte immerhin später das Foto ab. Das ändert jedoch nichts daran, dass das Forum als großer Treffpunkt außerparlamentarischer Bewegungen gilt und als neue, maßstabsetzende und das Dach aller bildende Instanz internationalistischen Widerstands. Aus dem Geist von Porto Alegre heraus gründeten sich kontinentale, nationale und lokale Sozialforen. Vieles erinnerte an Organisierungsprozesse der neunziger Jahre, z.B. zur Agenda 21, wo ebenfalls der Mythos zählte und nicht das atom- und gentechnikbefürwortende Dokument[70] selbst.

Kritik wird lauter

»Es gab bei diesem WSF aber auch Widersprüche, Auseinandersetzungen und Kontroversen und Entwicklungen, die eine Gefahr für die Bewegung darstellen. Vergleicht man die ›offiziellen Reden‹, die bei den Konferenzen während des WSF gehalten wurden mit den Debatten, die auf den Fluren und den Diskussionen in Seminaren und auf dem Jugendcamp stattfanden, dann drängt sich der Eindruck auf, dass die Masse der TeilnehmerInnen deutlich weiter links stand und weiter gehende, antikapitalistische Positionen vertrat, als die RednerInnen bei den Konferenzen (zu denen ja auch nur die Delegierten Zugang hatten und bei denen es keine offenen Diskussionen gab, sondern nur schriftliche Fragen an das Podium gerichtet werden konnten). Es gab auch eine Auseinandersetzung über die Teilnehmerpolitik des WSF. Einerseits haben zum Beispiel sechs französische Minister, ein Vertreter von Jacques Chirac, ParlamentarierInnen, die für den Krieg gestimmt haben und KommunalpolitikerInnen, die Abschiebungen unterstützen, teilgenommen. Aus diesem ›Spektrum‹

---

[69] Nachrichtendienst im Internet, in dem überwiegend unzensiert Berichte usw. direkt von denen eingegeben werden können, die dabei waren. Deutsch: *www.de.indymedia.org.*

[70] Die Agenda 21 fordert u.a. den Ausbau von atomaren Entsorgungsanlagen in jedem Land der Welt und benannt Gentechnologie als wegweisende Zukunftstechnik. Kritische Texte zur Agenda 21 unter *www.projektwerkstatt.de/aes.*

wurde von Seiten des Organisationskomitees des WSF nur zwei Menschen geraten, auf die Teilnahme zu verzichten: dem belgischen Premierminister und einem Vertreter der Weltbank. Andererseits wurde Fidel Castro, Hugo Chavéz sowie baskischen Befreiungsorganisationen[71] und der kolumbianischen Guerilla FARC die Teilnahme verweigert. Begründung: Staatsmänner und bewaffnete Organisationen können nicht teilnehmen. Doch mit Mitgliedern der französischen Regierung war offensichtlich eine bewaffnete Organisation anwesend, nämlich der französische Staat«.[72]

Der Mitautor von »Empire«, Michael Hardt,[73] kritisierte das *WSF* scharf: »Die Verteidiger nationalstaatlicher Souveränität besetzen während des World Social Forum den öffentlichen Raum. Ihre Position wird in den Plenarsitzungen vertreten, die offiziellen Sprecher des Forums wiederholen sie und die Presse berichtet darüber. Diese Position macht sich die Führung der brasilianischen Regierungspartei in Porto Alegre (PT) zu Eigen, die Regierungspartei in Porto Alegre und in der Provinz ist und als Gastgeber auftritt. Die PT nutzt das internationale Prestige des Ereignisses und macht es zum Teil ihrer Wahlkampfstrategie. Die zweite bedeutende Stimme zugunsten des Nationalstaats gehört der französischen Führung von Attac, die ihre Haltung auf den Seiten von Le Monde diplomatique artikuliert. Die Attac-Führung steht in dieser Hinsicht einigen französischen Politikern sehr nahe, am bekanntesten ist wohl Jean-Pierre Chevenement, die in der Stärkung des Nationalstaats das Heilmittel für die Krankheiten gegenwärtiger Globalisierung sehen. PT und Attac dominieren die Darstellung des Social Forum sowohl nach innen wie in den Medien.« Die Führer von *Attac* dagegen basteln an ihrem identitären »Wir«-Projekt, wie der frühere französische Attac-Vorsitzende Bernard Cassen: »Wir sind eine große Familie [...] Und das Sozialforum wird unser großes Familientreffen.«[74]

Ignacio Ramonet trat beim ersten *Weltsozialforum* in Porto Alegre als Sprecher auf und definierte die Ziele des Treffens (und damit der Menschheit): Das Forum treffe sich, »um sich dafür einzusetzen, dass die Vereinten Nationen als entscheidungs- und handlungsfähige Institutionen im internationalen Rechtssystem einen zentralen Platz er-

---

[71] U.a. der ETA, siehe *Junge Welt* vom 4.2.2002 (S. 2).

[72] Sascha Stanicic, Bundessprecher der *Sozialistischen Alternative Voran* (SAV) und Teilnehmer beim *WSF*. Die *SAV* ist *Attac*-Mitgliedsgruppe.

[73] Zitat aus: »Zu wenig Konflikt«, in: *anti atom aktuell*, Juni 2002 (S. 27). Das Buch »Empire« schrieb Hardt zusammen mit Antonio Negri.

[74] Zitiert in *Süddeutsche Zeitung*, 8.10.2003, *www.sueddeutsche.de/wirtschaft/artikel/138/21117/print.html.*

halten und einen dauerhaften Frieden durchsetzen können, dass die internationalen Gerichtshöfe aufgewertet werden, um Verbrechen gegen die Menschlichkeit, die Demokratie und das Gemeinwohl zu ahnden, dass Manipulationen durch die Massenmedien verurteilt werden, die Frauendiskriminerung überwunden wird, neue Umweltgesetze beschlossen werden, das Prinzip der nachhaltigen Entwicklung durchgesetzt wird, Steuerparadiese verboten werden und eine solidarische Wirtschaft gefördert wird.«[75]

Europäisches Sozialforum (ESF)

Wie auf anderen Kontinenten auch organisierten NGOs und Netzwerke ein europaweites *Sozialforum*. Das erste fand 2002 in Florenz statt – begleitet von Auseinandersetzungen und Abgrenzungen zwischen staats- und marktwirtschaftskonformen[76] NGOs und radikaleren Gruppen. In Deutschland gründete sich eine Vorbereitungsgruppe – fast nur NGO-FunktionärInnen waren anwesend. Das zweite *ESF* folgte im November 2003 in Paris, für 2004 ist London angepeilt. Jedesmal überwog der Mythos der bunten Bewegung, doch hinter den Kulissen wiederholten sich die Ausgrenzung, Anbiederung und Vereinnahmung: »Nach und nach wird hier übrigens klar, in welchem Maße sich Parteien und Politiker bemühen, das ESF zu vereinnahmen. Meldungen wie ›Premierminister Jean-Pierre Raffarin sprach sich gegen eine Verteufelung der Globalisierung aus, betonte aber auch die Notwendigkeit, diese menschlicher zu gestalten‹, ›Die französische Regierung hat eine halbe Million Euro zum Etat des Forums von drei Millionen Euro beigesteuert‹, füllen die Medien, während wirklich Interessantes kaum erwähnt wird.«[77]

Oder:»Der Plan von Regierung und den reformistischen, hierarchischen französischen ESF-Vorbereitern scheint aufzugehen: Im Stadtzentrum von Paris ist nichts vom ESF zu spüren, die Medien berichten meist erst im Lokalteil – und das sehr selektiv. Einzig die Aktionen von den Ungehorsamen und den Basisgruppen werden in der Stadt für ein wenig Aufruhr sorgen. Die Basis scheint sich – im Gegensatz zur Mainstream-Presse – wenig um die ESF-Eliten zu kümmern und

---

[75] Ramonet, Ignacio (2002): »Kriege des 21. Jahrhunderts«. Rotpunktverlag, Zürich. Der Autor war *Attac*-Initiator, -Ehrenpräsident und Chefredakteur von *Le Monde diplomatique*.

[76] Oft werden diese Kreise auch »neokeynesianisch« genannt. Dieser Begriff wird im Kap. 5 eingeführt.

[77] Auszug aus »Ein paar weitere Eindrücke vom ESF", *http://de.indymedia.org/2003/11/66035.shtml*.

die verschiedenen Foren (ESF, libertäres Sozialforum, GLAD (Globali-sation des luttes et des actions de désobéissance – das sind die Un-gehorsamen), Metallo-Medialab) verschmilzen langsam miteinander [...] Ein Bekannter von mir war im Seminar ›For alternative economic policies in Europe‹, welches von *Attac*-Frankreich [...] organisiert wur-de. Als deutscher Vertreter saß J. Huffschmid auf dem Podium. Die Veranstalter dieses Seminars brachten nichts wirklich Neues und wagten keinerlei Kritik an der derzeitigen Wirtschaftsform. Als Aus-weg aus der ›Krise‹ wurde das Wachstum beschworen. Die Berück-sichtigung ökologischer Aspekte oder ein Blick auf die Ursachen für soziale Ungerechtigkeit wurde genauso wenig gewagt, wie die Fähig-keit zur Hinterfragung des Wachstumsfanatismus fehlte [...] So wurde also die Frage untersucht, wie denn das Wachstum noch mehr ge-steigert werden könne: mehr investieren? mehr Schulden? oder mehr Staat? Als Keynesianer entschieden sich die Herren natürlich für Letzteres«.[78]

Tricksereien

Um das *ESF* instrumentalisieren zu können, bedurfte es eines Tricks, denn »die Treffen des Weltsozialforums beraten nicht im Namen der Institution Weltsozialforum. Daher ist niemand berechtigt, im Namen eines der Foren zu sprechen oder eine Position als die aller Teilneh-mer widerzugeben. Die Teilnehmer dürfen nicht aufgefordert werden, als Institution Erklärungen oder Aktionsvorschläge anzunehmen, die jeden oder die Mehrheit binden und den Eindruck erwecken können, mit ihnen würde das Forum als Institution etabliert. Es stellt daher keinen Ort der Macht dar, um den die Teilnehmer in den Treffen rin-gen. Ebenso wenig hat das Forum den Anspruch, die einzige Form der Zusammenarbeit zwischen den teilnehmenden Organisationen und Gruppen zu sein.«[79]

Diese *WSF*-Grundsätze wurden festgelegt, bevor das Forum von den Medien gehypt und zum Treffpunkt der Bewegungseliten wurde. Es wagte bisher niemand, sie aufzuheben, obwohl sie dem Domi-

---

[78] Aus :»ESF in Paris: Eindrücke vom Donnerstag«, *http://de.indymedia.org/2003/11/66115.shtml.*

[79] Dieser Grundsatz wird auch auf dem *WSF* ständig gebrochen. Die *WSF*-Grundsätze sind vom *ESF* anerkannt worden. Der 6. Absatz der *WSF*-Grundsätze könnte insgesamt für die Debatte um politische Organisierung von großem Wert sein – schließlich läuft die Praxis von Aktionen, Kongressen und Kampagnen diesen Vorstellungen überall zuwider. Der Entwurf offener Plattformen als Organisierungsmodell wird sogar oftmals bekämpft. Zu offenen Plattformen siehe u.a. *www.projektwerkstatt.de/plattform.*

nanzanspruch der NGOs im Weg stehen. Da auch das *ESF* die Grundsätze anerkennt, musste eine Lösung gefunden werden. Sie bestand im *Forum der sozialen Bewegungen*. Dieses traf sich wie ein großes Abschlussplenum auf dem *ESF*, der Eindruck sollte wohl auch vermittelt werden. Im Hauptprogramm fand sich keine Konkurrenzveranstaltung. Dort wurde beschlossen, was in den Folgemonaten passieren soll. Auf dem Treffen dominierten die Vorbereitungskreise über die Mikrophone des Podiums. In den Medien und auch bei vielen TeilnehmerInnen war gar nicht bekannt, dass dieses Treffen formal nicht zum *ESF* gehörte. In der Programmzeitung stand es unter sonstigen Initiativen außerhalb des *ESF*: »16 Nov. Saint-Denis, 9-13, Assembly of social movements and activists. It is a conference open to all organisations taking part in the ESF. As opposed to the Forum that does not take any real decision, this conference aims at conceiving propositions and strategies für actions common to participating organizations. Its function hence is to bring people together around some decisions about important dates for political civic mobilization. This year, the conference should focus on the debate around the European constitution and the necessary mobilization for democracy and civil rights.« So kamen die Ergebnisse dieses formal getrennten Treffens als Beschlüsse des *ESF* in die Öffentlichkeit. Das war zwar ein Irrtum, aber ein gewollter und eine taktische Meisterleistung der instrumentellen Herrschaft über Bewegung. *Attac* und andere tragende Organisationen des *ESF* taten so, als hätte das *ESF* die Entscheidungen gefällt: »Die europaweiten Protesttage gegen Sozialabbau sind eine gemeinsame Initiative der sozialen Bewegungen beim Europäischen Sozialforum und des Europäischen Gewerkschaftsbundes«.[80] Andere forderten, die Sozialforen selbst zu Entscheidungsträgern zu machen, was in den lokalen Sozialforen regelmäßig schon geschieht: »Wer übernimmt das Ruder?«, fragte Jürgen Reichel vom *Evangelischen Entwicklungsdienst*. »Ohne eine griffige Botschaft«, also auch das einheitliche Auftreten, wird sich nach Auffassung von Jochen Steinhilber (*Friedrich-Ebert-Stiftung*) die Wirkungskraft des *WSF* »schnell verflüchtigen«[81].

---

[80] *Attac*-Presseerklärung vom 19.2.2004 zu den Demos am 3.4.2004 (Unterzeichner: Pressesprecher Malte Kreutzfeldt).
[81] Beide Zitate aus *punkt.um,* 3/2004 (S. 19 und 20).

Wohlfühlbecken von Gleichgesinnten

Ein anderer Bericht zum *ESF*: »Die Route hielt sich vom Stadtzentrum fern, da es zwischen Regierung und den reformistischen Kreisen der ESF-Vorbereitung einen Deal gab, das ESF nicht im Stadtzentrum sichtbar werden zu lassen.«[82] »Zu dieser Unzulänglichkeit kam eine rigide Organisation (Die Verwendung von privaten Sicherheitsunternehmen, die gelegentlich auch Gewalt angewendet haben, und der Zwang, dass in den Sälen jeder auf einem Stuhl zu sitzen habe, und wenn es keine Stühle in ausreichender Menge gab niemand mehr rein dürfte), welche die Teilnehmer sehr irritiert hat (besonders die Italiener).«[83] Selbst die *Frankfurter Rundschau* bemerkte den fehlenden Biss, den sie mit ihrer Attacke gegen radikale Gruppen seit dem EU-Gipfel selbst herbeigeführt hatte – offenbar mehr als gewollt. Für sie war das Forum ein »warmes Wohlfühlbecken der Gleichgesinnten, deren Treffen wie dieses zweite Europäische Sozialforum zu politischen Wellnesswochenenden geraten, bei denen jeder auf seine Kosten kommt: Alt-Trotzkisten und Antieuropäer, Kriegsgegner, Yogafreunde und Biobauern.«[84] Im Kommentar bejammerte die Redakteurin die geringere Schlagkraft auch von *Attac*. Die *Junge Welt* kritisierte die inhaltliche Leere und Orientierung auf »mediale Aufmerksamkeit«. Dabei zitierte sie einen *ESF*-Funktionär: »Wir wollen lieber eine starke Bewegung ohne politische Erfolge als politische Erfolge ohne starke Bewegung.«[85]

Deutsches Sozialforum

Da für NGO-FührerInnen immer im Mittelpunkt steht, die instrumentelle Dominanz zu erobern, d.h. in die SprecherInnenrolle bei Aktionen und Organisierungsversuchen zu schlüpfen, wurde auch ein *Sozialforum* für Deutschland frühzeitig andiskutiert. Doch der Vorbereitungsgruppe für das *Europäische Sozialforum* mit der bereits auf das deutsche Projekt hinweisenden Internetadresse www.dsf-gsf.org[86] wirkte die Basis für einen deutschen Versuch lange Zeit zu schwach. In den Monaten vor dem *ESF* 2003 in Paris nahm die Debatte zu. BefürworterInnen befürchteten, dass »die Soziale Bewegung in Deutsch-

---

[82] Auszug aus »Fotos von der Großdemonstration zum *ESF*-Abschluss – Teil 1«, *www.de.indymedia.org/2003/11/66408.shtml*.

[83] Auszug aus »Eine andere Bewegung, ein anderes Europa«, *www.de.indymedia.org/2003/11/66521.shtml*.

[84] Martina Meister , in: *FR* , 17.11.2003 (S. 11).

[85] Bernard Pinaud auf dem *ESF* 2003 in Paris (nach: *Junge Welt* am 25.11.2003).

[86] *Deutsches Sozialforum – German social forum.*

land den Anschluss an internationale Diskussionen verliert – ein Deutsches Sozialforum könnte hier die Rolle einnehmen, diese Beteiligung an diesen Diskussionen kontinuierlich zu gewährleisten«.[87] Ganz offen sprachen sie von einer »Vernetzung von ›Oben‹«, die »die Organisation ›Unten‹ (Regionen) unterstützen« könne. Das Deutsche Sozialforum wird schon vorher zum künftigen Sprachrohr aller gemacht: »So formiert sich unter aktiver Mitwirkung von Attac auch in Deutschland eine breite Bewegung der gesamten Zivilgesellschaft«.[88]

Immer mehr!

In den Jahren 2002 und 2003 setzten die Führungskreise von *Attac* ihre Vereinnahmungsstrategien auch außerhalb des Globalisierungsthemas fort. Mit der Kampagne *Resist* übernahmen sie die Federführung in den Protesten gegen den Irak-Krieg. Der vom 27. bis 29. Juni 2003 in Berlin gelaufene Kongress »McPlanet« war Startschuss für den Versuch, die Umweltbewegung zu integrieren. Im Herbst 2003 übernahm *Attac* die Meinungsführerschaft der Proteste gegen den Sozialabbau. Diese Erfolge führten zu einer wachsenden Zentrierung aller Bewegungen auf einen kampagnenförmigen populistischen Stil außerparlamentarischer Politik und zu unangefochtener Dominanz der *Attac*-Führungsgruppe.

McPlanet – der Griff nach der Umweltbewegung

Seitdem der *Bund für Umwelt- und Naturschutz Deutschland* (BUND) einer der wichtigsten Träger von *Attac* ist, strahlen die Kampagnen von *Attac* in diese NGO hinein. Verschiedene Arbeitskreise zu Themen der Ökologie und Globalisierung sollten Verbindungen schaffen, doch Breitenwirkung hatten sie nie. Die »Attacisierung« von Umweltbewegung gelang erst mit dem Kongress »McPlanet.«[89]

»Es liegt in der Verantwortung der Führungsgremien der großen Verbände, ob wir auf so etwas wieder 10 Jahre warten müssen.« Dieser Satz[90] aus dem Mund von *Attac*-Führer Sven Giegold bietet bereits einen tiefen Einblick in die Hintergründe des 1.500-Menschen-Ereignisses: Hier geht es nicht um Netzwerke, Basisgruppen und

---

[87] Protokoll des deutschen Vorbereitungstreffens zum *ESF* vom 14.9.2003.

[88] Hugo Braun: »Attac und die Sozialforen«, in: »Alles über Attac« (S. 48). Hugo Braun sitzt im KoKreis von *Attac* und gehört zu den treibenden Personen für ein Deutsches Sozialforum.

[89] Ausführlicher Bericht unter *www.de.indymedia.org/2003/07/56471.shtml*.

[90] Vor Ort gesprochen und zitiert im Abschlussbericht der McPlanet-Veranstalter.

aktive Menschen, sondern um die Show der Eliten großer NGOs. Die ZuschauerInnen sind in dieser instrumentellen Beherrschung das nötige Hintergrundbild für die Selbstdarstellung, die politischen Reden und die Pressemitteilungen der Veranstalter. Sie waren dieser Rolle würdig: Kritiklos, eher im Stil eines Fanpulks bei Popkonzerten jubelten sie ihren FührerInnen zu. Kritische Debatten wurden in Nischen-Workshops verlagert – und das Publikum war damit weitgehend zufrieden. Die PopführerInnen gaben ›ihrem Volk‹ Brot und Spiele. Das war befriedigt. Debatten um Aktionen, Perspektiven, neue Projekte oder Gesellschaftsentwürfe zwischen TeilnehmerInnen fehlten. Sämtliche Erklärungen, die im Stil des »Wir« oder »Die TeilnehmerInnen des Kongresses waren sich einig, dass ...« an die Presse verbreitet oder vorgetragen wurden, waren nirgends offen diskutiert und nicht einmal per Akklamation angenommen worden. Den Kongress als Prozess gab es nicht, nicht einmal Plena und Konsense.

Sichtbar wurde auch die Verbindung von breiter, vielfältiger Basis und der instrumentellen Herrschaft der Eliten. Hinsichtlich Presse, den großen Veranstaltungen im Plenum und der Außendarstellung war alles auf wenige Personen zugeschnitten. In der Mischung der TeilnehmerInnen badeten dagegen viele mit – bis hin zum konservativen Verein *Deutsche Sprache*[91], esoterischen *Share international* oder sexistischen Gruppen wie dem *Zentrum für experimentelle Gesellschaftsgestaltung* (ZEGG),[92] die ihre Infostände aufgebaut hatten.

Auf dem Kongress fehlte die bei *Attac* übliche optische Prägung durch die TeilnehmerInnen. Das Audimax (Hauptversammlungsraum) wies keine Schilder, Transparente usw. auf. Flugblätter reduzierten sich auf Werbung und Ankündigungen. Ein Versuch zweier Funktionäre von *Attac* und *BUND*, durch sechs Streitthesen Impulse zu setzen, war auf dem Kongress nicht mehr wiederzufinden. Die einheitliche Gestaltung von Wänden und Eingängen mit dem Kongressplakat und Verbandsemblemen bis hin zum Fehlen von Saal-Mikrofonen bei den großen Veranstaltungen zeigten, dass hier die Logik eines Popkonzertes galt, nicht die eines politischen Kongresses mit gemeinsamer Willensbildung

Neben dem dominanten *Attac* bildeten der *BUND, Greenpeace* sowie die *Heinrich-Böll-Stiftung* und das *Wuppertal-Institut* den Trägerkreis, d.h. zwei etablierte NGOs, eine Einrichtung der aktuellen Regierungspartei und ein staatliches Institut. Durch die Einbindung vieler Medien wurde deren Berichterstattung vom Kongress zur ver-

---

[91] *www.vds-ev.de*
[92] Mehr Infos zum ZEGG u.a. in Bergstedt, Jörg (2002), Reich oder rechts und unter *www.projektwerkstatt.de/aes*.

längerten Strategie des Kongresses. Überall fanden sich die warmen Worte vom neuen Miteinander der Globalisierungs- und Ökologiebewegung, von neuen Ideen und »Aufbruch«, obwohl der Kongress von seinem Ablauf her gar keine Chance bot, dass das hätte entstehen können.

In einer Rede vor der Mitgliederversammlung des *Deutschen Naturschutzrings* (DNR)[93] bot Sven Giegold »die überall entstehenden Sozialforen wie auch Attac als Bündnis« an,[94] stellte also *Attac* selbst bereits offen als Dachverband vor, dem sich auch die UmweltschützerInnen anschließen sollten. Die Reregulierung wird zum einzig zulässigen politischen Ziel: »Bei der Wahl der BündnispartnerInnen etwa muss die Frage ›Wer will mit uns die Märkte in ihre Schranken weisen‹ entscheidend sein und nicht nur wer einen überdurchschnittlichen Beitrag zum Umweltschutz leistet.« Offenbar träumt Giegold von der weitgehenden Gleichschaltung aller Bewegung unter *Attac*. Die Umweltbewegung würde dann zur Öko-Abteilung: »Ich kann gut verstehen, dass es in den 90er Jahren für die Umweltbewegung schwer war, jenseits des Atomthemas Protest zu organisieren. Umso schädlicher ist es, sich nicht voll in die globalisierungskritische Bewegung einzuklinken, die den Zugang zu massenhaftem Protest wieder bietet. Die Umweltorganisationen könnten hier die ökologische Stimme sein.«[95]

FunktionärInnen aus der Umweltbewegung bewegen sich bereits auf diesem Kurs: Der *BUND* trägt mit *Attac* zusammen Kampagnen und Kongresse. Dabei akzeptiert der Verband zunehmend, in der zweiten Reihe zu stehen. Die *BUND*-Chefin, Angelika Zahrnt, gehört zum engen persönlichen Umfeld des *Attac*-Chefideologen Sven Giegold. Sie befürwortete schon 1992 den neoliberal orientierten Deutschen Umwelttag in Frankfurt, während ältere *BUND*-Führer ihn boykottierten. 1998 wurde sie in einer Kampfabstimmung gegen radikalere Kandidaten zur *BUND*-Vorsitzenden gewählt. Damals war sie noch SPD-Mitglied. Bei ihrem Austritt 1999 bezeichnete sie die SPD der früheren Jahre »als politische Gestaltungskraft für ein zukunftsfähiges Deutschland und Europa«.[96] In der Anti-Atom-Bewegung werben vor allem Jochen Stay, der über *X-1000malquer* mit der von *Attac*-Aktivisten gegründeten *Bewegungsstiftung* verfilzt ist, und der als Sprecher der *BI Lüchow-Dannenberg* auftretende Wolfgang Ehmcke

---

[93] Der *DNR* ist der Dachverband der deutschen Umwelt- und vieler Naturnutzerverbände. In seinen jungen Jahren war Sven Giegold ein vehementer Kritiker des von Zuschüssen der Bundesregierung vollständig abhängigen, behäbigen Funktionärsbundes.

[94] Quelle: Schriftliche Fassung von Sven Giegold selbst, per Mail verschickt.

[95] Interview mit Sven Giegold, in: *punkt.um* 3/2004 (S. 21).

[96] Austrittserklärung, abgedruckt unter anderem in *die taz*, 3.7.1999 (S. 8).

für die Zusammenführung: »AtomkraftgegnerInnen sind Globalisierungsgegner«[97] (siehe Kap. Das Umfeld: Mitläufer, Nachahmer und Filz).

aktiv.um

Der Griff nach der Umweltbewegung erfolgt nicht nur mit dem bewährten Mittel des Großkongresses. Zusammen mit dem Ökom-Verlag, der mehrere führende Ökologie-Publikationen[98] im deutschsprachigen Raum herausgibt, erschien im November 2003 erstmals die Beilage *aktiv.um*. Macher war u.a. Markus Steigenberger von *Attac*. Im Vorfeld hatte er noch behauptet, dass die neue Zeitung offen für viele Positionen sein solle. Als auch Interesse an der Mitarbeit aus dem Netzwerk *Umweltschutz von unten*[99] angemeldet wurde, entschieden Redakteur und Verlag, eine geschlossene Redaktion zu bilden und nur Artikel gemäß der Meinung der Zeitungsleitung abzudrucken. So sah die erste Ausgabe auch aus – in ihr fanden sich vor allem Texte von führenden *Attac*-Funktionären wie Felix Kolb oder Rasmus Grobe. Die weiteren Ausgaben zeigten deutlicher worum es geht: Die Breite der Basisgruppen im Umweltschutz soll modernisiert und für die Strategie populistischer Kampagnenpolitik gewonnen werden. Hauptautoren waren die zu Managern von Software- oder Bildungsfirmen etablierten Ex-Jugendumweltaktiven aus dem Umfeld der Kerngruppe in Verden. In ihren Texten geht es um modernes Projektmanagement, Hierarchisierung, »Controlling«[100] von Gruppenprozessen und Fundraising. Das Miteinander der Aktiven heißt »soft facts«,[101] für die Führungspersonen gibt es »Profi-Tipps« der Art: »Welche Kompetenzen erhält der Projektmanager? Wem ist er verantwortlich? Koordiniert er nur oder hat er wirklich das Sagen? Erfahrungsgemäß geht es nicht ganz ohne Hierarchie: Wer die Fäden in der Hand halten soll, muss auch daran ziehen können.« Ganz ähnlich in einem anderen Beitrag: »Achten Sie darauf, dass bei jedem einzelnen Teammitglied ein Gleichgewicht zwischen Zuständigkeit, Kompetenz und Verantwortung besteht.« Die neue Zeitung spricht nicht die Gruppe, sondern deren Führung an: »Machen Sie die Pressear-

---

[97] Auszug aus Wolfgang Ehmke: »Kommt zusammen, was zusammengehört?«, in: Christine Buchholz u.a. (2002): »Handbuch für Globalisierungskritiker«, KiWi, Köln (S. 156). Die BI ist sehr früh Mitglied von *Attac* geworden.

[98] *Punkt.um, Politische Ökologie, 21, Gaia, Ökologisch wirtschaften* und andere.

[99] *www.projektwerkstatt.de/uvu*.

[100] Von den Autoren selbst übersetzt mit »Steuerung«.

[101] Dieses und die nicht gekennzeichneten Zitate stammen aus *aktiv.um* März 2004.

beit zur Chefsache!«[102]. Inhalt und politische Positionen gibt es dabei gar nicht mehr. Ein Schaubild auf Seite 2 definiert die »Qualität eines Projektes« als mathematisches Modell mit den drei Variablen »Kosten«, »Umfang« und »Zeit«. Inhalt, Kreativität, Visionen und ähnliche Komponenten fehlen. »Geld ist – neben der Personalpolitik – der effektivste Hebel der Macht in Organisationen. ... Lassen Sie sich von Unternehmen inspirieren. Langfristiger Erfolg braucht Planung. Jedes Unternehmen erstellt einen Business-Plan als Grundlage für seine Entscheidung. Verstehen Sie auch Ihre Umweltorganisation als ein Unternehmen mit Zukunft und entwickeln Sie einen Business-Plan!«[103] Dazu passt, dass in einem weiteren Tipp-Kasten Software fürs Projektmanagement angeboten wird – ausschließlich Kaufprogramme von Microsoft.

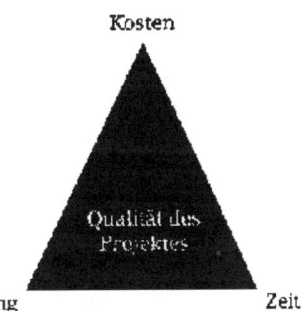

Schaubild aus aktiv.um: Qualität ohne Inhalt

Von Köln bis Berlin: Soziale Proteste
Die Methoden gleichen sich: Die Vereinnahmung entsteht über die Medien, über Slogans wie das »ungewöhnlich breite(s) Spektrum gesellschaftlicher Kräfte«[104] oder »Geburtsstunde einer mächtigen sozialen Bewegung«[105] bis zum Aufrufen und Reden immer derselben Führungspersonen aus den zu vereinnahmenden Teilen von Bewegung. Die Aktionen sind stark populistisch ausgerichtet, sie haben Volksfestcharakter, inhaltliche Positionen und konkrete Ankündigun-

---

[102] Marc Engelhard, *BUND* und *Attac*-AK: »Ökologie und Globalisierung«, in: *aktiv.um* Juni 2004 (S. 2).
[103] Aus: *aktiv.um* Mai 2004 (S. 2 f).
[104] *Attac Deutschland*, Pressemitteilung am 17.3.2004.
[105] *Junge Welt*, 6.4.2004 (S. 2), Formulierung des Interviewers. *Attac*-Pressesprecher Malte Kreutzfeldt relativiert das auf »im Entstehen«.

gen von widerständigem Protest (Aneignung, Streik, Blockaden, Verweigerung usw.) unterbleiben weitgehend.

Der Aktionstag von *Attac* und Gewerkschaftsjugendverbänden am 14. September 2002 im Vorfeld der Bundestagswahl lebte sehr stark von diesem Gefühl, jetzt eine große Einheit zu bilden. Das verdeckte die kritische Sicht, dass hier der Event[106] im Vordergrund stand, politische Positionen verlorengingen und die Eliten als RednerInnen und auf den Pressekonferenzen ein buntes Backgroundbild auf der Straße brauchten, um als gewichtige FührerInnen zu wirken – ähnlich wie die Organisationsstruktur des *Weltsozialforums* in Porto Alegre (siehe oben). Andere Teile von Bewegung wurden über Aufrufe einflussreicher Personen medial eingebunden – selbst wenn nur wenige kamen, entstand der Eindruck eines breiten Bündnisses. Als Beispiel kann die Anti-Atom-Bewegung dienen, deren prominenter Aktivist Jochen Stay auf Anti-Atom-Treffen für die Teilnahme am Aktionstag warb und *Attac* sowie den geplanten Protesttag gegen die Kritik der Staatsnähe und des Populismus verteidigte (z.B. auf dem Sommercamp im Wendland 2002).[107]

Prägnanter waren die Abläufe rund um die seit Herbst 2003 zunehmenden Sozialproteste. Dabei zeigte *Attac* einen perfekten Spagat. Einerseits vermittelte *Attac* in den Medien das Bild einer sich einenden, starken sozialen Bewegung, andererseits kämpfte *Attac* innerhalb der Vorbereitungsbündnisse um eine Annäherung an die schwerfälligen und regierungsnahen Gewerkschaften sowie eine Ausgrenzung radikaler Positionen und Gruppen. Das Gesamtprojekt sei behindert worden, berichten etliche Gruppen[108], die die bundesweite Demonstration am 1. November 2003 in Berlin mitorganisierten. *Attac*-VertreterInnen hatten im Vorfeld sogar gegen die Demonstration polemisiert: »Attac und Linksruck versuchten auf dem ersten Kongress zu Protesten gegen Sozialabbau am 13.12. durchzusetzen, dass nichts Konkretes beschlossen wird, um den DGB nicht festzulegen, da dieser erst später tagen würde«[109] und »Attac-Mitglieder gehörten zu denjenigen, die von Anfang an versucht haben, die Demonstration zu verschleppen und zu verhindern«.[110] Später, als die Demonstration nicht mehr zu verhindern war, forderte *Attac* mehr RednerInnen aus

---

[106] Unpolitisch moderiert von Popstar Eni van de Meyglöckjes.
[107] Bericht des Aktionstages von einer Teilnehmerin:
www.de.indymedia.org/2002/09/29949.shtml.
[108] U.a.: *www.rf-news.de/rfnews/printable/News_Item.2003-11-05.0254,*
www.mlpd.de/mlpd/stellungnahmen/agenda5.htm, www.fau.org.
[109] Quelle: Direkte Aktion März/April 2004 (S. 1).
[110] *www.fau.org/artikel/aart_031017-203708.*

den an der Vorbereitung kaum beteiligten Kirchen, Sozialverbänden und Gewerkschaften. Letztere wollten eine grundlegende Kritik an der Bundesregierung verhindern und luden zusammen mit Trotzkisten und *Attac* am 12.10.2003 in Berlin zu einem »Notplenum«, in dem die bisherige Vorbereitungsgruppe entmachtet wurde sowie neue RednerInnen und Positionen beschlossen wurden.

Der *Linksruck*-Vertreter im *Attac*-Rat, Werner Halbauer, begründete das: »Wenn man die politischen Bedenken von mobilisierenden Gewerkschaftsgliederungen oder Attac ignoriert, werden natürlich die finanziellen Ressourcen und die Mobilisierungsbreite eingeengt [...] Das mag man als Erpressung oder umgekehrt als mangelnde Sensibilität gegenüber Bündnispartnern ansehen, es sind aber die Realitäten.«[111] Am 1. November 2003 versperrten Gewerkschaftsfunktionäre und andere den von der bundesweiten Vorbereitungsgruppe vorgesehenen RednerInnen sogar körperlich den Zugang zur Bühne. Eliten von *Attac*, Gewerkschaftsgliederungen und trotzkistischen Organisationen hatte die Demonstration geentert und für eigene Ziele missbraucht. Erst zwei Wochen vor der Demonstration beschloss *Attac* überhaupt, sich an der Mobilisierung zu beteiligen. Sofort stellte sich *Attac* als Speerspitze der absorvierten Protestgruppen dar – und die Medien halfen. *Attac*-Ratsmitglied Sascha Kimpel analysierte das auch treffend selbst: »Die Medien nahmen den 1.11. jedoch erst ernst, nachdem Attac auf seinem Ratschlag vom 17.-19.10. beschloss, die Mobilisierung stärker als bisher vorgesehen auf den 1. November zu orientieren. Die Presse war am 20./21.10. plötzlich voll mit der Ankündigung der Demonstration durch Attac. Von nun an galt die Demonstration als Attac-Demonstration. Doch diese Einschätzung ist mit Sicherheit nicht angemessen und in erster Linie von den Medien befördert, unter anderem weil breitere Bevölkerungskreise mittlerweile etwas mit dem Label »Attac« anfangen können und nicht wenige ihre Hoffnungen damit verbinden.«[112] Ein prägnantes Beispiel für instrumentelle Herrschaft.[113]

Erneut deutlich zutage traten die Konflikte und der Spagat von *Attac* am 17.1.2004 in Frankfurt bei der bundesweiten Vorbereitungskonferenz zu den Sozialabbauprotesten am 3. April in Köln. Dort wurden die *Attac*-Sprecher Wahl und Rätz von der überwältigen Mehrheit

---

[111] E-Mail vom 9.10.2003.

[112] Aus dem Auswertungspapier »Der Wind hat sich gedreht« von Alexander King/Sascha Kimpel.

[113] Nach dem 1.11. versuchte auch die PDS mit einem Spitzengespräch zwischen Gewerkschaften, Attac und der PDS eine Führungsrolle zu übernehmen. Das gelang nicht, aber es zeigt, dass instrumentelle Herrschaft nicht nur die Strategie von *Attac* ist.

der Anwesenden ausgebuht und schließlich am Reden gehindert, als sie mehr Rücksicht auf die Gewerkschaftsführung und das Streichen der Forderung nach Streiks einforderten. Eine Teilnehmerin der Konferenz, aktiv im Bochumer Sozialforum, schildert die Vorgänge:»Unerfreulich aber sehr aufschlussreich war das Auftreten der ATTAC-Führung (Peter Wahl, Werner Rätz und Nico Wehnemann) im Abschlussplenum. Sie verlangten die Formulierung ›Streik und Arbeitsniederlegung‹ in der Abschlusserklärung zu streichen, sonst drohe der Ausstieg von ATTAC. Die Versammlungsleitung machte den Vorschlag diese evt. Änderung der Erklärung im Abschlussplenum abzustimmen. Diese Vorgehensweise wurde von der ATTAC-Führung als pseudodemokratisch beschimpft, nun regte sich Tumult im Saal. Der sich verstärkte, bis hin dass aufgebrachte Leute Peter Wahl das Mikrofon entrissen, weil er immer wieder wütender auf die Versammlung einredete, obwohl die Diskussion beendet war.«[114]

Um diesen Widerspruch überdecken zu können, positionierte sich *Attac* mal als Spitze der sozialen Bewegungen an der Seite der Gewerkschaften[115], ein anderes Mal als wichtigster Gegenpol. Auch dabei halfen die Medien.»Spannungen vor dem Aktionstag«, hieß ein Text in der *FR*[116], in dem geschildert wird, wie *Attac* gegen einigen Widerstand eigene RednerInnen durchsetzen konnte. Zur RednerInnenliste der Demonstration in Köln am 3. April 2004, in der lange Zeit keine Person aus staatskritischen Basisbewegungen zu finden waren, sondern ausschließlich Gewerkschafts-, Kirchen-, AStA- und *Attac*-VertreterInnen sowie der ehemalige CDU-Bundesarbeitsminister Norbert Blüm, sagte die von *Attac* vorgesehene Rednerin Astrid Kraus: »Ich kann mich nicht erinnern, dass es ein derartig breites Bündnis schon einmal gegeben hat.«[117] Die sozialen Bewegungen waren nach ihrer Auffassung bereits durch *Attac* vertreten.

Attac wird medial zum Hoffnungsträger und zur Speerspitze sozialer Bewegungen gemacht. Malte Kreutzfeldt sieht in diesem mühseli-

---

[114] Präziser Bericht unter www.do.indymedia.org/2004/01/72730.shtml. Siehe auch www.free.de/FREE/projects/sofodo/texte/bericht-akonf-2004-01-1718/view. Sammlung mit Berichten u.a. auf: www.labournet.de/diskussion/arbeit/aktionen/aktionskonf3.html. Zu den Tücken des Konsensprinzips bei *Attac* siehe Kap. »Aktuelle Struktur«.

[115] Zu Gewerkschaften siehe auch Kap. »Partner und Unterstützer«.

[116] 30.3.2004 (S. 5). Autor ist Gerhard Klas, der für sozialistische Zeitungen schreibt und die Hintergründe besser kennt. Mit seinem Text untergräbt er die Kritik vieler sozialistischer und anarchistischer Gruppen gerade an der Taktik von *Attac*, zum Zwecke der Bündnisfähigkeit mit den Führungsgremien der Gewerkschaften inhaltliche Positionen und die Forderung nach Streiks fallenzulassen.

[117] Astrid Kraus (*Attac*-Koordinierungskreis) im Interview der *Jungen Welt*, 23.3.2004 (S. 2).

gen Durchdrücken eigener RednerInnen gegen den DGB sogar einen Erfolg: »Die Tatsache aber, dass am Samstag Menschen wie Rainer Roth oder Peter Grottian neben Vertretern von Attac auf den Kundgebungen sprechen konnten, zeigt doch, dass die Gewerkschaften einen gewaltigen Schritt gemacht haben [...] Das hilft über das eine oder andere Manko hinweg.«[118] Tatsächlich ist es schlicht Selbstverständlichkeit, dass bei einer Bündnis-Demonstration nicht nur eine Gruppe die RednerInnen stellt – nur offenbar bei *Attac* und Gewerkschaften nicht. Zudem sind die Positionen von *Attac* innerhalb sozialer Bewegung diejenigen, die den Gewerkschaften am nächsten stehen, wie zur Konferenz in Frankfurt beschrieben.

Die Dominanz von *Attac* innerhalb der unabhängigen sozialen Bewegungen sowie die Dominanz der Gewerkschaften in der gesamten Vorbereitung prägte die Inhalte und Aktionsformen in Richtung Volksfest mit sanfter Protestkultur – angesichts der massiven Einschnitte in der Sozialpolitik eher eine Befriedungsstrategie. Der Protest kanalisierte sich in wenige große Ereignisse, die vollständig unter der Kontrolle staatstragender, von den Medien unterstützter Groß-Organisationen standen. *Attac* vertrat gleichzeitig die sozialen Bewegungen gegenüber den Gewerkschaften wie auch die Gewerkschaften gegenüber den sozialen Bewegungen – eine zwar ständig konfliktbeladene, aber hinsichtlich der medialen Vermittlungsmöglichkeiten optimale Funktion. Eine Mitverantwortung trugen viele unabhängige Gruppen, die trotz der vorhandenen Kritik an dieser Organisierung am Rockzipfel der Großen hängenblieben und ihre abweichenden Positionen höchstens durch eigene Blöcke auf der Demonstration kundtaten, was der Vereinnahmung auch dieser Gruppen durch *Attac* und Gewerkschaften nicht im Wege stand. Die *Attac*-orientierten Medien förderten diese gerichtete Wahrnehmung, in dem von den spontanen und unabhängigen Aktivitäten während des Aktionstages am 3. April nichts berichtet wurde – wie etwa die Besetzung eines Sozialen Zentrums in der Oranienburger Straße in Berlin.

Fazit und Thesen

Die Gründung, der Hype und die Vereinnahmungsstrategien von *Attac* hatten eine durchgreifende Wirkung auf die gesamte Breite politischer Bewegung. Dennoch gab es fast nirgends intensive und auf Konsequenzen drängende Diskussionen über Strategien von Aktio-

---

[118] Im Interview in der *Jungen Welt*, 6.4.2004 (S. 2).

nen und Bündnissen. Viele unabhängige Gruppen lehnten die Debatte ab, weil sie sich auf ihre eigene Organisierung konzentrieren wollten und zudem *Attac* dadurch noch wichtiger würde. Das übersah die überragenden Handlungsmöglichkeiten von *Attac*. Die Organisation wurde gefüttert mit den Geldern aus massiven Mitgliederzuwächsen und Spenden der von *Attac* angesprochenen Bildungseliten in Deutschland. Unterstützung kam schnell von Teilen der Gewerkschaften und vieler Parteigruppen. Vor allem aber der Hype durch die nahestehende oder gar an *Attac* beteiligte Presse schuf die Möglichkeit, über den eigenen Aufstieg hinaus andere politische Zusammenhänge für die eigenen, populistischen Forderungen einzusammeln, hegemoniale Öffentlichkeit zu betreiben und innerhalb kürzester Zeit zum Sprachrohr jeder entstehenden politischen Aktion oder Kampagne, inzwischen auch der Bewegungen insgesamt zu werden. *Attac* wirkt wie die institutionalisierte Zivilgesellschaft selbst.

Dieser Prozess hat Tradition. *Attac* Deutschland wurde nach dem gleichen Muster aufgebaut wie der führende *Attac-*Verband in Frankreich. Die staats- und marktwirtschaftskonforme Presse sowie Lobbyorganisationen aus diesem Bereich hatten auch dort die Organisation in den Mittelpunkt geschoben. *Attac* wurde als »Zentrum der Bewegung«, »Kristallisationspunkt« oder Ideengeber bezeichnet – und wurde es dann auch, allerdings erst durch die Benennung. Wirklichkeit entstand als Folge der Konstruktion – Massenpsychologie auf gehobenem Niveau. Verbunden war diese Strategie mit dem Ringen in Widersprüchen. Wer als Sprachrohr aller gelten will, muss chamäleonartig auftreten – also immer angepasst an den Rahmen. In den Aktionen gegen den Krieg avancierte *Attac* zum Überbau über zum Teil zerstrittene Bündnisse. Bei den Protesten gegen den Sozialabbau bildete *Attac* eine absurde Klammer zwischen Gewerkschaften und sozialen Bewegungen, um Moderator und Sprecher für beide und gegenüber dem jeweils anderen zu sein. Rund um die Demonstrationen am 1. November 2003 und am 3. April 2004 zeigte *Attac*, das es dazu fähig ist. Es ist zu erwarten, dass *Attac* und die von *Attac*-Eliten betriebenen weiteren Organisationen versuchen, diese instrumentelle Herrschaft auch künftig auf neue Felder auszudehnen. Der Vereinnahmungsanspruch ist total.

Die Basisgruppen:
Background und KampagnenarbeiterInnen

Attac ist stolz auf die schnell wachsende Zahl von Basisgruppen. Diese werden aus dem Bundesbüro unterstützt. Ihre Mitbestimmung ist allerdings gering, denn die Themen und Kampagnen werden von den Bundesgremien gesetzt. Die örtlichen Aktionen finden nur selten ähnliche öffentliche Wirkung wie *Attac* überregional. Die Rolle der Basisgruppen für die Arbeit von *Attac* ist dennoch wichtig und lohnt einen genaueren Blick.

Örtliche Aktionen – selbstbestimmt und bunt

Die Basisgruppen von *Attac* sind in der Gestaltung ihrer Aktionen weitgehend frei (siehe Kap.»Aktuelle Struktur«), was wesentlich dazu beigetragen hat, dass *Attac* sein Themenfeld stark ausgeweitet hat. Selbst der Koordinierungskreis spricht inzwischen von einem »Gemischtwarenladen [...] sowohl was die Themen wie auch die Arbeitsweisen angeht«.[119]

Die Offenheit der Basisgruppen hat in vielen Orten zu sehr heterogenen Gruppen geführt. Von alten AktivistInnen bis zu sehr jungen Engagierten, von Jusos bis zu orthodoxen MarxistInnen und von Hippies bis zu Autonomen und Antifas haben sich viele Menschen für *Attac* euphorisieren lassen. Einige Gruppen werden dagegen von einheitlichen Organisationen, z.B. Parteien oder TrotzkistInnen getragen – sei es, dass diese geschlossen zur *Attac*-Gruppe in ihrer Stadt geworden sind oder dass sie andere Positionen herausgedrängt haben.

Background für die Politik der Eliten

Durch die Nutzung des gleichen Namens und Logos steht jede Gruppenhandlung in einem Zusammenhang mit den überregionalen Ebenen. Lokale Aktivität stärkt oder schwächt immer auch das Gesamte – und umgekehrt. Die Vielfalt unterschiedlicher Aktionen verhilft *Attac* ebenso zu einem Image von Bewegungsbreite wie die fälschlicherweise als *Attac*-Aktionen dargestellten Demonstrationen und Aktionstage gegen Krieg, Sozialabbau, EU- oder Finanzgipfel. Davon profitieren diejenigen, die als Eliten die Positionen von *Attac* prägen können.

---

[119] Protokoll des Ko-Kreises vom 3.9.2003.

Auf dem Weg zu Kampagnenprofis

Obwohl die Basisgruppen frei agieren können, fällt doch eine Einseitigkeit in den Texten und Tipps auf, die aus den Führungsgremien heraus an die Basisgruppen gereicht werden. Hier geht es selten bis nie um inhaltliche Qualität oder Möglichkeiten, auch komplexere, grundsätzlichere, z.B. visionäre Positionen zu vermitteln. Das in und nach Porto Allegre vielfach zitierte »Eine andere Welt ist möglich« als Leitslogan von *Attac* wird nicht gefüllt. Stattdessen werden die Gruppen mit Tipps für gute PR-Arbeit, Fundraising usw. überschwemmt. Selbst der »Aktionsratgeber für Attac-Gruppen« benennt nur ungenau Aktionsformen oder Ideen für die direkte Inhaltsvermittlung, dafür aber viele Tipps zum Erstellen von Flyern, Büchertischen, Infoständen sowie die Medienarbeit und Bündnisstrategien. »Ein griffiges und knackiges Zitat von einem Experten (mit vollem Namen und Funktion)« sowie »nicht vergessen: *Attac*-Briefkopf« sind die wichtigen Teile des Papiers. Ganz offen wird den Basisgruppen die Aufgabe zugewiesen, die Hintergrundbilder für die Kampagnen der Zentrale zu schaffen: »Öffentlichkeit herstellen bedeutet nichts anderes, als Informationen aus unseren Kampagnen gezielt in die Massenmedien zu platzieren. ... Ein Bild, auf dem zum Beispiel unsere politischen Forderungen (›Schließung der Steueroasen‹) an symbolträchtigem Ort (Fassade der Dresdner Bank o.ä.) unter starkem persönlichen Einsatz von Attac-Aktivisten präsentiert werden, kann ein Aufmacher sein. ... Wenn es gelingt, die über 200 lokalen Attac-Gruppen durch eine griffige Kampagne zum Mitmachen zu bewegen, können wir eine außerordentliche Breitenwirkung erzielen«, ist im Buch »Alles über Attac« zu lesen,[120] angefügt wird: »Die interne Diskussion über Ziele, Strategien und die Rolle von Kampagnen ist daher eine wichtige Voraussetzung, um tatsächlich kampagnenorientierter und damit effektiver zu wirken«. Astrid Schaeffert vom *Attac*-KoKreis fordert wenige Seiten später die »Bündelung der Kräfte auf wenige Themen und Kampagnen«.[121]

Deutlicher wird das Vorhaben von den jungen ManagerInnen in den *Attac*-Eliten gemachten Zeitung *aktiv.um* (siehe Kap. »Die ganze Bewegung vereinnahmen«). Hier wird der Traum moderner Gruppenführung deutlich: Gutes Management des Humankapitals, kollektive Identität und Entscheidung, genormtes Verhalten und eine effiziente Ausrichtung auf Kampagnen. Offensichtlich hoffen die MacherInnen

---

[120] Rasmus Grobe u.a.: »Wie arbeitet Attac?«, in: »Alles über Attac« (2004) (S. 126, 128, 129)

[121] Astrid Schaeffert: »Alles über Attac« »Gruppen« (2004) (S. 149)

des Blattes, bestehende Umweltgruppen in eine Richtung zu verändern, so dass sie als nützliche Kampagnen-Basis für *Attac* und Umfeld dienen können. In der *aktiv.um* werden Inhalte gänzlich weggelassen – es geht nur noch um Management. »Die perfekte Gruppensitzung: Es ist klar, wer die Verantwortung für Ablauf und Moderation des Treffens trägt. Die Vorbereitungsgruppe klärt im Vorfeld, welche Themen wichtig sind und wer in die Diskussionspunkte einführt. Die Gruppe kennt die Tagesordnung bereits im Vorfeld. [...] Die Rolle des Moderators: [...] Sie haben es in der Hand, ob eine Diskussion ›zerfleddert‹ oder direkt zum Ziel führt. Es liegt an Ihnen, ob sich die Gruppenmitglieder eingebunden oder ungerecht behandelt fühlen. [...] Fassen Sie zusammen und spannen Sie einen roten Faden.«[122] Als die Politik der *Attac*-Führung den Verband 2003 in eine Finanzkrise stürzte, wurde den Gruppen ein Teil der Beiträge vorenthalten, zudem sollten sie beim Akquirieren von Spenden helfen.

Fazit und Thesen
Attac-Basisgruppe zu sein, bedeutet Freiheit und Unterwerfung zugleich. Die Vereinnahmung für die professionelle PR-Arbeit der *Attac*-Eliten kann durch die Gruppe in keiner Weise gesteuert werden. Oben und unten haben keine geregelte Beziehung zueinander. Die durch die Freiheit entstandene Vielfalt an Gruppenaktivitäten ist die wertvollste Säule von *Attac*. Sich aus der Vereinnahmung zu befreien und selbstbestimmte Kooperation mit überregionaler Handlungsfähigkeit zusammen mit anderen Gruppen zu entwickeln, ist die wichtigste Aufgabe der Zukunft.

---

[122] Quelle: *aktiv.um*, 3/2004 (S. 4 und 6).

Bewegungspopulismus, Starkult und Pop-Politik

> »Alle diese Organisationen nutzen dasselbe rot-
> weiße Logo, das man auf den Fahnen und Trans-
> parenten bei den großen Veranstaltungen in allen
> Kontinenten wiederfindet.«
>
> Aus dem Attac-Manifest 2002
> »Mit ATTAC die Zukunft zurückerobern«

Wer den Erfolg von *Attac* verstehen will, muss die Mechanismen von Eventkultur und Pop-Politik durchschauen. Moderne Netzwerke und NGOs beschäftigen in ihren Geschäftsstellen immer mehr gut ausgebildete MedienexpertInnen oder Kampagnenprofis. Entscheidend für eine Aktion ist nicht ihre politische Wirkung, sondern der damit erzielte Imagegewinn, gezählt in Pressetexten, Mitgliederzuwachs und Spendeneingang. Die Überlegungen in den Köpfen der VeranstalterInnen ähneln eher denen von Konzertagenturen. Viele Menschen sollen angezogen werden, sich wohlfühlen, mit guten Gefühlen nach Hause gehen und wiederkommen zum nächsten Event – am besten gepaart mit der Unterstützung des Vereins per Werbung oder Spenden. Das eigentlich wichtige Anliegen, der Protest und der Kampf um das schönere Leben, geraten aus den Augen, während die Verpackung zum Selbstzweck wird. Was übrigt bleibt, ist Protestainment – die Unterhaltungsschau verdrängt die politische Substanz.

Die Symbole müssen stimmen

Eventkultur bedient sich einprägsamer Symboliken. Die Erwartungshaltung der Ankommenden wird nicht durch Aktion und Widerständigkeit, sondern durch deren Mythos erfüllt. Protest wird zum virtuellen Akt, emotional aufgeladen. Flammende Reden, visionäre Slogans wie »Eine andere Welt ist möglich« und bunte Fahnenmeere verleihen den Aktionen einen romantisch-revolutionären Pathos. Bevor eigene Aktionen als Beispiele dienen konnten, integrierte *Attac* die Proteste von Seattle, Prag und Genua für das eigene Image. Die Bilder zierten die Veröffentlichungen und Flugblätter. Hinzu kommt die Suggestion des Erfolgs: Fast alle Events wurden als große Erfolge dargestellt. Die Binnensicht war teilweise kritischer,[123] gegenüber den zahlenden Mitgliedern und den als telegener Background und SpenderInnen wichtigen Massen wurde *Attac* als Organisationsrahmen erfolgreicher

---

[123] So finden sich z. B. in Protokollen des *Attac*-Koordinierungskreises Kritiken an der mangelnden Mobilisierung nach Genua 2001.

Großevents verkauft. Schon der Name gehört zu der Strategie des Mythos vom Widerstand. Der Name klingt revolutionär, nach Aufbruch und Entschlossenheit. Dass er tatsächlich nur die Abkürzung für eine Organisation ist, die die Tobin Tax einführen will, verschweigt *Attac* in der Öffentlichkeit meist – aus guten Gründen. Auch die Tobin Tax selbst war in der Gründungsphase revolutionär aufgeladen. Fast nirgends war an den Infotischen und den ZeitungsverteilerInnen bekannt, dass die Tobin Tax nur der Stabilisierung der Währungen diente und die spekulativen Geschäfte[124] nur teilweise erfasste, also nicht den gesamten Aktienhandel. Noch 2003 verteidigten Basis-AktivistInnen von *Attac* und den Mitgliedsgruppen die Tobin Tax als »krasse Forderungen, die von allen Mächtigen abgelehnt wird«.[125] Sich vormals radikal gebärdende Zusammenhänge wie das trotzkistische *Linksruck* schrieben: »*Attac* drückt mit der Forderung nach der Tobin-Steuer die Empörung über die Ungerechtigkeit der Globalisierung von oben hervorragend aus.«[126] Neben dem kämpferischen Schein des Namens ist insgesamt die Labelpolitik von *Attac* auffällig. Auf den Demonstrationen finden sich nur wenige inhaltliche Aussagen, ersetzt durch einheitliche *Attac*-Transparente, -Kleidung und Fahnenmeere.

Um den Namen *Attac* auch in Bündnisaktionen stärker betonen zu können, nutzte *Attac* seine führende Rolle und verließ viele Bündnisse, um dann mit den bisherigen Bündnissen wiederum ein Bündnis einzugehen. Somit wurde *Attac* auf Plakaten und Aufrufen gleichberechtigt neben dem Bündnis benannt und konnte eigene RednerInnen auf Demos benennen. Das geschah bei den Protesten gegen die jährliche Sicherheitskonferenz der NATO in München und bei vielen Protesten gegen Sozialabbau.

Attac, Attac, Attac ...

Attac ist ein Label, das Nike oder Coca-Cola der politischen Bewegungen. Image und der gesellschaftliche Stellenwert ersetzen die tatsächliche Qualität – oder machen sie zumindest unwichtig. Und der Trend nimmt zu. Die organisatorischen Teile von *Attac* stellen das Label in den Mittelpunkt: *feministATTAC, KulturAttac oder Attac-*

---

[124] Die Wut auf die Finanzmärkte basierte selbst schon auf einer falschen Wahrnehmung ökonomischer Zusammenhänge (siehe Kap. »Kapitalismus, sei schön lieb«).

[125] Aussage im AK »Globalisierung« auf der WaldorfschülerInnen-Tagung »Kontraste 03« vom 1.-5.10.2003 in Ludwigsburg. Die Tobin Tax wird von fast allen Institutionen auf globaler Ebene politisch befürwortet.

[126] Aus den *Linksruck*-Notizen, 27.8.2001.

Campus lauten die Namen. Veranstaltungen erhalten ebenso Titel mit dem Verbandsnamen als Bestandteil. »No Logo« klingt da, obwohl weiter als Buch gehypt, eher wie das Gegenprogramm zu *Attac*. Auch der immer wieder benannte Anspruch, offen zu sein für alle, wird ad absurdum geführt, wenn eigene Camps, Kongresse, Konzerte, Schriftenreihen, Bücher, Kalender, Demonstrationen oder Aktionen vor allem vom Namen *Attac* geprägt sind. Groß sind die personellen, materiellen und finanziellen Ressourcen, die *Attac* in die Produktion und das Zeigen von Verbandsnamen und -logo sowie in die Anpassung des Erscheinungsbildes an die Erfordernisse einer modernen Mediengesellschaft steckt. So arbeitet eine Arbeitsgruppe des Koordinierungskreises allein zu diesem Thema, auch professionelle DesignerInnen unterstützen *Attac* mit immer neuen Vorschlägen.[127]

Happenings mit Medienwirkung

Die Aktionen erhielten immer stärker die Funktion von Events. Widerstand organisierte sich als Happening mit integrierter Selbstdarstellungsschau des Veranstalters. Die EU- oder WTO-Gipfel standen 2002 nicht einmal mehr im Haushalt. Stattdessen mobilisierte *Attac* zu einem beunruhigend entpolitisierten Pro-Demokratie-Event vor der Bundestagswahl am 14. September 2002 in Köln[128] und beantragte umfangreiche Zuschüsse ausgerechnet von der nordrhein-westfälischen Landesregierung unter Wolfgang Clement.[129] *Attac* mobilisierte »gemeinsam mit [...] der Anti-Atom-, Friedens- und Erwerbslosenbewegung«. Damit waren handstreichartig ganze Bewegungen in das mediale Projekt von *Attac* integriert. *Attac* gab einfach das Ergebnis vor – und hatte Erfolg: Tatsächlich riefen am Ende auch viele Anti-Atom-Gruppen zum Aktionstag auf.[130] Das zeigte das typische Spannungsfeld: Vereinnahmung, das Kernelement der instrumentellen Herrschaft, stößt immer wieder auf die Akzeptanz der Vereinnahmten, die oft sogar mit Freude hinnehmen, zu einem großen Projekt dazu zu gehören. Selbst *Attac*-kritische Gruppen wie das Antifa-Netzwerk

---

[127] Protokoll des Ko-Kreises vom 15.12.2003.

[128] Die mittragenden Gewerkschaften hatten sich schon vorher für Rot-Grün ausgesprochen, auch die meisten Trägerverbände von *Attac wie Ver.di, BUND* usw.

[129] Quelle für die Zuschusshöhen war der *Attac*-Haushaltsplan 2002, downloadbar von deren Internetseite *www.Attac-netzwerk.de*. Die Zuschüsse wurden offenbar nicht bewilligt.

[130] Vielfach-Aktivist Jochen Stay (*gewaltfreie Aktionsgruppen, X-tausendmal quer, Robin Wood, Bewegungsstiftung* – darunter mehrere mit engen personellen Überschneidungen mit der *Attac*-Zentrale in Verden) warb auf dem Wendlandcamp 2002 für den Aktionstag und würgte Kritik daran schnell ab.

Red Community riefen zu der Demo auf und bildeten einen eigenen antikapitalistischen Block. Der *Attac*-Führung – und nur auf die kommt es angesichts der medialen Strategien von *Attac* an – war es völlig gleichgültig, wer wie bei den Aktionen mitmacht. Die Vermittlung nach außen erfolgt allein durch die SprecherInnen der Organisation. Sie beziehen sich dann auf alle, die teilnehmen – auch auf die, die einen Kontrapunkt zu *Attac* setzen wollten.

Ein Beispiel für die künstliche Erzeugung des Mythos von Entschlossenheit war die aus der Verdener *Attac*-Elite lancierte *Resist*-Blockade vor der US-Airbase. Bei der ersten Blockade war nach Aussagen von TeilnehmerInnen das blockierte Tor mit der US-Army abgesprochen, die ›besetzte‹ Fläche sogar gemietet.[131] Diese Informationen lagen den Protestierenden nicht vor, ihnen gegenüber wurde der Mythos einer kraftvollen Aktion vermittelt, die sich den Kriegstreibern entgegenstellte.[132] Ganz ähnlich sollte der Widerstand gegen den G8-Gipfel 2004 in Evian aussehen. Meinung der OrganisatorInnen war, dass »allenfalls symbolische Blockaden sinnvoll seien. Stellen dafür waren seit langem mit der Polizei abgesprochen«.[133]

Insgesamt hat die Orientierung auf Label wie *Attac* oder *Resist* die Schwäche politischer Bewegung überspielt. Denn außer den großen Events war der Protest gegen die NATO-Kriege der letzten Jahre oder gegen die verheerenden Eingriffe in den Sozialstaat eher klein und wenig druckvoll. Label und Events können sogar ein Grund für das Fehlen einer breiten Widerständigkeit sein, denn das Label erzeugt Bilder und Vorstellung eines Protestes, der nicht wirklich da ist.

Keine Eventkultur ohne Popstars

Teil der Eventkultur ist die medial aufgebaute Ausstrahlung der BewegungsführerInnen. Sie werden wie Popstars präsentiert und bejubelt. Auf den Kongressen und Treffen der »Bewegungen neuen Typs« sind Standing-Ovations für die Stars auf der Bühne allgegenwärtig, während die auch früher schon begrenzten Mitsprachemöglichkeiten für das Publikum ganz verschwinden. Die Bejubelten treten in Fern-

---

[131] Diese Aussagen wurden z. T. öffentlich gemacht und von *Attac* bzw. *Resist* nicht dementiert. Quelle u.a.: *http://de.indymedia.org//2003/02/42487.shtml* und *http://de.indymedia.org//2003/02/42488.shtml*. Kritische Stimme zu den Strategien: *http://de.indymedia.org//2003/04/48618.shtml*.

[132] Die zweite *Resist*-Blockade war dann als Demo angemeldet, wurde zwischenzeitlich verboten, das Verbot dann teilweise aufgehoben. Hinweise auf erneute Absprachen mit der US-amerikanischen Armee gibt es bislang nicht.

[133] *FR*, 2.6.2003 (S. 3).

sehshows und als InterviewpartnerInnen auf, als Buch- und Zeit-schriftenautorInnen. Wie beim Label »Attac« überprägt der Hype um ihren Namen die Qualität ihrer Beiträge. Die ist bei den Eliten von *Attac* oft sehr dürftig, denn gesellschaftspolitische Analyse ist nicht die Stärke der Organisation.

Die Medienstars

Superstar von *Attac* ist Sven Giegold – als Führer inszeniert auf Kongressen, Pressekonferenzen und mit Interviews plus großformatigen Fotos in den Medien. Das erste Buch zu *Attac* mit gleichnamigem Titel enthält die Biografien der *Attac*-Stars, allen voran Sven Giegold. Die Stories sind verfälscht, Giegold ist eher ein typisches Beispiel für eine Etablierungskarriere. Sie begann in Hannover in der Umwelt-AG seiner Schule. Er engagierte sich in der Ende der achtziger Jahre entstehenden radikalen, anarchistisch geprägten Jugendumweltbewegung und wurde zu einem der wichtigsten Kritiker staatlicher Nähe und zentralistischer Organisationsstrukturen im Umweltschutz. 1989 verfasste er ein Flugblatt im Zusammenhang mit dem Polizei-Mord an der linken Aktivistin Conny in Göttingen: »Der gesamte Vorgang und die Gespräche mit betroffenen FreundInnen haben mir einiges deutlich gemacht – sie haben mich radikalisiert. [...] Ich habe den Glauben an diesen Staat verloren. Vieles ist hier zusammengekommen, es war nur ein Auslöser: Wir sollten uns fragen, ob ein bißchen Vögel zählen, gegen AKWs demonstrieren und mit Politikern diskutieren überhaupt etwas bringt. Müssen wir uns nicht fragen, wieviel von unseren Zielen in diesem Staat überhaupt umsetzbar sind?« Das Papier wurde von der Jugendaktion *Natur- und Umweltschutz Niedersachsen* verschickt, bei der Sven Giegold damals führend war, und führte zu einer Debatte im Niedersächsischen Landtag.[134] 1991 formulierte er im »Traum von einer neuen Bewegung« seine Kritik an Nichtregierungsorganisationen: »Seit Entstehen der Öko-Bewegung Ende der 70er Jahre, als es noch ›grüne Spinner‹ waren, die Papier sammelten, hat sich viel verändert. Umweltschutz ist nichts Neues mehr. Heute hat die Gesellschaft die Bewegung weitgehend integriert. Kompromissler-

---

[134] Weitere Zitate sowie die Originalschriften befinden sich im KABRACK!archiv der Projektwerkstatt in Saasen, etliche sind im Zitatebereich unter *www.projektwerkstatt.de/debatten* oder *www.Attac-online.de.vu* einzusehen. Scans der Originale bis 1999 befinden sich auf der CD »Agenda, Expo, Sponsoring«, eine genaue Beschreibung des Werdeganges der Jugendumweltbewegung und des Verdener Projektes im gleichnamigen Buch (siehe *www.projektwerkstatt.de/materialien* und .../oekofilz).

Innen sind halbwegs befriedigt oder kanalisiert in Naturschutzbund, BUND, Greenpeace, [...] keine Spur mehr von Systemkritik. Die Verbände [...] erfüllen brav die ihnen von der Demokratur zugewiesene Aufgabe als Mahner, um dann hier und da kleine Veränderungen zu bewirken. [...] Wir brauchen neue ›grüne Spinner‹, die diesem Wahnsinn wirkliche, konsequente Alternativen entgegensetzen.«[135]

Ein Jahr später kam es auf dem ökokapitalistisch orientierten »Deutschen Umwelttag« 1992 (DUT) zum Höhepunkt der Auseinandersetzung zwischen der radikalen, inzwischen aus den Verbänden gedrängten Jugendumweltbewegung und den NGO-Führungen.[136] Die Jugendumwelt-AktivistInnen riefen den »DUT von unten« aus und organisierten Proteste gegen die NGOs, die mit ihnen Hand in Hand auftretenden RegierungsvertreterInnen (u.a. Bundeswirtschaftsminister Möllemann und Bundesumweltminister Töpfer) und die teilnehmenden Konzerne, u.a. Automobilfirmen und das Duale System. Am zentralen Flugblatt gegen den DUT formulierte Giegold mit: »Wir gehen nämlich davon aus, dass [...] Kapitalismus und Ökologie nicht miteinander vereinbar sind. [...] Umweltbewegung weiter gehen muss als Lobbyist der Natur unter vielen anderen gesellschaftlichen Interessengruppen zu sein. Sie darf sich nicht mit der ihr vom ›demokratischen‹ System zugedachten Rolle zufriedengeben [...] Industriegesellschaft und Zentralismus Menschen psychisch krank machen [...] Ökologischer Umbruch unserer Gesellschaft auch immer den Abbau von Macht- und Herrschaftsstrukturen einschließen muss.«

Von diesen biografischen Wurzeln wandelte sich Giegold Mitte der 90er Jahre zu einem glühenden Anhänger einer geregelten Marktwirtschaft und bejaht heute den Kapitalismus – auch weil seine eigenen Vorhaben für ein alternatives Leben restlos scheiterten und er sich in Geldanlageprojekte stürzte. Er studierte Ökonomie und trat immer wieder als Experte und Projektberater für ökonomische Fragen auf. Bei genauerem Hinsehen fehlen seinen Büchern und Texten jedoch vertiefte ökonomische Analysen. Als Führungsperson von *Attac* for-

---

[135] Aus dem Rundbrief der damaligen »Großraumkommune«, eines Zusammenschlusses von Menschen, die auch im praktischen Alltag den Ausstieg aus dem System organisieren wollten. Sven Giegold war einer der wichtigsten AktivistInnen und Ideengeber für den Zusammenschluss.

[136] Insofern sind auch Sven Giegolds heutige biografische Angaben eine Täuschung. Er war nicht einfach »Mitglied des BUND-Landesvorstandes in Niedersachsen«, wie es in der Kurzvorstellung bei Sabine Christiansen am 4.4.2004 heißt, sondern in dieser Funktion der härteste verbandsinterne Gegner der *BUND*-Führung – bis er Mitte der 90er Jahre deren Unterstützung für das von ihm wesentlich mitentwickelte Geldanlageprojekt *Ökozentrum Verden* und einige folgende brauchte.

derte er einen Kapitalismus dänischer oder schwedischer Bauart sowie die Zwangsschließung von »Steueroasen« (siehe Kap. »Kapitalismus, sei schön lieb«). Auf Kongressen und in Medieninterviews tritt er als abgeklärter Führer mit Charisma auf. Er redet im Scheinwerferlicht der großen Säle, die Inszenierungen überdecken rhetorische Schwächen und fehlende Inhalte. Passend bestimmt das Stern-Jugendmagazin Neon in der Ausgabe 1/2003 Giegold zum »wichtigsten jungen Deutschen«. Im dazu veröffentlichten Interview zeigt Giegold, wo er angekommen ist. Für ihn »würden schon die Verwirklichung von Forderungen wie Schuldenstreichung oder eine Steuer auf Devisenspekulationen reichen, um die extremsten Formen von Armut zu beseitigen«. Das reicht für ihn als »eine andere Welt«. Welch eine Diskrepanz zu den revolutions-romantischen Symbol des »Eine andere Welt ist möglich«, mit dem Attac die öffentliche Wahrnehmung manipuliert. Gefallen hat das der Konrad-Adenauer-Stiftung, die 2002 in einem Papier gegen Attac fast allen Aktiven und Projekten linksextreme Tendenzen oder Ziele vorwarf. Nur eine Person schnitt gut ab: Sven Giegold. »Bis jetzt hat er sich vergleichsweise gemäßigt und fundiert geäußert«, schrieb die konservative CDU-Denkschule.[137]

Giegold ist nicht die einzige Person, die als Star aufgebaut wird, allerdings die auffälligste. Neben ihm spielt der eher spröde Peter Wahl von WEED die wichtigste Rolle bei Attac. Wahl war ehemals Chef des 1973 u.a. von der DKP gegründeten Antiimperialistischen Solidaritätskomitees (ASK),[138] gehört aber seit vielen Jahren zur Führungsebene bundesdeutscher NGOs. Die von ihm maßgeblich geprägte Organisation WEED ist eine basislose Organisation, die nur aus ihren Büros besteht. Die Finanzierung erfolgt überwiegend aus der öffentlichen Hand, d.h. WEED macht Lobbyarbeit gegenüber Institutionen, von denen die Organisation und auch die konkreten Personen als Lohnempfänger abhängen. Ein bemerkenswertes Licht auf die politischen Strategien von Peter Wahl warfen die Aktionen gegen den EU- und Weltwirtschaftsgipfel 1999 in Köln. Unter der Führung von Wahl entstand ein Bündnis mit stark angepasster Politik und ständiger Ausgrenzung radikalerer Strömungen. Beteiligt waren zudem weitere Personen, die später bei der Gründung von Attac eine bedeutende Rolle spielten – trotz damals starker Kritik an ihnen. Wahl kooperierte in Köln mit der Heinrich-Böll-Stiftung (HBS)[139]. Ralf Fücks,

---

[137] Konrad-Adenauer-Stiftung (2002): »Wer oder was ist Attac?« (Arbeitspapier Nr. 74, S. 19).
[138] Siehe u.a. www.iisg.nl/~id/Sammlungen/ask.html.
[139] Die damalige WEED-Funktionärin Barbara Unmüßig wechselte inzwischen zur Heinrich-Böll-Stiftung.

Chef der *HBS*, hatte sich schon vor Köln als einer der ersten prominenten Grünen für die Beteiligung an militärischen Einsätzen ausgesprochen und galt daher als einer der Wegbereiter des Wandels.

Innerhalb von *Attac* tritt Wahl nach Sven Giegold als häufigster In-
terviewpartner in den Medien auf. Er und Giegold definieren im »Wir«-
Stil per Medien die Meinung des Verbandes. Besonders hervor sta-
chen Wahls Interviews und Texte mit Hetze gegen militante Gruppen
in Genua, zudem ist er der führende Kopf in der Kampagne für die
Tobin Tax. In der Öffentlichkeit wirkt er deutlich weniger elegant, oftmals bügelt er DiskussionsgegnerInnen arrogant ab.

Prominenz bei Attac Deutschland

Neben den eigenen Stars ist es *Attac Deutschland* gelungen, binnen
kürzester Zeit sehr viele namhafte Persönlichkeiten als Unterstützer-
Innen zu gewinnen. Ziel dabei ist die ständige Medienpräsenz, das
Schaffen von Aufmerksamkeit und der Mythos einer wichtigen Ge-
meinschaft mit Stars und Prominenten. 2001 warb *Attac* für seinen
ersten Kongress in Berlin: »Auf den Podien trifft sich mit Horst-Eberhard Richter, Susan George und Oskar Lafontaine die globalisierungskritische Prominenz.«[140]

Nicht nur die Namhaftigkeit der Prominenz, sondern auch die darüber suggerierte Breite der Bewegung gehört zur Inszenierung. Theoretiker wie der vom marxistischen Ökonom zum populistischen To-
bin-Tax-Fan mutierte Jörg Huffschmid sind ebenso dabei wie die von
Medien fälschlich als kritischer Gegenpart zu *Attac* hochgespielten
BuKo- und *Medico*-FunktionärInnen. Dazu kommen WissenschaftlerInnen, PolitikerInnen, MedienvertreterInnen und Führungspersonen
aus Kirche, Gewerkschaften und anderen NGOs. Dieses Prinzip kehrt
wieder in den weiteren Organisationen, die die Gruppe von JungmanagerInnen aus Verden neben *Attac* noch gegründet hat. In der *Bewegungsstiftung*, der *Bewegungsakademie* und anderen finden sich
immer wieder die Namen Horst-Eberhard Richter, Elmar Altvater,
Dieter Rucht und andere als RednerInnen oder Kuratoriumsmitglieder.
Ideengeber waren überall JournalistInnen aus den *Attac*-nahen Medi-
en, denn: »Prominente Akteure könnten helfen, und sie werden es
tun, in dem Maße, in dem die Bewegung es schafft, sich die Steineschmeißer vom Hals zu schaffen.«[141]

---

[140] Werbung für den *Attac*-Kongress 19.-21.10.2001, *Junge Welt*t, 13.10.2001.
[141] Grefe u.a. (2002) (S. 126, 137f, 182).

Internationale Stars: Susan George

Als Buchautorin ist Susan George seit langem in Kreisen derer, die die neoliberale Globalisierung kritisieren, bekannt. Sie ist Vize-Präsidentin von *Attac Frankreich*, international aber mehr präsent als jede andere *Attac*-Persönlichkeit aus dem Gründungsland der Organisation. Susan George predigt eine sehr stark verkürzte Kritik an Profitinteressen und Ausbeutung. Ihre Argumentationen sind wechselhaft – mehr noch als Sven Giegold ist sie Medienstar und nicht Analytikerin von Gesellschaft. Bei ihren Vorschlägen hofft sie auf das Gute in den Regierungen, u.a. schlug sie sehr früh einen globalen Marshallplan vor und orientierte sich damit an einem Vorbild, das ein starkes Steuerungsinstrument war und den finanziell geförderten klare Vorgaben machte. »Arabische und/oder muslimische Länder, die sich dem Planetaren Vertrag anzuschließen wünschen, müssten ihren guten Willen unter Beweis stellen, indem sie ihre eigenen gefährlichen fundamentalistischen Elemente ausmerzen.«[142]

Diese Vorliebe für eine machtvolle Politik zeigt sich auch in widersprüchlichen Bemerkungen zum Afghanistankrieg. Dort finden sich Kritiken, aber auch ein Lob für den US-Präsidenten Bush: »I was mistaken when I criticized the American bombings of Afghanistan. [...] This was worth doing in order to get rid of the Taliban [...] I wish to thank George Bush. He has shown that it was possible to reach the terrorists and their supplies:«[143] An einer anderen Stelle bezeichnet sie sich selbst als »extremely patriotic«.[144] Susan George hat sich nicht nur immer wieder für eine Stärkung von staatlichen Institutionen ausgesprochen, sondern auch radikalere Positionen und Aktionsformen angegriffen (siehe unten).

Lula – Hoffnung aus verklärtem Blick

Trotz des Geredes des »von unten« – immer wieder orientieren sich politische Bewegungen auf HoffnungsträgerInnen an der Macht. Das psychologisch aus dem Erleben von Ohnmacht und Niederlagen zu erklärende Phänomen gefährdet die emanzipatorischen Ansprüche und macht außerparlamentarischen Protest zum unterhaltsamen Beiwerk der großen Politik und der demokratischen Inszenierungen (Wahlen, Regierungs- und Oppostionsgefechte usw.).

---

[142] *Zitiert* nach: »Socialist Review«, London, Jan. 2002 (S. 13).
[143] *Svenska Dagbladet*, Stockholm, quoted in: *Courrier international*, (n° 585, 17-23 janvier 2002).
[144] Quelle: *www.tni.org/george-docs/110901.htm.*

Im Jahr 2003 wurde der neu gewählte brasilianische Präsident Lula zum Star. Enthusiastisch feierten viele auf dem *Weltsozialforum* den Besuch Lulas, obwohl er direkt von Porto Alegre zum Weltwirtschaftsforum in Davos flog, gegen den das WSF die Gegenveranstaltung sein sollte. »Die Wahl ›Lulas‹ (zum Präsidenten) ist auch Teil dieser Bewegung gegen das aktuelle Modell der Globalisierung, die das Forum trägt.«[145] Auf dem Kongress »McPlanet« nannte der ewige grüne Hoffnungsträger Christoph Ströbele Lula einen Beweis dafür, dass es sich doch lohnt, um die Regierungsmacht zu kämpfen. Das *Attac*-Publikum applaudierte. Die *Attac*-nahen Medien brachten umfangreiche Berichte über die brasilianischen Hoffnungen, die sich mit Lulas Amtsantritt verknüpften.

Kurz nach dem Auftritt beim *Weltsozialforum* ging Lula gegen die brasilianische Landlosenbewegung, die zu den großen Basisbewegungen auf dem Forum gehörte, mit polizeilicher Härte vor. Ein Jahr später hatte Lula bereits viel Sympathie verloren und wurde öffentlich kritisiert. Die *Junge Welt* schrieb, »dass die Regierung Lulas im Gegensatz zu ihren Ankündigungen im Wahlkampf in der Wirtschaftspolitik die neoliberale Ausrichtung ihres Vorgängers Fernando Henrique Cardoso unverändert fortführt«.[146] Eine kritische Reflexion des Starkults unterblieb aber. Die *FR* dokumentiert die »Dürftige Bilanz« des Präsidenten mit den Worten der katholische Bischofskonferenz: »Nach den Ergebnissen zu urteilen, unterscheidet sich die Regierung in nichts von ihrer Vorgängerin« und fügt an: »Nirgendwo hat die Regierung gehalten, was sie vollmundig versprochen hat«.[147]

Fazit und Thesen

Populismus schielt auf die zustimmende Wirkung bei der Zielgruppe der Agitation. Er bedient gezielt Hoffnungen, Wünsche oder Ängste, um sich oder die eigenen Slogans in den Mittelpunkt zu rücken und Sympathie zu erzeugen. Bei *Attac* betrifft das nicht nur die Positionen, sondern auch die Medienstrategien und einen bemerkenswerten Personenkult. Die Orientierung auf die Stars von Bewegung stärkt die ohnehin vorhandene instrumentelle Herrschaft der Eliten. Die Führer von *Attac* agieren nicht als gewählte SprecherInnen. Ihre Dominanz liegt in der öffentlichen Wirkung ihrer Auftritte und Aussagen. Intern

---

[145] Sergio Haddat vom brasilianischen Organisationskomitee laut *Junge Welt* am 23.1. 2003 (S. 7).
[146] *Junge Welt*, 7.4.2004 (S. 7).
[147] *FR* am 10.4.2004 (S. 3).

werden sie zudem zu HoffnungsträgerInnen. Das überträgt sich auch auf den politischen Raum und degradiert diejenigen, die nicht zu Stars werden, zu Fans. Mit einer »anderen Welt« hat das wenig zu tun, sondern ist eher eine strategische Form des Protestainment, die genau in den Zeitgeist passt. *Attac* wird aber auch als Modewelle verebben, wenn es nicht gelingt, aus der Masse mobilisierter MitstreiterInnen ein Projekt zu machen, das sich auf konkrete Projekte, gesellschaftliche Experimente und eine widerständige Form des Protests konzentriert und sich nicht einfangen lässt von den Verlockungen der Medienwelt und der Möglichkeiten der Herrschenden.

Gegen radikale Aktionsformen und Forderungen

> *»Die Bewegung, die sich für eine Alternative zur neoliberalen Globalisierung engagiert, hat nie auf militanten Positionen gestanden. Daher braucht sie sich auch nicht per Distanzierung auf andere hin zu bewegen. Vielmehr ist es ihr Recht – politisch und moralisch – Theorie und Praxis der Militanz öffentlich zu kritisieren und abzulehnen.«*
> Peter Wahl in *die taz* von 16.7.2001

In vielen Selbstdarstellungen bezeichnet sich *Attac* als offene Struktur, erwähnt die »Pluralität von Instrumenten und Aktionsformen« und »hat keine verbindliche theoretische, weltanschauliche, religiöse oder ideologische Basis«. Nur zwei Ausnahmen gibt es: Rechte Ideologien sind nicht erwünscht und »Gewalt lehnt *Attac* allerdings ab«.[148] Es zeigt sich aber, dass es inhaltliche Ausgrenzungen gibt: Zu radikale Forderungen und insbesondere die Kritik an staatlicher Macht werden unterdrückt oder durch die Forderung nach mehr Kontrolle, neuen Institutionen und Reregulierung überdeckt. Ideologische Nähe zu Herrschaft und der Angriff auf alle, die Herrschaftskritik äußern, visionäre Ideen herrschaftsfreier Gesellschaft einbringen und eine Enthierarchisierung politischer Praxis fordern, passen zueinander.

Es geht hier nicht um die Frage des Sinn und Unsinns militanter Aktionen (siehe aber Kap. »Aktionsmethoden aneignen«) oder radikalerer Forderungen. Bemerkenswert ist aber der Widerspruch zwi-

---

[148] Alle Zitate aus *ila-Dossier Finanzpolitik »Geld Gerechtigkeit? Geld.«* *www.attac.de/rundbriefe/sandimgetriebe03_01.php?print=yes&id=#text5.*

schen dem Flair der breiten, offensiven Bewegung einerseits und den Ausgrenzungen und Spaltungen durch *Attac*-Eliten andererseits.

Ausgrenzung in der Öffentlichkeit

NGO-VertreterInnen distanzieren sich öffentlich von radikalen Positionen und Aktionsformen. Dazu bieten ihnen die Medien breiten Raum, oft wird von JournalistInnen und aus Redaktionen gezielt nach solchen Distanzierungen gefragt. Beispiele sind die Castor-Transporte, wo sich die niedersächsische *BUND*-Landesvorsitzende im Fernsehstudio auf drängendes Fragen des Moderators von Straßenunterhöhlungen distanzierte, obwohl diese in fast der gesamten Breite aktiver Gruppen eine hohe Akzeptanz hatten. Nur die Eliten denken anders, nehmen jedoch gezielt die Plätze vor den Mikrofonen der Presse ein, um ihre Politik dann rüberzubringen, wenn andere die Aufmerksamkeit erzeugen.[149]

Attac-FunktionärInnen warfen radikaleren Gruppen nach den Protesten in Göteborg und Genua im Sommer 2001 vor, jahrelange Bemühungen um Verbesserungen zu zerstören: »Eine Strategie, die auf Militanz setzt und die Konfrontation mit der Polizei sucht, lehnen wir deshalb ab. Wir wissen, dass es unter den GlobalisierungskritikerInnen auch andere Meinungen gibt. Wir halten diese für theoretisch falsch und politisch schädlich.«[150]

Die Ablehnung von Militanz und radikalen Gruppen wird von der Führungsgruppe von *Attac* vorgegeben. Statt darüber Diskussionen zu führen, begann der erste große *Attac*-Kongreß, den es überhaupt in Deutschland gab, bereits mit den eindringlichen Worten: »Gesellschaftliche Veränderungen können nur demokratisch, d.h. durch die Teilnahme vieler Menschen erreicht werden. An diesem Leitbild orientieren sich auch die Aktionsformen von ATTAC. Aktionsformen, die diesem Ziel widersprechen, lehnen wir ab. Daraus ergibt sich, dass die Aktionsformen friedlich sind. Eine Strategie, die auf Militanz setzt und die Konfrontation mit der Polizei sucht, lehnt ATTAC ab«.[151]

Als scharfe Kritikerin militanter Aktionsformen trat Susan George auf: »Die zweite Gefahr ist, der Gewalt nachzugeben oder gewälttägi-

---

[149] Diese Instrumentalisierung von Widerstand durch NGOs und FunktionärInnen wird selbigen aber auch sehr leicht gemacht durch Aktionsgruppen, die sich nicht darum kümmern, wie ihre Aktionen nach außen vermittelt werden.

[150] *Attac Deutschland* zur Gewaltdiskussion, 3.7.2001.

[151] Barbara Unmüßig, damals *WEED*, in ihrer Auftaktrede über Hintergründe und Ziele von *Attac* am 19.10.2003.

ge Elemente in unseren Reihen zuzulassen. [...] Obwohl ich die Argumente bezüglich struktureller Gewalt sehr wohl kenne, und obwohl ich weiß, dass der Staat weitaus gewalttätiger sein kann als jene Personen, die sagen, sie seien auf unserer Seite, glaube ich immer noch, dass wir uns gewalttätigen Elementen verweigern und sie isolieren müssen, weil sie undemokratisch sind. Sie zerstören die geduldige Arbeit des Aufbaus von Allianzen und scheren sich nicht darum, was 99 Prozent der Bewegung sagen. [...] Diese Elemente werden außerdem leicht von Faschisten und der Polizei unterwandert.«[152] Zudem instrumentalisiert sie die DemonstrantInnen für ihre Position: »Jeder der Angst vor Tränengas und Gewalt hat – Menschen meines Alters, Familien mit Kindern, Menschen, die körperlich nicht so fit sind – werden zukünftig nicht mehr an unseren Demonstrationen teilnehmen.«[153]

Ein Blick in das Wendland, aber auch auf Aktionen in Frankreich, Italien und anderen Ländern müsste sie eines Besseren belehren.

Die Ablehnung von Gewalt und gewaltbereiten AktivistInnen hatte praktische Konsequenzen über die öffentliche Distanzierung und Spaltung hinaus. Peter Wahl von *Attac Deutschland* will »angesichts der von der italienischen Rechten und der Regierung in Rom geschürten Hysterie [...] die Lehren aus Genua ziehen«, indem »italienische und französische Gewerkschafter einen Ordnerdienst organisieren [würden], der Provokationen unterbinden solle«.[154] Rund um *Attac* wurden mit der *Bewegungsstiftung* und *Bewegungsakademie* weitere Projekte gestartet, die ähnliche Positionen vertreten (siehe Kap. »Der Filz«).

Abweichende Positionen innerhalb von Attac und NGOs

Die mediengerechten Parolen der *Attac*-Führer sind intern nicht unumstritten. Weit ab von den Mikrofonen der großen Medien stellen selbst *Attac*-Funktionäre klar, dass sie der Propaganda nicht glauben: »Entgegen der häufig vorgebrachten Behauptung, die militanten Auseinandersetzungen am Rande der diversen Gipfel schadeten den politischen Zielen der globalisierungskritischen Bewegung, lässt sich empirisch für das deutsche *Attac*-Netzwerk festhalten, dass die Medien in der Bundesrepublik erst aufgrund der Krawalle ein großes Interesse an *Attac* entwickelt haben.«[155] Sehr ähnliches schreibt die Zeitung *blätter des iz3w*: »Da schießen Polizisten mit scharfer Muniti-

---

[152] Auszug aus Attac (2002): »Eine andere Welt ist möglich!«, VSA Hamburg (S. 149).
[153] Zitiert von Peter Wahl, in: *die taz*, 16.7.2001.
[154] *Junge Welt* vom 8.11.2002 zum *Europäischen Sozialforum* in Florenz (S. 9)
[155] Text von Thomas Fritz aus der *Attac*-Mitgliedsgruppe *BLUE 21*, in: *iz3w*, September 2001.

on auf DemonstrantInnen, da werden Übernachtungsquartiere und Pressezentren von staatlichen ›Sicherheitskräften‹ platt gemacht, die Anwesenden völlig wahllos zusammengeschlagen und ohne Anklage tagelang in Gefängnisse gesperrt – und Nichtregierungsorganisationen wie Attac beschweren sich über die Gewalt der Demonstrierenden! Sicherlich erfolgt in dem Diskussionspapier die Abgrenzung von der ›Militanz‹ eher vorsichtig, die polizeiliche, auch die strukturelle Gewalt werden beim Namen genannt, man gibt sich dialogbereit mit den Militanten – nichtsdestotrotz hat das Papier vor allem die Distanzierung von ihnen zum Ziel.«[156] Zumindest von inhaltlicher Radikalität träumten manchmal auch *Attac*-Eliten. Geschäftsführerin Sabine Leidig lud in ihrer Rede auf dem Ostermarsch 2003 die TeilnehmerInnen ein, »radikaler zu werden«, wenn auch nicht im Sinne »unnützer Gewalt«.[157] Für den Kongress »McPlanet« forderte Markus Steigenberger in einem auf dem Kongress kaum beachteten Thesenpapier: »Die Umweltbewegung muss wieder radikalere Forderungen stellen.«

Spalten, spalten, spalten!

Dass sozialdemokratische und nahestehende Kreise gerade *Attac* mit aufbauten, sollte auch verhindern helfen, dass eine weitergehende Kritik populär wurde, was nach den Auseinandersetzungen von Seattle und spätestens Genua möglich erschien. *Attac* mitsamt der Unterstützung durch SPD, PDS, Gewerkschaften, NGOs usw. war von Beginn an eine Kriegserklärung an radikalere politische Positionen. Ignacio Ramonet hatte schon früh die passende Frage gestellt: »Wie halten wir die Hälfte der Menschheit davon ab, dass sie rebelliert und Gewalt anwendet?«[158] Er wollte beruhigen, kanalisieren und integrieren mit der von ihm in der *Le monde diplomatique* vorgeschlagenen Idee Attac. So wie Jürgen Borchert, der als prominenter Mitbegründer von *Attac* am Rande des ersten *Attac*-Kongresses formulierte: »Es ist in dem Sinn ähnlich wie mit der Entwicklung der Gewerkschaften: Sie haben auch für das Kapital eine wichtige Rolle gespielt, um soziale Unzufriedenheit zu verhindern. Ich sehe darin eine ähnliche Rolle für *Attac*«.[159] Die erste große Bekanntheit in Deutschland erreichte *Attac* nach den Protesten gegen den EU-Gipfel in Göteborg, als Spitzen-

---

[156] *iz3w*, September 2001.
[157] *Junge Welt*, 22.4.2003 (S. 2).
[158] Zitiert nach *www.wsws.org/de/gleichheit/glei0112.shtml*.
[159] Interview am Rande des Kongresses in Berlin, 19.-21.10.2001, dokumentiert unter *www.wsws.org/de/2001/okt2001/att2-o25.shtml*.

funktionärInnen viel Platz auf Titelseiten eingeräumt wurde, um radikale Gruppen zu beschimpfen. Peter Wahl vom *Attac*-Koordinierungskreis: »Mit platten Parolen vom Schlage ›One Solution – Revolution‹ kommt man nicht weiter. Im Gegenteil, das fährt geradewegs ins Sektierertum. Hier lohnt sich noch einmal ein Blick auf die K-Gruppen-Erfahrung der 68-Bewegung«.[160] Wahl war früher selbst K-Kader.

Die Hetze steigert sich, wenn *Frankfurter Rundschau*, *Der Spiegel* oder *Junge Welt* KommunistInnen als Ewiggestrige diffamieren und AnarchistInnen mit Taliban oder Hussein-Getreuen gleichgesetzen.[161] Im bereits benannten Buch »Attac – Was wollen die Globalisierungskritiker?« werden Anarchisten als »Unverbesserliche oder selbst ernannte Heilige politischer Sekten mit revolutionären Erlösungshoffnungen«, »Randerscheinungen« und »Steineschmeißer« verunglimpft. Geht es nach den AutorInnen, »dürfen keine Personen oder Gruppen mitarbeiten, die Gewalt als politisches Mittel akzeptieren«.[162] Verwirklicht ist das bereits beim *Weltsozialforum*. In Porto Alegre waren solche Organisationen und Bewegungen, die auch den bewaffneten Kampf verfolgen, nicht erwünscht, während die Führer von Nationalregierungen auch dann willkommen waren, wenn diese neben den üblichen Gewaltanwendungen nach innen (Polizei, Geheimpolizei) an Kriegen beteiligt waren wie die französische Regierung am Krieg gegen Jugoslawien und anderswo (siehe Kap. »Die ganze Bewegung vereinnahmen«).

Die Angst vor Machtverlust geht um

Peter Wahl wirft militanten AkteurInnen vor, Aktionen zu vereinnahmen: »Mit dem Hineintragen von Militanz in eine soziale Bewegung diktiert man dieser den Charakter der Aktionsformen, ohne sich der Mühe demokratischer Überzeugungsarbeit unterziehen zu müssen [...] so erzielen die Militanten in Wechselwirkung mit dem unvergleichbar stärkeren Staat eine Wirkung, die in keinem Verhältnis zu Ihrer politischen Bedeutung steht«.[163] Ähnlich argumentiert der *Attac*-Funktionär und Bewegungsforscher Dieter Rucht: »So wurde das in diesen Dingen unerfahrene Gros der Demonstranten zu nützlichen

---

[160] Quelle: *www.Attac-netzwerk.de/aktuell/florenz.php#plural*. Nicht in Frage gestellt werden soll hier, dass verkürzte Kritik und Parolen durchaus gefährlich sind, weil sie falsche Feindbilder konstruieren und damit auch falsche Lösungsvorschläge bis hin zu Verschwörungstheorien und Antisemitismus fördern können.

[161] Gesammelte Beispiele unter *www.projektwerkstatt.de/zitate/z_anarchie.html*.

[162] Grefe (2002) (S. 126, 137f, 182).

[163] *die taz*, 16.7.2001.

Idioten. [...] Die taktische Instrumentalisierung friedlicher Demonstranten im Rahmen des Straßenkampfes geht einher mit neu erwachten Hoffnungen auf eine längerfristige Strategie der Eskalation.«[164] Auffällig an diesen Argumentationen ist, dass sie den Militanten Vereinnahmung, also instrumentelle Herrschaft vorwirft.[165] Bei Peter Wahl dürfte diese Argumentation vorgeschoben sein. Denn er bzw. *Attac* sind diejenigen, die instrumentelle Herrschaft zur Hauptstrategie ihres Handelns gewählt haben. Offenbar begreift Wahl, dass militante Aktionen das einzige sind, was sich zur Zeit seiner Steuerbarkeit und der totalen Vereinnahmung durch *Attac* entzieht. Das Herausdrängen von Militanz ist daher für *Attac* eine Frage der Dominanz. Wenn die Eliten eine volle Vereinnahmung wollen, müssen sie genau das tun, was Wahl fordert: militante AkteurInnen ausgrenzen.

Gewaltfreiheit: Markenzeichen der Privilegierten

Dogmatische Gewaltfreiheit ist vor allem eine politische Position privilegierter Bevölkerungsschichten, die keine Arbeits- oder gar Befreiungskämpfe führen und die rassistische oder sexistische Unterdrückung, Hunger oder Krieg nicht selbst kennen. Solche Kreise haben prominente Leitfiguren. Sie sprechen für die gebildeten, meist wohlhabenden Schichten, die den Hauptteil der SpenderInnen und Mitglieder von *Attac* stellen. *Attac*-Galionsfigur Horst-Eberhard Richter behauptete, »die gewaltträchtigen Begleiterscheinungen bei ihren Auftritten in Seattle, Göteborg und Genua haben davon abgelenkt, dass die schnell wachsende Kerngruppe der Kritiker, in der Organisation *Attac* vernetzt, sich im allgemeinen Unbehagen über eine internationale Unordnung vereint hat.«[166] Tatsächlich dürfte es wohl eher umgekehrt sein: Die Mischung aus gewaltfreien und militanten, druckvollen Aktionen erzeugte die Aufmerksamkeit erst, ohne die es den *Attac*-Hype gar nicht gegeben hätte. Kaltschnäuzig aber wurden die eigenen WegbereiterInnen ausgegrenzt, um alle Vorteile für sich selbst zu nutzen und zudem als GesprächspartnerInnen bei den Herrschenden akzeptiert zu bleiben, die wiederum ihr eigenes Interesse am Gewaltmonopol des Staates haben.

---

[164] »Die Gipfelprotestierer haben ihre Unschuld verloren«, in: *FR*, 3.8.2001 (S. 7).
[165] Das ist auch tatsächlich eine wichtige Kritik an militanten Aktionen, die aber mehr auf die Qualität und Vermittlung der Aktion abzielt als auf die Frage, ob sie überhaupt zulässig sind.
[166] Horst-Eberhard Richter in der Werbezeitung von *Attac*, Beilage zur *Jungen Welt* am 5.10.2001.

Dieter Rucht bejammerte die Dominanz der Berichterstattung über Militanz in Genua: »Alles andere tritt in den Hintergrund: vor allem das Wort, das Ringen um die ›Kraft des besseren Arguments‹ [...] In den Hintergrund getreten ist aber auch der eher stumme Körpereinsatz im zivilen Ungehorsam – ein Einsatz, der sich dadurch auszeichnet, dass man sein Gesicht unverhüllt zeigt und gleichsam die eigene Hand, die in der Hitze des Konflikts zur Schlag- oder Wurfhand werden könnte, ruhig stellt.« Als Quelle für die Motive der Militanten bezieht sich Rucht auf einen Kommentar unter einem Text bei *Indymedia*: »Um 18 Uhr 29, knapp eine Stunde nach den ersten und zunächst widersprüchlichen Meldungen über die beiden tödlichen Schüsse am vergangenen Freitag, schrieb ein als ›unbekannt‹ Zeichnender auf der Website von Indymedia Germany: ›Die Ermordung von Benno Ohnesorg war ja auch ein Punkt der Radikalisierung. Danach sind RAF und Bewegung 2. Juni entstanden. Es ist zwar ziemlich zynisch, aber vielleicht ist das eine Möglichkeit, gemeinsam eine radikal vorgehende Linke aufzubauen.‹ Weitere Verluste auf eigener Seite sind offensichtlich einkalkuliert, wenn der Autor fortfährt: ›Aber der Bodycount sollte 2:1 ausgehen‹.« Auf *Indymedia* kann jede Person anonym Texte unter einen Bericht setzen. Das wusste auch Rucht, dennoch führte er ein solches Medium als – einziges(!) – Belegzitat an. Ob dessen Autor ein militanter Aktivist oder Provokateur – vielleicht sogar des Verfassungsschutzes – war, blieb ungeklärt. Ein fatales Vorgehen für einen »Wissenschaftler«, offenbar ging es ihm um die Denunziation. Im gleichen Text[167] behauptete Rucht auch, dass radikale politische Positionen nur eine Minderheit seien: »Nur eine Minderheit der Kritiker vertritt strikt antikapitalistische Positionen. Die große Mehrheit dagegen fordert einen gebändigten Kapitalismus.«

Auch Rainer Falk, Mitarbeiter von *WEED*, äußerte sich zu Genua: »›300.000 demonstrierten friedlich – 1.000 zerstörten alles‹, titelte die altehrwürdige, von Antonio Gramsci gegründete Unita am Sonntag nach der größten Demonstration in der Gipfelgeschichte. [...] Die Bewegung für globale Gerechtigkeit kann den damit einhergehenden Gefahren und ihrer Selbstzerstörung letztlich nur dann wirksam entgegenwirken, wenn sie eine klare Trennlinie gegenüber derartigen Provokateuren zieht. Dies schließt – über die politische Isolierung hinaus – auch das Nachdenken über Maßnahmen ein, die den friedlichen Ablauf von Demonstrationen sicherstellen können.«[168] Kein Autor

---

167 »Die Gipfelprotestierer haben ihre Unschuld verloren«, in: *FR*, 3.8.2001 (S. 7).
168 »Nur die Trennlinie gegen Provokateure schützt vor Selbstzerstörung«, in: *FR*, 3.8.2001 (S. 7).

setzte sich mit der Qualität militanter Aktionen auseinander, z.B. der Frage von Zielgenauigkeit, Vermittlung, Abwägung von Weg, Ziel und Mitteleinsatz, Verhältnismäßigkeit oder Kooperation mit anderen Aktionsformen. Auch die deutlichen Unterschiede zwischen der Plünderung eines Supermarktes mit Verteilung der Waren an die Bevölkerung und dem Brandanschlag auf eine Bank, über der Wohnungen lagen, wurden von den *Attac*-Eliten nicht herausgearbeitet. Ziel war Ausgrenzung, nicht die (nötige!) Verbesserung von Strategien.

Beispiel: Anschläge auf Arbeitsämter

Der Umgang mit Militanz ist widersprüchlich. Was weit weg ist und nicht den guten Kontakt zu Partei- und Medienkreisen in Deutschland stört, wird von *Attac* auch für die eigene revolutions-romantische Propaganda genutzt. Beispiele sind der Traktorangriff auf ein McDonalds-Restaurant des französischen Bauernführers und Protektionisten Jose Bové oder die Straßenkämpfe von Seattle. Kommt es zu militanten *Attac*ken in Deutschland, distanzierten sich die NGOs, selbst wenn die Aktionen deutlich niedrigschwelliger sind.

Am 13.10.2003 gab es Brandanschläge auf zwei Arbeitsämter in Berlin[169]. In BekennerInnenschreiben wurde eindeutig der Bezug auf die Sozialpolitik der Bundesregierung thematisiert. *Die taz* zitiert: »Birger Scholz von *Attac*: ›In der Tat ist eine andere Welt möglich, aber nicht mit Brandanschlägen.‹ Solche Aktionen schadeten dem Anliegen der KritikerInnen der Agenda 2010 und jenen, die die bundesweite Demonstration gegen Sozialabbau am 1. November in Berlin vorbereiten.« Am Schluss erklärte Scholz folgerichtig: »Diese Form des Aktionismus ist überholt.«[170] Gegenüber der *Berliner Morgenpost*[171] »erkennt« Birger Scholz »den alten Konflikt zwischen politischen Akteuren und Gewalttätern« – letztere werden von ihm aus dem Kollektiv der politischen Akteure und Aktionsformen ausgegrenzt: »In den Initiativen werde diskutiert, welche Formen ›sozialen Ungehorsams‹ nutzbar seien. Anschläge gehörten aber keinesfalls dazu.« Andere NGO-Führer handeln ebenso. Michael Prütz vom *Berliner Sozialforum* schwieg nicht, wenn ihn die führenden Medien fragten, sondern behauptete, die »gewaltbereiten Autonomen«[172] würden jetzt

[169] Bericht in *Die Welt* unter *www.welt.de/data/2003/10/15/182973.html*.

[170] *die taz*, 14.10.2003.

[171] *Berliner Morgenpost*, 15.10.2003,
http://morgenpost.berlin1.de/archiv2003/031015/berlin/story635038.html.

[172] Zu diesem Zeitpunkt lagen gar keine Erkenntnisse über die TäterInnen vor – NGOler kon-

»auf den Zug« aufspringen. Deren Szene sei jedoch »desolat«, eine fundierte Diskussion gäbe es dort nicht. Ein *Attac*-Rat-Mitglied bezeichnete die Aktion gar als »Terror«.[173]

Einige Monate vorher kritisierte *Attac* eine militante Aktion gegen die Gesundheits-Deregulierung: »Nach dpa-Angaben ist heute in das Kölner Büro des Gesundheitsexperten Lauterbach eine Gruppe von Protestierenden eingedrungen und hat rote Farbbeutel mit der Folge erheblichen Sachschadens geworfen. Die Protestierenden haben ein von der Attac-Projektgruppe Agenda 2010 unterzeichnetes Flugblatt verteilt, das Attac vorliegt. Diese Aktion wurde nicht von Attac durchgeführt. Weder Attac Deutschland noch die Regionalgruppe Köln oder die Projektgruppe Agenda 2010 wussten von dieser Aktion. Das globalisierungskritische Netzwerk Attac setzt sich für die Erhaltung des solidarischen Gesundheitssystems und gegen Sozialabbau ein. Dabei sucht Attac die inhaltliche Auseinandersetzung um die geplanten Schritte und steht für Proteste mit kreativen Aktionen, die geeignet sind, Anliegen einer breiten Öffentlichkeit verständlich zu machen. Attac geht jedoch bei seinen Aktionen ausschließlich mit friedlichen Mitteln vor. Ein Vorgehen wie in diesem Fall lenkt von der inhaltlichen Diskussion ab und schadet allen, die sich ernsthaft für den Erhalt der Sozialsysteme einsetzen.«[174] *Attac* lehnte den Anschlags zwar ab, aber nutzte ihn dennoch, um die Aufmerksamkeit auf sich zu lenken – ähnlich war es mit der Militanz von Genua und Bové.

Fazit und Thesen

Es gibt etliche Beispiele, die zeigen, dass unterschiedliche Aktionsformen und Positionen durchaus zueinander passen und gerade als Mischung ihre Wirkung entfalten: Arbeitskämpfe in Südeuropa und Frankreich gehören ebenso dazu wie der Castor-Widerstand im Wendland oder die Proteste von Genua und Seattle. Offensichtlich ist auch, dass nicht Gewalt an sich die Frage sein müsste, sondern die Qualität von Aktionen hinsichtlich Inhalt, kreativer Gestaltung, Vermittlung usw. Etliche Führungspersonen von *Attac* haben sich aber grundsätzlich ablehnend zu Militanz geäußert. Dabei entsteht der Verdacht, dass es ihnen nicht nur um die Ausgrenzung einer Aktionsform geht,

---

struieren hier selbst das Bild der bösen Autonomen, die die Arbeit der guten NGOs kaputtmachen.

[173] Mail im Oktober 2003 auf der Mailingliste von *Hoppetosse – Netzwerk für kreativen Widerstan«, www.hoppetosse.net*.

[174] Pressemitteilung von *Attac* am Freitag, 29. August 2003, 14:45 Uhr.

sondern auch darum, die entstehende Aufmerksamkeit auf sich zu lenken.

Radikalere inhaltliche Positionen werden meist in der Berichterstattung verschwiegen oder zerreiben an der Zähigkeit von Bündnissen. Auch hier kommt das Konsensprinzip den Eliten zu Hilfe. Was nicht alle mittragen, wird gestrichen. Übrig bleiben zurückhaltende Forderungen, die niemanden stören.

Die Säulen der politischen Argumentation

Der »Großteil der Aktivitäten konzentriert sich auf eine gut überschaubare Zahl von Forderungen«.[175] Sie wurden von *Attac*, vielen Medien und teilweise auch Parteien und Institutionen zu Lösungskonzepten für die Probleme der Globalisierung aufgebauscht – die verkürzte, oft gar nicht vorhandene Kapitalismuskritik erhielt propagandistisch revolutionäres Flair. Viele der zu *Attac* stoßenden Menschen und ganze Gruppen vertraten *Attac*-Forderungen enthusiastisch: »Es geht um nichts weniger, als unsere Zukunft wieder selbst in die Hand zu nehmen«.[176] Viele wussten gar nicht, was genau hinter den Positionen stand – die Tobin Tax ist dafür nur das bekannteste Beispiel in der Gründungsphase sowohl 1998 in Frankreich wie auch 2001 in Deutschland. Die PR-Arbeit wirkte: In Nachbetrachtungen zu Genua wurde die Tobin Tax den DemonstrantInnen sogar nachträglich als Hauptforderung in den Mund gelegt – die Geschichte der Aktionen dort also zwecks Bewerbung des entstehenden *Attac* umgeschrieben. Selbst solche Gruppen, die in Genua noch kapitalismuskritische Positionen vertraten, schlossen sich diesem *Attac*-Hype in den deutschen Medien an und warben schließlich selbst für die Tobin Tax. Sie stellt keine Form von kapitalistischer Ausbeutung, des Verwertungsdruckes oder die Kernelemente profitorientierter Marktwirtschaft in Frage, sondern betrifft allein die Sphäre der Finanzspekulation (siehe Kap. »Kapitalismus, sei schön lieb«).

Das politische Programm von *Attac* ähnelt den Ideen des Ökonomen John Meynard Keynes, aufgewärmt als Neokeynesianismus. Der Keynesianismus ist eine Form staatlicher Interventionspolitik im Markt, die besagt, dass durch Ausweitung oder Einschränkung staatlicher Investionen und Finanz-Inputs Wirtschaftsschwächen und -hochphasen abgemildert werden sollen. Im erweiterten Sinne, den auch *Attac* so benutzt, ist Keynesianismus die Politik der gezielten Regulierung des Marktes durch staatliches Handeln. Ursprünglich bedeutet Keynes Theorie vor allem die finanzielle Intervention des Marktes: Investieren und Geldausgeben in Krisenzeiten, Geldverknappung in Wachstumsphasen. Heute wird unter dem Begriff »Keynesianismus« meist ein aktives, steuerndes Handelns des Staates zur Lenkung der

---

[175] Felix Kolb, *Attac*-Pressesprecher Deutschland, in: *Politische Ökologie*, Nr. 72 (S. 60)
[176] Attac Deutschland (2004), (Umschlagtext).

Wirtschaft verstanden. Die Jahrzehnte vor 1980 gelten als Zeitalter des Keynesianismus. Neokeynesianismus wäre die Wiederherstellung der staatlichen Kontrolle und Regulierung. Bei allem wird übersehen, dass der Staat den Markt nicht nur kontrolliert, sondern auch absichert und überhaupt erst schafft. Zudem ist er selbst Akteur im Markt.

Mehr Staat!

»Finanzmärkte ... Sie entscheiden über die Richtigkeit der Politik von Unternehmensleitungen und demokratisch gewählter Regierungen. Sie testen, beurteilen, belohnen, verurteilen und bestrafen die Politik, korrigieren ihre Fehler und sorgen durch ihren disziplinierenden Druck dafür, dass Fehler tunlichst vermieden werden. Finanzmärkte haben sich in den letzten beiden Jahrzehnten von einem Teilmarkt der Wirtschaft zum Zuchtmeister ganzer Gesellschaften entwickelt.«
Jörg Huffschmid: »Globalisierte Finanzmärkte«, in: Christine Buchholz u.a. (2002): »Handbuch für Globalisierungskritiker«

»Wir leben heute in einem globalen Wirtschaftssystem, das wieder, wie schon in den 20er Jahren, vom internationalen Finanzkapital beherrscht wird.«
Ann Pettifor: »Schulden«, in: »Handbuch für Globalisierungskritiker«

»Wir leben in einer Zeit der von Unternehmen geführten, von Konzernen diktierten Globalisierung.«
Susan George: »Die Globalisierung der Konzerne, in: »Handbuch für Globalisierungskritiker«

»Multinationale Konzerne erhalten immer neuen Handlungsspielraum, während Nationalstaaten reguliert und geknebelt werden.«
Attac Österreich (2002):
»Die geheimen Spielregeln des Welthandels«

Attac spricht in seinem Selbstverständnispapier[177] von einem »Korridor emanzipatorischen Politikverständnisses«, in dem »unterschiedliche Vorstellungen über Wege und Instrumente« Platz haben. Meyers Taschenlexikon[178] beschreibt Emanzipation als »Befreiung von Individu-

---

[177] Quelle: *www.attac.de*
[178] Dieses Lexikon wird hier als Beispiel genutzt – gerade weil es ein weitverbreitetes Werk ist, weniger im philosophisch-wissenschaftlichen Raum kursiert und somit anzeigt, dass

en oder sozialen Gruppen aus rechtl., polit.-sozialer, geistiger oder psych. Abhängigkeit bei ihrer gleichzeitigen Erlangung von Mündigkeit und Selbstbestimmung.« Gegenstand der Befreiung sind dabei immer der Mensch oder die von ihm gebildeten Zusammenhänge. Bei den formulierten Positionen von *Attac* geht es aber nicht um den Menschen oder selbstorganisierte soziale Gruppen. Handelndes Subjekt sind vielmehr der Staat oder das Volk, also durch Zwang geschaffene, soziale Einheiten.

Der Staat ist Repräsentant und Ausführender nationaler Souveränität, umgeben von einem selbst gefertigten Geflecht an Regelungen (Normen, Gesetze, Verordnungen, Anweisungen) und Organen, die diese durchsetzen. Völker sind konstruierte kollektive Identitäten innerhalb eines ›von oben‹ bestimmten geografischen Raumes oder einer gemeinsamen biologischen, sozialen oder religiösen Abstammung.[179] In ihnen verliert der Mensch genau das Menschsein, um zum anonymen Teil einer Gesamtheit zu werden, deren Charakter nicht durch die Interaktion und Kommunikation der autonomen Teile (eben der Menschen) bestimmt wird, sondern durch die Definition einer gemeinsamen Identität sowie die Abgrenzung gegen andere Staaten oder Völker mit dann anderen, ebenfalls konstruierten Identitäten und oft spezifischen Eigenschaften.

Falsch analysiert! Staat und Markt gehören zueinander!

Die prostaatliche Argumentation von *Attac*, das Hoffen auf Kontrolle, Regulierung und Stärkung von Institutionen, bilden den politischen Kern der Ideologie des Verbandes. Als Gegenkonzept zum Neoliberalismus wird die Stärkung von Institutionen gefordert – national und international. »Die Globalisierung der Finanzmärkte ... umgeht und erniedrigt die Nationen und Staaten«, hieß es schon zur Geburtsstunde von *Attac*.[180] Der National- bzw. Weltstaat wird als Retter betrachtet, weil die Größe der Probleme auch einen leistungsfähigen Akteur erfordert. Doch damit mutiert der Verursacher zum Retter. Analytischer Grundfehler ist die Einschätzung, der Staat sei Gegenpol zum Markt und der Neoliberalismus als Ausdehnung und Folge ›entfesselter‹ Märkte sei ein Zurückweichen des Staates. Tatsächlich aber

---

Emanzipation auch in der verbreiteten Version die Befreiung des Menschen im allgemeinen bezeichnet.

[179] Heute meist sehr ungenau und zusammenfassend als »ethnisch« bezeichnet.

[180] Ignacio Ramonet (1997): »Die Märkte entwaffnen«, in: *Le Monde diplomatique* (zitiert nach »Alles über Attac«, S. 91).

sichert der Staat Verwertung, Eigentum und die Privatisierung von Produktionsmitteln ab. Die Ausdehnung von Marktverhältnissen und Verwertungslogik auf immer weitere Lebensbereiche wird über die Macht des Staates umgesetzt, der durch Regeln und Durchsetzungsorgane den Markt schafft und den Profit sichert. Neoliberale Veränderung und Ausbau der inneren Sicherheit sind daher zwei Seiten derselben Medaille. Staatliches Handeln ist immer herrschaftsförmig und kann nur die Dominanz ökonomischer oder personaler Unterdrückungs- und Abhängigkeitsverhältnisse verschieben. Meist wirken heute beide, viele Institutionen fördern beides.

Die im Mittelpunkt vieler Proteste stehenden Institutionen wie Weltbank, IWF oder WTO sind Einrichtungen der Staaten, die ihre eigenen Standortinteressen zusammen mit denen der Konzerne verwirklichen wollen. Wenn es populistisch passt, sagt das auch *Attac*-Funktionärin Susan George: »The IMF does what the major creditor governments tell it to do.«[181] Am Ziel vorbei geht schließlich auch die Hoffnung, ein stabilerer Kapitalismus wäre ein besserer Kapitalismus. Verschiebungen innerhalb von Verwertungsinteressen z.B. weg von spekulativen zu investiven Geschäften schwächen Profitinteressen und die darauf folgenden Ausbeutungstendenzen nicht.

Die konkreten Vorstellungen werden mystifiziert, wenn Nationalstaaten – vor zehn Jahren noch als Quelle von Machtmissbrauch, Korruption, Unterdrückung usw. verortet – heute als Horte demokratischer Werte und ihre Stärkung als »Globalisierung von unten« beschrieben werden. Die massiven Defizite und der Abbau von Mitbestimmungsmöglichkeiten in den zu Standorten modernisierten Staaten werden ausgeblendet. Felix Kolb formulierte das als *Attac*-Pressesprecher so: »Zusammengenommen drücken diese Forderungen die – zugegebenermaßen vage – Vision einer ›Globalisierung von unten‹ aus. In politischer Hinsicht wird dies eine Welt, in der einerseits die Nationalstaaten ihre politische Handlungsfreiheit zurückgewinnen und andererseits Globalisierung einer politischen Steuer und demokratischen Kontrolle auf internationaler Ebene unterworfen wird.«[182] Tilman Sartorius sieht beim *Attac*-Kongress »McPlanet« »gemeinsames, multilaterales Handeln der Staatenwelt« als »für große Teile der Umweltbewegung nach wie vor einzig gangbaren Weg«.[183] Die GlobalisierungskritikerInnen folgern, dass nicht nur die Nationalstaaten er-

---

[181] *http://aurora.icaap.org/archive/george.html.*
[182] *Politische Ökologie*, Nr. 72 (S. 60).
[183] Text in Walden Bello u.a. (2003): »Die Umwelt in der Globalisierungsfalle«, VSA-Verlag Hamburg (S. 64).

starken, sondern auch grenzenüberschreitend staatliche Vollmachten entstehen müssen. Jens Martens vom *Attac*-Mitbegründer *Weltwirtschaft und Entwicklung* beklagt: »Auf globaler Ebene existieren als Pendant zum Markt demokratische Entscheidungsstrukturen allenfalls in Ansätzen. Wir haben es quasi mit strukturellem Staatsversagen zu tun. Gefordert werden daher sowohl neue Institutionen wie auch neue Finanzierungsinstrumente.«[184] Nach Auffassung von Christoph Bautz, Öffentlichkeitsreferent im *Attac*-Bundesbüro, »muss die Politik der Globalisierung des Kapitals und der Konzerne einen internationalen Ordnungsrahmen entgegensetzen«.[185] Felix Kolb sprach von einer »Zivilisierung des globalen Kapitalismus«[186] und erklärte das - auf Nachfrage genauer: »Einerseits brauchen wir ein bisschen mehr Staat, wenn es darum geht, umzuverteilen und Gerechtigkeit herzustellen. Andererseits braucht es auch überstaatliche Regulierungen, denn viele Probleme, egal ob in der Umwelt oder in sozialen und wirtschaftlichen Fragen, sind globaler Natur und müssen daher auf der multilateralen Ebene gelöst werden.«

Mit Öl wird das Feuer zu löschen versucht. Die Nationalstaaten und gerade die internationalen Organisationen, die den globalen Markt erst durchgesetzt haben, sollen ausgebaut werden, um ihn einzuschränken. Im Attac-Manifest 2002[187] mit dem Titel »Mit Attac die Zukunft zurückerobern« wird auch in der Europäischen Union eine Stärkung der Nationalstaaten gefordert. Eine »starke parlamentarische Kontrolle über die EU-Politik« müsse hergestellt werden, und zwar »in erster Linie durch die nationalen Abgeordneten«. Nationale Regierungen sind Opfer und Hoffnungsträger: »Wir fordern, dass unsere Regierung sich nicht länger dem Druck der Kapitalanleger und Finanzkonzerne unterwirft, sondern nach Wegen sucht, um den Kasinokapitalismus zu stoppen.«[188] Eine umfangreiche Kritik am Staat und der falschen Trennung von Staat und Markt findet sich an anderer Stelle.[189] Interessant ist, dass bei aller populistischen Feindschaft gegenüber Markt und Konzernen *Attac* genau diese blind als ›naturgegeben‹ voraussetzt und alle Vorschläge nicht nur den Staat stärken sollen, sondern marktwirtschaftliche Zwänge nicht überwinden würden.

---

[184] »Globale Öffentliche Güter« von Jens Martens (*WEED*) ,in: *punkt.um* 7/2002 (S. 20).

[185] *Friedensforum* 1/2002 (S. 46).

[186] Interview der *Jungen Welt*, 2.1.2002.

[187] Das Manifest ist von *Attac Frankreich*, dem wichtigsten Nationalverband der Organisation, verabschiedet worden.

[188] Finanzmärkte außer Kontrolle, Infofaltblatt von *Attac*.

[189] Jörg Bergstedt (2002): »Nachhaltig, modern, staatstreu?«, Projektwerkstatt Saasen. *www.projektwerkstatt.de/materialien*.

Gut und böse: Staat und Markt

Der positive Bezug auf nationale Regierungen und Regelungen durchzieht durchgehend die Argumentation von *Attac*. Sven Giegold scheint zu glauben, dass alles besser wird, wenn statt des Internationalen Währungsfonds das Parlament entscheidet:»Die Entscheidungen der Deutschen, die dort in unserem Namen das Zepter in der Hand halten, die gehören in die Parlamente, deren Entscheidungen müssen dort abgestimmt werden.«[190]

Die Trennung in Staat und Markt als sich gegenüberstehende Teile von Gesellschaft ist künstlich und entspricht dem klassischen Populismus des Gut und Böse. Einige Theoretiker verknüpfen die Finanzkontrolle mit dem Konzept des starken Volkes:»Das Recht auf Steuern« sei»die Basis der Volkssouveränität«.[191] Das passt zu Argumentationsmustern von NationalistInnen, Standort-RetterInnen und AntisemitInnen und ist somit ein Konsens von rechts bis links.

Regierungen werden als Opfer der Dominanz von Konzernen und vor allem Finanzspekulation gesehen. Viele AktivistInnen in NGOs und Basisgruppen glauben aufgrund der Propaganda von *Attac* & Co., dass die weltweit agierenden Freihandelsorganisationen wie die WTO und Finanzinstitutionen wie Weltbank und Weltwährungsfonds von Konzernen dominiert werden. Tatsächlich sind aber die Nationalstaaten dort Mitglied und bestimmen das Geschehen. Die Staaten werden durch die neoliberale Umgestaltung nicht an den Rand gedrängt, sondern sind selbst Täter bei der Ausdehnung von Verwertungsverhältnissen und der Orientierung auf Profit. Sein Handeln erfolgt zwar immer mehr zum Nutzen von Konzernen, doch ändert das nichts daran, dass es der Staat ist, der den Neoliberalismus formt und durchsetzt. Das geben sogar *Attac*-Führer zu:»Tatsächlich waren es die Regierungen selbst [...], die diese Entwicklung herbeigeführt und dem laissez-faire der Märkte freie Bahn verschafft haben.«[192] In ihrer populistischen Propaganda auf Flugblättern, in Pressetexten usw. fehlt diese Einsicht – und selbst beim zitierten Text dominieren Überschriften wie »Finanzmärkte untergraben das parlamentarische System«. *Attac* will den starken Staat, mit dichten Grenzen:»Was bedeutet eigentlich ›Protektionismus‹? Er bedeutet schlichtweg ›Schutz‹. Wenn die Schwächeren vor den Stärkeren geschützt werden, dann ist

---

[190] Die Aussage bezieht sich auf den ehemaligen deutschen Chef und die deutsche Delegation beim IWF. Quelle: Text in Walden Bello u.a. (2003):»Die Umwelt in der Globalisierungsfalle«, VSA-Verlag Hamburg (S. 118).

[191] Matthias Greffrath, einer der *Attac*-Mitbegründer, in: *die taz*, 28.1.200 (S. 12, Kommentar).

[192] Peter Wahl in der *WEED*-Broschüre »Kapital braucht Kontrolle« (S. 42).

das absolut in Ordnung und keine ›Diskriminierung‹.«[193] Gleiches gilt für das Werben für Demokratie. Auch sie ist kein Gegenpol zu Marktwirtschaft und neoliberaler Globalisierung. Ganz im Gegenteil: Je demokratischer ein Land sich derzeit gibt, desto freier und dominanter sind die Märkte. Markt und Staat vereinigen sich in dem, was als Begriff zutreffender ist: Standort. Die Politik von Regierungen und Konzernen dient der Sicherung und dem Ausbau des Standortes – konkurrent gegenüber anderen Standorten und deren Akteuren.

Angst vor Anarchie und Chaos

Das Festklammern an der Hoffnung auf den guten Staat treibt absurde Blüten. Einerseits klagt *Attac* internationale Finanzinstitutionen wie WTO und Weltbank an, andererseits sind genau diese Organisationen Hoffnungsträger als regulative Akteure der freien Wirtschaft – nach entsprechenden Reformen. *Attac* ist damit nicht allein. Viele linksradikale AkteurInnen stimmen in einen die Herrschaftsverhältnisse verklärenden Jubelgesang für neue Nationalstaaten[194] oder Völker repräsentierende Vertretungen ein. Sie behaupten, dass Staaten, deren Repressionsapparate oder gar deren Militär[195] Garanten für Freiheit und Menschenrechte sein können. Verbunden wird das mit einer geradezu panischen Angst vor jeglichem Ansatz von Selbstbestimmung.

Anarchie,[196] die Idee einer herrschaftsfreien, selbstorganisierten Gesellschaft, wird verteufelt, wo es geht. So verwenden z.B. *Frankfurter Rundschau*, *Freitag, konkret* und *Junge Welt* den Begriff »Anarchie«, wenn sie die Milizen von Saddam Hussein oder der UCK meinten.[197] *Attac*-FunktionärInnen benutzen das Wort, wenn sie den Neoliberalismus bildlich fassen wollen und damit die starke Rolle der Staaten im Prozeß des Neoliberalismus leugnen: »Anarchie des inter-

---

[193] Attac Österreich (2002): »Die geheimen Spielregeln des Welthandels« (Text von Christian Felber, S. 159)

[194] Palästina, Kurdistan, Baskenland usw.

[195] Israel, Venezuela usw.

[196] Im allgemeinen Volksmund wird Anarchie oft gleichgesetzt mit Chaos und Terror. Dafür sorgen auch als anarchistisch auftretende Gruppen, die oft nur mit platten Kritiken und einschüchternder Uniformität auftreten.

[197] Tjark Kunstreich beschreibt in *konkret* Nov. 2001 (S. 41) die Taliban als eine Gruppe von Menschen, die »die afghanische Bevölkerung seinem anarchistischen Diktat schutzlos unterworfen [hätten], indem sie den Staat zerstörten und seine Staatsbürger – vor allem: seine Staatsbürgerinnen – zu staatenlosen Flüchtlingen auf dem eigenen Territorium machten. Sie profitieren als Bande von dieser Anarchie wie andernorts die UCK«. Weitere Zitate sind gesammelt unter:
www.projektwerkstatt.de/zitate/z_anarchie.html.

nationalen Finanzsystems«, schreibt Ann Pettifor und flucht über den »anarchischen globalen Finanzwald«[198]. Auch für Christine Buchholz »ist die Marktwirtschaft höchst anarchisch«.[199] Im *Attac*-Papier »Stabilität im globalen Finanzmarkt – Stoppt die Steuerfluchtplätze von Liechtenstein bis Cayman Island« findet sich mehrfach der Begriff »Offshore-Anarchie« für Nationen mit niedrigen Steuersätzen für Reiche.[200]

Auch wenn *Attac* in seinem Mitglieder- und Aktivenspektrum verschiedene Positionen vereint, lehnen die Führungszirkel eine grundlegende Herrschaftskritik durchgängig ab. Für Ex-Anarchist Sven Giegold war das ein Wandel: »Im ersten Semester Politik habe ich begriffen, dass Anarchismus Unsinn ist.«[201]

Die Klamottenkiste der Geschichte: Marshallplan reloaded

Neben dem allgemeinen Bezug auf den Staat gibt es Forderungen, die sich positiv auf spezielle Programme aus der Vergangenheit positiv beziehen. Dazu gehört der Marshallplan, ehemals der Aufbauplan für Europa nach dem Zweiten Weltkrieg mit starken finanziellen Anreize und strikter Vorgabe- und Ordnungspolitik. 1990 wurde er in einer Initiative von Umweltverbänden und Prominenten[202] als »Ökologischer Marshallplan« neu eingebracht. Die neoliberalen Aspekte überwogen, herrschaftskritische Ansätze fehlten ganz.[203] Im Jahr 2001 folgte die französische *Attac*-Vizepräsidentin Susan George mit dem Vorschlag eines weltweiten Marshallplans.

2003 kam es dicker. In mehreren intensiven Sitzungen unter Beteiligung etlicher NGO-Führer wie Hubert Weinzierl und Hubert Weiger vom *BUND*, Friedrich Schorlemmer aus der Friedensbewegung und verschiedener Attac-Mitglieder, darunter Sabine Leidig, Bundesgeschäftsführerin von *Attac*,[204] entstand der Plan für einen weltweiten Wirtschaftsaufschwung, der dank stärkerer Wirtschaftsleistung und nachhaltigem Umbau des Kapitalismus gerecht und ökologisch wer-

---

[198] Ann Pettifor: »Schulden«, in: Christine Buchholz u.a. (2002) (S. 129).

[199] Christine Buchholz u.a. (2002) (S. 290).

[200] Autoren: Harald Schumann/*Der Spiegel*, Oliver Moldenhauer/*Attac*.

[201] *taz*-Streitgespräch Giegold – Cohn-Bendit (Quelle: *www.taz.de/pt/2002/09/20/a0130.nf/text.name,ask9aCEdp.n,0).*

[202] Unter anderem Franz Alt, Joschka Fischer und der CDU-Angehörige Lutz Wicke.

[203] Genaueres in: Jörg Bergstedt (1998): »Agenda, Expo, Sponsoring – Recherchen im Naturschutzfilz«, IKO-Verlag Frankfurt und *www.projektwerkstatt.de/materialien.*

[204] Sabine Leidig stieg nach eigenen Aussagen im November 2003 aus den Beratungen aus und zog ihre Unterschrift zurück (siehe LeserInnenbrief an die Zeitschrift *Contraste* im April 2004).

den sollte. Wesentliche Inhalte und auch einige der Prominenten, die als Aushängeschild für den Erstaufruf gewonnen werden konnten, ähneln dem Vorgänger des Ökologischen Marshallplans. Neu sind die Bezüge auf Globalisierung, Gerechtigkeit und Sicherheit, die die aktuellen politischen Debatten populistisch aufgreifen. In der inhaltlichen Zielrichtung bietet der »Global Marshall Plan« die seit Mitte der 90er Jahre vorherrschenden Ideologie des Ökoneoliberalismus[205]. Wirtschaftliche und Standortziele werden mit ökologischen, vor allem technischen Innovationen verknüpft. »Ein Globaler Marshallplan kann die Globalisierung gerechter gestalten und gleichzeitig die Grundlage für ein öko-soziales Weltwirtschaftswunder legen«, hoffen die InitiatorInnen blauäugig. Geld soll es richten: »Wesentlich für die Umsetzung des Planes ist die Bereitstellung von jährlich mindestens 50 Milliarden Euro Investitionen zusätzlich zu den heute verfolgten Modellen in der Entwicklungszusammenarbeit für ko-finanzierte Projekte im Süden des Globus«. »Flankiert« werden soll das alles »von Maßnahmen, die zu einer Liberalisierung der Märkte unter stabilen Rahmenbedingungen führen, ausländische Investitionen in Entwicklungsländern fördern und Kapazitäten zur Entwicklungszusammenarbeit bündeln«, also die offensive »Förderung eines offenen Marktes«.

In völliger Verkennung der Ursachen soll es gelingen »innerhalb der nächsten zwanzig Jahre durch starkes weltweites Wirtschaftswachstum unter entsprechenden Rahmenbedingungen dafür zu sorgen, dass Armut und Hunger[206] von diesem Globus verschwinden«. Der »Zusammenhang zwischen nationaler und globaler Sicherheit« wird beschworen und eine »Weltinnenpolitik« gefordert. Die Menschen und ihre Selbstorganisierung werden als Mitwirkende dabei nicht einmal mehr erwähnt: »Die wichtigsten Partner bei dieser Allianz für den Globalen Marshallplan sind 1. die entwickelten Staaten, 2. die Entwicklungsländer, 3. die internationalen Institutionen, 4. die private Wirtschaft, 5. die Nichtregierungsorganisationen.«[207]

Der Globale Marshallplan bedeutet beides: Einerseits werden Öko-Produkte und -Technologie zum Exportschlager, andererseits kann die ökologisch aufgemotzte Marktwirtschaft guten Gewissens als

---

[205] Vergleiche Jörg Bergstedt (1998)

[206] Typisch für solche öko- oder gerechtigkeitsneoliberalen Thesen ist die dahinterstehende Behauptung, Armut und Hunger seien Folgen mangelnder Leistungsfähigkeit im wirtschaftlichen Bereich. Das ist falsch. Es gab und gibt genug zu essen (sagt selbst die UNO in ihren Zahlen) sowie genügend Land, Rohstoffe und Fläche für alle Menschen für ein gutes Leben. Kriege, Vertreibung, Unterdrückung, Diskriminierung und Ausschluss vom Reichtum durch den profitorientierten Markt sind die Gründe für Armut und Hunger.

[207] Alle Zitate von *www.globalmarshallplan.com*.

Leitbild für die ganze Welt angepriesen werden. Europa und speziell Deutschland sichern sich damit die politische Führung in der Welt. In diesem Sinne ist der Plan ein eurozentristisches, imperialistisches und profitorientiertes Konzept. Wichtige NGO-VertreterInnen haben daran mitgewirkt und sind als AufruferInnen[208] im Internet zu finden. Der *Attac*-Basis dürfte genauso wie bei *BUND* und anderen nichts davon bekannt sein, wo ihre Eliten mitwirken. Würden sie auf einer Versammlung Forderungen erheben, dass Entwicklungsländer sich verpflichten,»neue Rahmenbedingungen und internationale Standards von Fiskal- und Kapitalsysteme« zu implementieren oder dass »ein nationales Wirtschaftsumfeld geschaffen wird, das private Investitionen erleichtert und wachstumsorientiert ist«, so wäre Widerspruch sicher. Würden sie weiter ausführen, dass die internationalen Finanzinstitutionen sich »zur Erarbeitung von Fahrplänen zur Liberalisierung von Märkten« verpflichten, Wirtschaftsunternehmen vermehrt in Entwicklungsländer investieren sollen[209] und sich in den Entwicklungsländern »ein enormes weltweites Wirtschaftswachstumspotenzial« befände[210], »von dem gerade auch entscheidende neue Nachfrageimpulse für Exportländer ausgehen würden« – so manch eine/r würde sich sehr verwundert die Augen reiben.

Bretton Woods II.: Imperialismus als kleineres Übel
Der Marshallplan ist nicht das einzige alte Eisen, welches neu geschmiedet wird. Das System von Bretton Woods wird von *Attac* plötzlich positiv besetzt, es sei »kooperativ« und »der Weltmarkt [...] war politisch reguliert und gezähmt«.[211] Tatsächlich schufen die nach dem Tagungsort benannten Beschlüsse der Siegerstaaten des Zweiten Weltkriegs in Bretton Woods die Weltbank, den Internationalen Währungsfonds und feste Regeln für die weltweite Gültigkeit kapitalistischer Formen des Wirtschaftens. Sie wurden damit zur Grundlage

---

[208] Auszug aus der Liste der Erst-Unterzeichner: Franz Alt [...] Fritz Brickwedde (DBU) [...] Maximilian Gege (B.A.U.M.) [...] Margrit Kennedy (Steyerberg, Freiwirtschaftlerin) [...] Sabine Leidig (Geschäftsführerin Attac) [...] Jo Leinen (MdEP, SPD) [...] Hermann Scheer (MdB, SPD) [...] Friedrich Schorlemmer (Friedensbewegung) [...] Hubert Weinzierl (DNR-Präsident, BUND-Ehrenvorsitzender) [...] Ernst Ulrich von Weizsäcker (MdB, SPD), Lutz Wicke (Ex-Staatssekretär, CDU), Georg Winter (B.A.U.M.). Quelle: *www.globalmarshallplan.com/documents/deutsch/konzept_ueberleg_031113.pdf*.

[209] Inhalte und Zitate aus dem Projektfaltblatt zum Globalen Marshallplan (Quelle: *www.globalmarshallplan.com*).

[210] Stuttgarter Erklärung (Quelle: *www.globalmarshallplan.com*).

[211] Jörg Huffschmid: »Globalisierte Finanzmärkte«, in: Christine Buchholz u.a. (2002) (S. 64f). Huffschmid ist Mitglied im Wissenschaftlichen Beirat von *Attac*.

für die durch Institutionen oft brutal durchgesetzte Anpassung an die Erfordernisse von Investition und Profitabilität, Handel und Rohstoffgewinnung. Das sahen auch internationalistisch orientierte Gruppen lange so: Im Film »Im Herbst der Bestie«, einer sehenswerten Dokumentation des Widerstandes gegen das Weltbank/IWF-Treffen 1988 in Berlin, wird die Balkanpolitik der Nazis[212] als Vorbild der Strategien von Bretton Woods benannt.

Bei heutigen StaatsidealistInnen wie *Attac*, SozialpolitikerInnen in der SPD oder vielen PDS-Aktiven wird dasselbe gelobt: »Das System von Bretton Woods zur Regulierung der Weltwirtschaft, dessen Ideengeber der englische John Maynard Keynes war, sah in den unkontrollierten Kapitalströmen der 1930er Jahre die Hauptursache für die dramatische Weltwirtschaftskrise. Das ist auch heute so.«[213] Schuldig an den Ungerechtigkeiten sei allein das ungezügelte, raffende Kapital, das analytisch falsch als von Staat und Gesetz getrennt beschrieben wird: »Stets waren es demokratisch nicht legitimierte, in der Regel nur an finanzpolitischen Interessen ausgerichtete Technokraten, die mit ihren falschen Konzepten Arbeitslosigkeit auslösten.« Nicht der Kapitalismus sei schuld, sondern das ungezügelte Finanzkapital. Institutionen wie die Weltbank oder IWF sollen es nun zum Positiven wenden. Während Basisgruppen und Bewegungen gegen deren Tagungen Massenproteste organisieren (und auch *Attac* aus Imagegründen stets dabei ist), behauptet Peter Wahl, dass die Umsetzung vieler *Attac*-Forderungen »die genuine Aufgabe des Internationalen Währungsfonds« wäre.[214]

Politik light

Die fehlende Herrschaftskritik führt zu einfachen Politikkonzepten. Kritik und minimalreformerische werden vom Kontext gesellschaftlicher Verhältnisse gelöst: »Allerdings muss sich Attac dem Problem stellen, dass die Wirksamkeit einer Bewegung auch von der Fähigkeit abhängt, ihre Positionen in einer einfachen und hegemoniefähigen Botschaft zuzuspitzen.«[215] Um die Zustimmung in der gesellschaftli-

---

[212] Im Film werden genannt: Aushungern, Mobilisierung der Arbeitskraft für industrielle Massenfertigung durch Entzug von Subsistenzmöglichkeiten und selbstorganisierter Ökonomie, Enteignungen.

[213] Alle Zitate: Michael Müller, SPD-Vize-Fraktionschef im Bundestag, zum Attac-Buch, Rezension in der *FR*, 26.3.2002 (S. 7).

[214] Peter Wahl auf der Pressekonferenz zur Vorstellung des *DGB/VENRO/Attac*-Papiers am 5.12.2002.

[215] *www.attac.de/rundbriefe/sandimgetriebe03_01.php?print=yes&id=#text5.*

chen Mitte nicht zu gefährden, »käme es darauf an, nicht unnötig BündnispartnerInnen durch zuviel allgemeine linke Kapitalismuskritik abzuschrecken«[216]. Entscheidender als politische Inhalte sind für die *Attac*-Führungsgruppe *Share e.V.* »wichtige BündnispartnerInnen. Dazu gehören neben Umwelt- und Sozialverbänden besonders Gewerkschaften und kirchliche Gruppen. Um diese Unterstützung gewinnen zu können, müssen wir unsere Forderungen auf möglichst klare, erreichbare Ziele beschränken.«[217]

Ein sichtbares Beispiel sind die Auseinandersetzungen der vergangenen Jahre um internationale Gipfeltreffen wirtschaftlicher Institutionen oder Regierungschefs. In der Hochphase der öffentlichen Auseinandersetzung zwischen den Protesten von Seattle 1999 bis zum G8-Gipfel in Genua 2001[218] ließ sich der Verzicht auf gesellschaftliche Analyse noch aus dem wirren oder zumindest ungeklärten Verhältnis zum Prozess der Globalisierung erklären. Anfangs dominierte eine grundsätzliche Ablehnung der internationalen Ausdehnung von Ökonomie, nicht nur der herrschaftsförmigen. Die *Frankfurter Rundschau* benannte kurz vor dem G8-Gipfel die Protestgruppen als »Globalisierungsgegner« und auch in den NGOs wie *Attac* war von »Antiglobalisierung« die Rede. Selbst Teile der Anarchisten schlossen sich dieser Sichtweise an, z.B. war in der *Graswurzelrevolution* zwei Monate nach Genua vom »Kampf gegen Globalisierung« zu lesen.[219] Gepaart waren diese Sichtweisen mit einer Orientierung auf Regionalität oder Nationalstaaten, ohne zu klären, welche Herrschafts- und Ausbeutungsverhältnisse denn in den Regionen und Staaten bestehen oder sich entwickeln würden.[220]

Auch später, als »Antiglobalisierung« als falsch begriffen wurde, blieb der Begriff »GlobalisierungskritikerInnen« beliebt,[221] der nichts darüber aussagt, welche gesellschaftlichen Formen bzw. Machtverhältnisse eigentlich kritisiert werden.

---

[216] Papier »Stabilität im globalen Finanzmarkt – Stoppt die Steuerfluchtplätze von Liechtenstein bis Cayman Island« (Autoren: Harald Schumann/Spiegel, Oliver Moldenhauer/Attac).

[217] Auszug aus dem Selbstdarstellungstext von *Share* (*www.share-online.de/selbstdarstellungsentwurf.html*, am 17.5.2000).

[218] Dem folgte dann zumindest in Deutschland die Kanalisierung über die Anti-Militanz-Debatte, gesteigerte Orientierung auf eintönige Massenproteste statt direkter Aktion und inhaltlicher Vermittlung sowie der *Attac*-Hype.

[219] Titel der Erklärung der War Resisters' International, in: *Graswurzelrevolution*, Oktober 2001 (S. 17).

[220] Regionale Institutionen wie Stadtregierungen, Firmenzusammenschlüsse, Beratungsinstitute und Personen unterstützten das – aus Eigennutz für wirtschaftliche Interessen oder um als »Provinz-Fürst« mehr Entscheidungsspielraum zu erhalten.

[221] Zum Beispiel Sven Giegold, in: *punkt.um* , 9/2001 (S. 3).

Westliche Leitkultur: Demokratie weltweit!

Im Mittelpunkt der Forderungen nach mehr Staat und besseren Regierungen steht der Begriff der Demokratie. Das bescheinigt *Attac* u.a. der bekannteste deutsche Neokeynesianist Oskar Lafontaine: »Sie kämpfen aber für etwas ganz anderes: die Rettung der Demokratie.«[222] Verzweifelt bricht er eine Lanze für den Nationalstaat: »Die Verächtlichmachung des Staates muss ein Ende haben. Der Staat sind wir!«[223] Die gesamte gesellschaftliche »Mitte«, aber ebenso viele linke Gruppen fordern eine Ausdehnung der Demokratie. Das könnte im günstigsten Fall die Demokratisierung gesellschaftlicher Strukturen durch mehr Mitbestimmung der Menschen bei den Wahlen und Abstimmungen bedeuten.[224] Immerhin brächte das einige Verbesserungen im Detail, allerdings nicht die grundsätzliche Aufhebung von Herrschaft und Konkurrenz.

Etliche Vorschläge lassen sich in moderne Herrschaftsstrategien integrieren. Schlimmer wird es, wenn unter der Ausdehnung oder »Rettung« von Demokratie der Ausbau von Institutionen und Regeln, also der demokratischen Bürokratie gefordert wird. Das ist der vorherrschende Politikstil, er reicht von Vorschlägen für neue internationale Institutionen bis zu mehr Kontrolle von Umweltnutzung in den Regionen. Immer wird dabei die Demokratie als positiver Bezugspunkt gesetzt – also genau das Herrschaftssystem, das mit seinen modernen Techniken, mit Flexibilität, Integrationskraft und Kommunikation die prägende Rolle bei der Sicherung und Ausdehnung von Verwertung und Herrschaft und damit auch Ausbeutung und Umweltzerstörung spielt.

Diese Demokratiewerbung verbindet sich mit politischen Strategien der Integration von Protest. Der »Aufstand der Anständigen« gegen die militanten Neonazis ab Sommer 2000 in Deutschland bot eine ebenso beeindruckende Umarmungszeremonie zwischen Regierenden und bisher außerparlamentarischer Opposition wie die Reaktionen auf die Auseinandersetzungen in Göteborg und Genua 2001, als die Regierenden auf Schulterschluss mit den Protestierenden gingen und mit vielen Worten, über Medien und Fördergelder, den Aufbau von *Attac* als Partner für diesen Schmusekurs selbst mit inszenierten. Die Kriege gegen Jugoslawien, gegen die Taliban in Afghanistan und

---

[222] Werbezeitung von *Attac*, Beilage zur *Jungen Welt*, 5.10.2001.

[223] Kolumne in der *Bild*-Zeitung, zitiert nach *www.wsws.org/de/gleichheit/glei0112.shtml.*

[224] So wird es beispielsweise von AnhängerInnen der direkten Demokratie (z.B. Mehr Demokratie e.V.), allerdings nur in begrenzten Politikbereichen, oder mit den Ideen der Radikaldemokratie (z.B. JungdemokratInnen/Junge Linke) gefordert.

gegen das Baath-Regime im Irak wurden im Namen der Demokratie geführt und fanden viel Unterstützung in politischen Gruppen der kriegsführenden Nationen. Im Krieg gegen den Irak beriefen sich Gegner und Befürworter auf die Demokratie: Einerseits die Angreifer mit ihrer zum Teil religiös untermalten Befreiungsrhetorik, aber auch die Gegner dieses Krieges als Verteidiger von Demokratie und Völkerrecht. Regierungen und staatsfetischistische politische Bewegungen wurden dabei oft zu Handlungseinheiten bei der Mobilisierung der Bevölkerung für die »gute Sache«. Verbunden sind solche Strategien immer mit der Ausgrenzung derer, die sich nicht integrieren lassen – die militanten Kämpfe von Genua wurden im Laufe der Zeit immer mehr als letzter Akt einer falschen Form von Widerstand dargestellt, obwohl sie eigentlich das Startsignal für eine flächendeckende widerständige Bewegung auch in Deutschland hätten sein können – und müssen.

Auch ein Blick auf die Form der gelobten Demokratie lohnt. Meist zeigt sich ein Entscheidungsfetischismus, d.h. der Blick richtet sich auf den Willen der Gesamtheit, des Kollektivs und Volkes. Ob im Konsens oder per Mehrheit – das demokratisch Beschlossene solle künftig zum alleinigen Maßstab werden. Politik und Wirtschaft sollen sich »nach den Bedürfnissen der Mehrheit der Menschen orientieren«.[225] Minderheitenschutz findet sich in diesen Politikkonzepten ebenso wenig wie das Ziel der Emanzipation, mit dem die Selbstbestimmung der einzelnen Menschen und ihrer selbstorganisierten Zusammenhänge gestärkt würde gegenüber dem Diktat des Ganzen. Solch kritikloser Bezug auf eine nicht näher definierte Demokratie ist weit über *Attac* hinaus verbreitet. Die Initiative *Mehr Demokratie e.V.* akzeptiert bei der vorgeschlagenen direkten Demokratie sämtliche Beschränkungen und Ausgrenzungen wie beim Wahlrecht. Nicht-Deutsche, sog. Minderjährige, Psychiatrisierte und Nichtsesshafte werden auch in der erweiterten Demokratie nicht mitstimmen können. Die JungdemokratInnen/Junge Linke propagieren die totale Demokratie in Form von Mehrheitsrecht überall.[226] Alle genannten sind Mitglied bei *Attac*.

Dass die Argumente für die Demokratie selbst höchst widersprüchlich sind und sehr populistisch genutzt werden, zeigt sich an der Kritik von *Attac*-Funktionär Philipp Hersel am Internationalen Währungsfonds und der Weltbank: »Beide Institutionen sind so konstruiert, dass die Stimmrechte innerhalb der Institution nach der Wirtschafts-

---

[225] Position für Mehrheits-Demokratie im Faltblatt »Attac – was ist das?« der *Attac*-Gruppe Köln.

[226] Beide sind Mitglied bei *Attac*, JD/JL sind seit Oktober 2003 durch Jörg Schindler auch im *Attac*-Rat vertreten.

leistung der Länder verteilt sind. Das führt dazu, dass die zwölf reichsten Industrieländer zusammen mehr als 50 Prozent der Stimmrechte haben.«[227] Das klingt gut, zeigt aber, dass Attac dazu keine zusammenhängende politische Position entwickelt hat: Nach Attac-Logik ist die WTO demokratisch, denn dort hat jedes Land eine Stimme. Verschont wird die WTO deshalb aber nicht, je nach passender Gelegenheit wird die Abschaffung der WTO oder ihre Reformierung gefordert. »Wir sind die erste weltweite Bewegung, die einzig für eine bessere Welt kämpft, frei von Interessen und Ideologien.«[228] – Ideologie fehlt tatsächlich. Interessen aber stehen schon dahinter, wenn jedes Argument so eingesetzt wird, dass es dem Image und Spendeneingang von *Attac* dienlich ist.

Fazit und Thesen

Attac fehlt eine Kritik an den ökonomischen Verhältnissen von Ausbeutung und Profitzwang, ebenso aber auch eine fundierte Analyse nationaler und internationaler Herrschaftssysteme, die Weltmärkte und globale Ökonomie, Kriege und rassistische Bevölkerungspolitik erst durchsetzen. Stattdessen fordert *Attac* mehr Institutionen, mehr Macht für nationale Regierungen – wenn auch in einer sozialstaatlichen Variante. Populistische Forderungen zur weltweiten Ökonomie zu formulieren und über die großen, den Neokeynesianismus stützenden Zeitungen in Deutschland zu verbreiten, ist eine wichtige Säule der Politik von *Attac*. Keine *Attac*-Kernforderung hat vehemente GegnerInnen. Viele berücksichtigen sogar nationale Standortinteressen, weil sie sich nur geringfügig gegen deutsche bzw. europäische Interessen und deutsche Konzerne wenden. Gleichzeitig greifen sie ausgewählte konkurrierende Standorte an.

Eine Kritik solcher Positionen darf allerdings nicht nur auf *Attac* zielen, sondern muss anti-emanzipatorische Muster überall demaskieren. Ohne die breite Akzeptanz herrschaftsbefürwortender Ideologien in der Gesellschaft, in Medien und politischen Gruppen wäre *Attac* nie das geworden, was es heute ist. Viele sich als radikal definierende linke Gruppen argumentieren prostaatlich. Oft folgt das der Tradition verkürzter Analyse nach Hauptwidersprüchen. Wenn z.B. die ökonomischen Verhältnisse oder das Patriarchat alleinige oder wesentliche Ursache für Unterdrückungsverhältnisse sind, so kann

---

[227] Interview in der *Jungen Welt* am 24.9.2003 mit *Attac*-Funktionär Philipp (S. 3).
[228] *Attac*-Mitglied im Film »un mondo diverso e possibile«.

ihre Abschaffung »von oben« die Befreiung bringen. Es bedarf folglich, so die Logik dieser Gruppen, keiner grundsätzlichen Ablehnung und Abschaffung von Herrschaftsverhältnissen, sondern nur der Beendigung des Haupt-Unterdrückungsverhältnisses.

Da der Staat oder vergleichbare internationale Institutionen die machtvollsten Instanzen sind, liegt es bei solchen Ausblendungen nahe, sie als Retter zu sehen. So argumentieren verschiedene feministische Gruppen, die über den Staat das Patriarchat abschaffen (quasi: verbieten) wollen, Umweltgruppen fordern mehr ökologische Gesetze, Antifas fordern härtere Strafen für Nazis und ›antideutsche‹ Strömungen stufen den Staat oder seine Armeen als optimale Kampfform gegen Antisemitismus ein. Auch die vor allem in den 80er Jahren entwickelte Theorie der drei Hauptwidersprüche Rassismus, Sexismus und Kapitalismus wiederholt die analytisch nicht begründbare Trennbarkeit von Herrschaft in einzelne Sektoren, zudem verharmlost sie die nicht genannten Unterdrückungsverhältnisse wie Erziehung, Vormundschaft Psychiatrisierung u.a. Eine grundlegende Analyse von Herrschaftsmechanismen fehlt bei allen – und darin ähneln sie der Ideologie von *Attac*: Immer wird die Möglichkeit der Abhilfe innerhalb bestehender Herrschaftssysteme angestrebt – aus Effizienzgründen per Machtausnutzung. Im System der Herrschaft ist die Anwendung derselben das erfolgversprechendste.

Groß, größer, Weltregierung!

»Durch internationale politische Regulierung könnten die entfesselten Marktkräfte soweit gezähmt werden, dass ihr destruktives Potenzial eingedämmt wird.«
Aus:»Erklärung für eine demokratische Kontrolle der Finanzmärkte«

»Ohne Regulierung werden Märkte tyrannisch.«
Sven Giegold im Politchat bei Sabine Christiansen am 4.4.2004

Regierung, Kontrolle, Institutionen
Die Euphorie über eine vielversprechende Zukunft durch die Schaffung der Weltregierung und weltweit handlungsfähiger Institutionen

ist groß. Der »Rat für Nachhaltigkeit«[229] empfiehlt für die UN-Ebene »starke Institutionen mit klaren Kompetenzen« als »ein(en) Schlüssel zum Erfolg«. Der Journalist Matthias Greffrath plädiert für weltweite Regierungsstrukturen und Lenkung: »Wie können die Migrationsströme politisch und sozial gelenkt [...] werden? Welche neuen Institutionen braucht eine demokratische Weltordnung, wie viel Souveränität brauchen die Nationen des Südens, um sich autonom zu entwickeln, und welche Rechte muss die Weltgemeinschaft haben? [...] Die Alternative zur konzerngetriebenen Globalisierung ist, fern von aller rückwärts gewandten Nostalgie, ein wirklicher Globalismus (Samir Amin), der die Ungleichheit zwischen Regionen und Ländern durch ein komplexes Bündel von Verhandlungen, politischen Maßnahmen und Regelwerken systematisch reduziert. [...] Die erste zentrale Forderung einer weltweiten Demokratiebewegung sind konsequenterweise ein weltweites Steuersystem und die Demokratisierung der großen internationalen Institutionen von der Welthandelsorganisation bis zur Weltbank.«[230]

Ebenso argumentiert Sven Giegold: »Multilaterale Institutionen sind wichtiger denn je: Eine der neuen Qualitäten der gegenwärtigen Globalisierungswelle besteht darin, dass immer mehr Probleme auftreten, die im Rahmen eines einzelnen Nationalstaates nicht mehr zu regeln sind. Das fängt beim elektronischen Handel mit Dienstleistungen über das Internet an und geht über Währungs- und Finanzfragen bis zur Kontrolle transnationaler Unternehmen. Hinzu kommen so genannte ›globale Probleme‹ wie z.B. die Erwärmung der Erdatmosphäre. Der Bedarf an internationaler Regulierung ist so groß wie nie zuvor. Dazu sind multilateral handlungsfähige Institutionen notwendig. Das gilt gerade auch für die Politikfelder Finanzen, Handel und Entwicklung, auf denen IWF, Weltbank und WTO aktiv sind. Die Abschaffung von Institutionen in diesen Fällen wäre genauso unsinnig, wie wenn man als Antwort auf die neoliberale Finanz- und Steuerpolitik der Bundesregierung die Abschaffung des Bundesfinanzministeriums fordern würde.«[231] Damit widerspricht Giegold deutlich den zentralen Forderungen der Proteste von Seattle, Prag, Genua und Evian nach Abschaffung von WTO, Weltbank und anderen. Er fährt fort: »Dass mit der Forderung nach Abschaffung intensiver über die Verfasstheit des internationalen Systems diskutiert und über Alternativen

---

[229] Gremium u.a. aus Regierungs- und NGO-VertreterInnen, *www.nachhaltigkeitsrat.de/aktuell/news/04-12-02_01.*
[230] *die taz,* 28.1.2002 (S. 12, Kommentar).
[231] *Attac*-Werbezeitung zum 14.9.2002, Beilage in der *taz* 19.7.2002.

nachgedacht würde [...] dürfte eine Illusion sein. In der Öffentlichkeit wird sie als politischer Größenwahn wahrgenommen. Man begibt sich damit in die politische Isolierung und schneidet sich selbst die Möglichkeit ab, in politisch relevante Diskurse zu intervenieren. Verbale Kraftmeierei mag ein Vehikel zur Festigung der eigenen Identität sein, eine radikale Reformpolitik ist sie aber nicht.«

Weltregierung upgrade: Global Governance!

»Global Governance« ist ein Vorschlag für die konkrete Form einer Weltführungselite. Der im folgenden zitierte Zwischenbericht der Enquête-Kommission »Globalisierung der Weltwirtschaft«[232] bezeichnet Governance als »die Gesamtheit der zahlreichen Wege, auf denen Individuen[233] sowie öffentliche und private Institutionen ihre gemeinsamen Angelegenheiten regeln [...] Auf globaler Ebene hat man unter Ordnungspolitik bisher vorwiegend das System der zwischenstaatlichen Beziehungen verstanden, doch heute müssen auch Nichtregierungsorganisationen, Bürgerbewegungen, Multinationale Konzerne und der globale Finanzmarkt mit einbezogen werden«. Ebenso verklärend wird Global Governance von der *Stiftung Entwicklung und Frieden* schon 1995 als »neue, kooperative Form der Problembearbeitung« im »Spannungsfeld zwischen Staaten und multinationalen Institutionen, globalisierter Wirtschaft und Finanzwelt, Medien und Zivilgesellschaft« beschrieben.[234]

Governance hebt den Widerspruch zwischen handlungsfähigen Nationalstaaten und einer Stärkung der globalen Machtinstitutionen auf: »Jetzt geht es um die Beseitigung der Defizite, die durch das Fehlen der Staatlichkeit auf globaler Ebene entstehen, also um Global Governance im umfassenden Sinne, um die wirtschafts-, sozial- und umweltpolitische Einbettung der internationalen Märkte. [...] Global Governance meint auch nicht das Ende des Nationalstaates. Im Gegenteil: Ziel aller zwischenstaatlichen Kooperation ist es, dass Staaten für die effektive Bearbeitung globaler Probleme Handlungsfähigkeit zurückgewinnen sollen. Das heißt, Global Governance läutet gerade nicht das Sterbeglöckchen für den Nationalstaat, sondern will dem Staat dort Handlungskompetenz zurückgeben, wo er als Ein-

---

[232] Alle Zitate aus Drucksache 14/6910, siehe *www.bundestag.de/globalisierung*. Inzwischen ist die Endfassung erschienen.
[233] Eine bemerkenswerte Begriffsverwendung: Zunächst scheint es um Individuen zu gehen, dann aber ist nur noch von Organisationen die Rede.
[234] Zitiert im Zwischenbericht der Enquête-Kommission.

zelner in Gefahr steht, diese durch Globalisierungsprozesse zu verlieren.«

Die Diskussion um Governance vereint verschiedene Elemente zur Modernisierung von Herrschaft und zeigt deutlich auf, in welche Richtung es geht: Regieren bedeutet immer mehr das Entscheiden in einem alle gesellschaftlichen Eliten umfassenden Prozess. Beteiligt sind gewählte PolitikerInnen, Wirtschaft, NGOs, ExpertInnen und Medien. Eine Mitbestimmung der Menschen außerhalb dieser Eliten ist nicht mitgedacht. Die intransparenten Sphären ohnehin vorhandener Eliten moderner Gesellschaften werden durch das Konzept der Global Governance nun offiziell zur neuen HerrscherInnenschicht erklärt. Als Legitimation ihrer Machtausübung werden die umfassende Nutzung des vorhandenden technischen Know-Hows und der geballten gesellschaftlichen Problemlösungskompetenz sowie die größere Breite der dann an der Regierung Beteiligten benannt. Verbunden wird der Anspruch einer Governance für einen deutlich erweiterten Zugriff auf alle Lebensbereiche. Global Governance führt somit in doppelter Weise zu einer totalitären Form der Herrschaft. Sie bietet strukturell keinen Platz mehr für eine Opposition, da sie die Grenzen zwischen Herrschaft und Beherrschten negiert und den Diskurs um ein identitäres »Wir« als Subjekt der Machtausübung intensiv pflegt. Da die Vertretung aller simuliert wird, gibt es auch keine Grenze des Machtanspruchs mehr. Was Global Governance formt, trägt den Schein des Konsenses in sich, der Widerspruch und Verweigerung nicht zulässt.

Neoliberalismus und Governance sind damit keine gegenläufigen Prozesse, sondern optimal vereinbar, weil zu einer Welt der totalen Verwertung die Herrschaft der Eliten über die modernen Mittel von Herrschaftsausübung genau passt. Herrschen wird ein komplexer Vorgang gesteuerter Kommunikation, marktförmigen Eingreifens und Steuerns, gezielter Repression usw. Durch die Einbindung aller Eliten wird die Manipulation der gesellschaftlichen Diskurse noch leichter fallen, z.B. der Debatte um die weltweite Leitkultur der Nachhaltigkeit, der notwendigen Effizienzsteigerung von Technik mit dem Anspruch auf ihre Durchsetzung und nicht zuletzt der Kontrolle im Namen von Ökologie und Humanität.

In der Global Governance werden die NGOs mitregieren. »Der Politikdialog mit NGOs kann für (zwischen-)staatliche Institutionen vielfältige Vorteile haben: die Abschöpfung von Expertise und Problemlösungskompetenz, die Legitimierung der eigenen Politik und die Stärkung der eigenen Position gegenüber anderen Regierungen oder zwischenstaatlichen Organisationen sowie auch die Früherkennung von gesellschaftlichen Problemen und sozialem Protest.« Es geht um »Formen der Netzwerksteuerung«. Und: ...»bei der Implementierung beschlossener Politiken sind nicht-staatliche Akteure schon heute hilfreich. Die Vorteile aus staatlicher Sicht bestehen darin, dass zum Beispiel die sog. ›technical‹ NGOs im Entwicklungsbereich oder auch privatwirtschaftliche Unternehmen in Einzelbereichen über spezielle Expertise verfügen, besseren Zugang zu bestimmten Zielgruppen haben, die Anerkennung von staatlichen Projekten gegenüber Zielgruppen und der Öffentlichkeit erhöhen könnten und zudem meist kosteneffizienter arbeiten.«

Neue Mitbestimmungsmöglichkeiten für Menschen entstehen dagegen nicht. Ganz im Gegenteil: Geschichtlich ist die Debatte um Governance, Nachhaltigkeit und Zivilgesellschaft gekoppelt an die Phase, in der Beteiligungsrechte immer mehr der Standortpolitik geopfert wurden. Zwar werden die FunktionärInnen der NGOs zu den Gewinnern der Modernisierung von Herrschaft gehören. Doch die Menschen verlieren immer mehr Mitbestimmung und Freiräume der Selbstentfaltung. Die Propaganda für diese Ideen besorgen nicht mehr die Regierungen, sondern diejenigen, die sich selbst zu den VertreterInnen der »Zivilgesellschaft« ernannt haben. Verklärend beschreibt z.B. *Attac*: »Alle Gesellschaften, egal wie arm, haben Organisationen, die Bauern, ArbeiterInnen, Frauen, die Geschäftswelt und so weiter vertreten und die je nach Regierung mehr oder weniger frei agieren können.«[235] Übersehen wird zudem das Gefälle innerhalb der vielen NGOs: »Nur ein winziger Teil der weltweit existierenden NGOs kann internationale Konferenzen besuchen und den Entscheidungsprozess zu beeinflussen versuchen. Sie repräsentieren bestimmte Interessen und Bevölkerungsgruppen, ohne von diesen Bevölkerungsgruppen delegiert und gewählt zu werden; vielmehr entscheidet häufig die Nähe zu Regierungen, einzelnen Staatsapparaten oder Politikern, also persönliche Bekanntschaft oder Zugehörigkeit zu einem Netzwerk, über die Teilnahme. Die Bevölkerung, der ›Volkssouverän‹, weiß häufig nicht einmal, dass sie vertreten wird.«[236]

Attac wähnt sich als Vorstufe des zivilen Teils der Governance, denn »Hunderttausende können in den elektronischen Quartalszeitschriften, in den Websites aller *Attac*-Filialen Abhandlungen, Polemiken, Informationen und Hinweise auf tausend weitere Links finden. So

---

[235] Attac (2002): »Eine andere Welt ist möglich!« (S. 146).

[236] Alex Demirovic: »NGO, Staat und Zivilgesellschaft«, in: Brand u.a. (2001) (S. 144).

wird eine gemeinsame Gesprächsgrundlage für die globale Bürgergesellschaft gelegt.«[237] Der von *Attac* und nahestehenden Gruppen gern
als Redner beanspruchte Horst-Eberhard Richter geißelt sogar alle,
die keine Lobbyarbeit machen, denn eine solche Gruppe, »erfüllt [...]
nicht den Sinn der Verfassung, wonach alle Staatsgewalt vom Volke
auszugehen habe. [...] Da muss die Friedensbewegung ähnlich wie
andere NGOs entschieden mehr Lobby-Arbeit machen.«[238] In solchen
Jubel um moderne Herrschaftsstrategien stimmen auch die neoliberalen Frontkämpfer ein. Mike Moorer, WTO-Chef, fordert »eine Abteilung, die die Zivilgesellschaft stärker einbezieht, die sich um die
NGOs, die regierungsunabhängigen Organisationen, kümmert. Die
haben da draußen eine ganze Reihe brillianter junger Leute mit Doktortiteln, die helfen können.«[239]

Governance bedeutet nicht eingeschränktes, sondern ausgedehntes Regieren. Es ist die Antwort auf den wahrgenommenen Verlust an
Kontrollfähigkeit. »Regierungsfähigkeit ist die wesentliche Herausforderung, der wir uns gegenübersehen. Wo auch immer wir hinsehen,
finden wir politische Strukturen mit unzureichender Leistung.«[240]

Ausgerechnet: Europa wird Retter und Regulator[241]

Vor allem europäische (bürgerliche) Linke sehen die Stärkung internationaler Institutionen als Fortschritt an. »Die globalen Institutionen
müssen gestärkt werden, um die Stabilität des Weltwirtschaftssystems zu gewährleisten und die ›globalen öffentlichen Güter‹ (darunter Atmosphäre, Ozeane und die Antarktis) zu verwalten.«[242]

Demokratie, Multilateralismus, Global Governance, Nachhaltigkeit
und Nachhaltige Entwicklung fungieren in dieser Debatte um die Vorherrschaft der Leitkulturen als Kampfbegriffe europäischer PolitikerInnen vor allem aus dem rot-grünen Lager und vieler NGOs. In der
Frankfurter Rundschau schreibt etwa Michael Müller, Multifunktionär
in SPD und deutschen Umwelt-NGOs: »Nachhaltigkeit ist kein theore-

---

[237] Grefe (2002) (S. 165).
[238] Rede auf dem Antikriegstag des *DGB* in Frankfurt, dokumentiert, in: der *FR*, 3.9.2003 (S. 7).
[239] Interview mit der *FR*, Magazin, 9.2.2002 (S. 5).
[240] Stellungnahme des Club of Rome zum Weltgipfel 2002 in Johannesburg, in: *FR*, 5.8.2002 (S. 6). Als deutscher Vertreter ist u. a. Ernst Ulrich von Weizsäcker Mitglied im *Club of Rome*, einem weltweiten Umwelt-NGOs, bestehend nur aus prominenten Mitgliedern, vor allem Ex-PolitikerInnen und WissenschaftlerInnen.
[241] Eine umfangreiche Sammlung von Zitaten zum Machtkampf zwischen EU und USA vor allem aus der proeuropäischen Sicht von NGOs und keynesianistischen Teilen der Medien und Presse findet sich unter *www.projektwerkstatt.de/krieg*.
[242] Stellungnahme *Club of Rome* zum Weltgipfel 2002 in Johannesburg, in: *FR*, 5.8.2002 (S. 6).

tischer Ansatz mehr. Denke global und handele lokal, regional und national – das ist die politische Maxime, um Europa zu behaupten.« Mit Nachhaltigkeit als politischem Programm werde Europa nicht länger »an den politischen Rand gedrängt«[243]. Ähnlich formuliert die *FR-Redaktion*: »Die SPD-Linken[244] sehen das zentrale Argument für die Wiederwahl einer rot-grünen Bundesregierung darin, dass Europa sozialpolitisch ein Gegenpol zu den USA bleiben müsse. In einem von den Sprechern der Linken in der SPD-Fraktion jetzt vorgelegten Bilanz-Buch über vier Jahre Regierungspolitik ist eingangs von einer neuen ›Systemauseinandersetzung‹ die Rede. Auf der einen Seite stehe das ›europäische Modell der sozialen Demokratie‹, auf der anderen Seite, ›die in der Weltwirtschaft von den USA ausgehende liberale Revolution, in der die Politik für die innere und äußere Sicherheit zu sorgen, aber sich ansonsten weitgehend den Gesetzen des Marktes unterzuordnen hat‹.«[245] Die Hoffnung auf die EU als Retter schimmert überall durch. Selbst die Weltbank würde akzeptabel, »wenn es gelänge, im IWF eine eigenständige europäische Position, eine an nachhaltiger Entwicklung orientierte, durchzusetzen«.[246]

Europäische Leitkultur: Nachhaltigkeit
Verklausuliert als Politik der Nachhaltigkeit wird europäisches Denken als neue Leitkultur für die Welt propagiert – auch von den NGOs. 1998 verfassten die großen deutschen Umweltverbände im Wahlkampf für Rot-Grün das Papier »Aufbruch 21«. Darin heißt es: »Europa muss sich überlegen, ob es zukünftig nur eine Mitläuferrolle in der Welt spielen will oder ob es Vorreiter für ein neues solidarisches Weltmodell wird. [...] Die EU muss ein eigenes Profil zeigen. Die Erneuerung der sozialen Demokratie durch die Ökologisierung von Wirtschaft und Technik ist der richtige Weg. [...] Die Leitidee der ›Zukunftsfähigkeit‹ ist die wichtigste Antwort auf die erneute Entfesselung des Kapitalismus im globalen Zeitalter. Sie hat ihre Wurzeln einerseits in den Konzepten, die von Europäern für die Vereinten Nationen erarbeitet wurden (Olof Palme [...] Willy Brandt [...] Gro Harlem Brundtland) und andererseits in den Wendekonzepten der Umweltbewegung.«[247] Viele der damaligen Unterzeichner-NGOs waren später

---

[243] Michael Müller/Ulla Burchardt (beide SPD-MdBs), in: *FR*, 17.4.2002.
[244] Diese Gruppe steht den NGOs, vor allem *Attac*, sehr nahe bzw. ist teilweise in ihnen aktiv.
[245] *FR*, 10.7.2002 (S. 4).
[246] Bernd Hamm: »Hausaufgaben gemacht?«, in: *Politische Ökologie*, Mai/Juni 2002 (S. 39).
[247] »Aufbruch 21«, DNR-Grundsatzprogramm, in: *Deutschland-Rundbrief* 1/98 (S. 22 f.).

an der Gründung von *Attac* und der Formulierung der dortigen anti-amerikanischen und pro-europäischen Positionen beteiligt – ein roter Faden durch deutsche NGO-Arbeit. Er geht sehr weit zurück und wird in der in den 90er Jahren dominanten Debatte um Nachhaltigkeit sowie in der Agenda 21 ebenfalls deutlich sichtbar. Diese ist von Beginn an vor allem eine europäische. Von ca. 6.000 Agenda-Prozessen in Kommunen weltweit liefen fast 5.300 im kleinen Erdteil Europa.

Die weltweiten Grundsatzpapiere für die Diskussion entstanden in europäischen Eliten – angefangen vom Willy-Brandt-Report über die Brundtland-Kommission bis zur Agenda 21, den Verhandlungen um das Kyoto-Protokoll und die Vorbereitung für den Weltgipfel in Johannesburg 2002.[248] Die Leitkulturdebatte wird in der Agenda 21 nicht nur in der grundsätzlichen Ausrichtung auf Freihandel und Technikexport sichtbar, sondern auch im Kapitel zu indigenen Bevölkerungsgruppen, wo diesen die Fähigkeit zum nachhaltigen Leben abgesprochen wird und ihre Rolle deshalb u.a. »angepasst« werden soll. Als einzige der Bevölkerungsgruppen, die in einem eigenen Kapitel der Agenda behandelt werden, ist bei ihr kein Wort über Beteiligungs- und Mitbestimmungsrechte zu finden. Begründung: »Ihre Fähigkeit zur uneingeschränkten Mitwirkung an einem auf eine nachhaltige Entwicklung ausgerichteten Umgang mit ihrem Land hat sich aufgrund wirtschaftlicher, sozialer und historischer Faktoren bisher als begrenzt erwiesen.«[249] Ungeschminkt wird hier ein Lebensstil-Imperialismus deutlich – am europäischen Wesen soll die Welt genesen.

Nachhaltigkeit war und ist eine Debatte der Eliten um Technik- und Effizienzdominanz. Sie ist die Kreide in der Stimme derer, die eine Vormachtstellung Europas erreichen wollen. Die EU-Abgeordnete Ilka Schröder kritisierte die von SPD-Vizefraktionschef Michael Müller propagierte Nachhaltigkeitspolitik¨»Müller sprach zwar auch von einer ›Zivilisierung der globalen Ökonomie‹, im Kern geht es ihm dabei darum, einer ›Welt-Innenpolitik‹ ein europäisches Gesicht zu geben [...] Er verfolgt das Ziel einer weltweiten Hegemonie der EU, die wiederum von Deutschland geprägt wird.«[250]

---

[248] Unter *www.projektwerkstatt.de/aes* finden sich etliche Links zu umfangreichen Zitatesammlungen zur Agenda 21, zu Nachhaltigkeit und verwandten Themen.

[249] Kapitel 26.1 der Agenda 21.

[250] Ilka Schröder: »Vom Idioten zur Bewegung des Jahrhunderts«, in: »Resistance an the autum of repression« (S. 43). Ilka Schröder argumentiert selbst durchaus widersprüchlich. Während sie in ihren politischen Erklärungen inzwischen antideutsche und damit in Bezug auf den Staat Israel pronationale Positionen vertritt, gehört sie nach ihrem von Streit begleiteten Ausstieg aus Bündnis 90/Die Grünen der Fraktion der genau die von ihr kritisierten Positionen vertretenden PDS im Europaparlament an.

Attac-Führer Peter Wahl erweitert den Hegemonialanspruch auf die politische Organisierung. Danach haben »die deutschen Globalisierungskritiker die Verantwortung, die soziale Bewegung des größten Landes in der EU angemessen in die internationale Bewegung zu integrieren«.[251] Ohnehin wird der Anteil der sozialen Bewegungen aus den Industrieländern am weltweiten Protest ständig überhöht. Der Norden wird u.a. zum Ausgangspunkt der Globalisierungsproteste gemacht: »Die Proteste gegen den Zerfall der Welt begannen am 1. Dezember 1999, als 50.000 Menschen in den Straßen von Seattle den Platz vor dem Kongresspalast der WTO-Verhandlungen blockierten.«[252] Die schon viel früher aktiven Landlosenbewegungen und Proteste in Brasilien, Indien usw., der Aufstand der Zapatistas 1994 und ihre Einladungen zu weltweiten Versammlungen zählen in solcher Geschichtsschreibung nichts.

Nationale und internationale Rechtsstärke gegen Terror

Der Anschlag auf amerikanische Machtsymbole am 11. September 2001 löste eine breite Debatte aus. In dieser setzte sich die Forderung nach einer Stärkung von Institutionen und Regierungen gegenüber »Terror«, »Schurkenstaaten«, »Barbaren« (US-Regierungssprache) oder »Globalisierung«, »Armut« oder »Finanzkapital« (Sprachgebrauch u.a. bei *Attac*) durch. Unterschiedlich waren die Mittel, gemeinsam war allen Vorschlägen die Forderung nach mehr institutioneller Kontrolle. Wollten die einen militärische Aktionen und Kontrolle (US-Regierung), so forderten die anderen eine Stärkung der UN sowie eine Art Weltpolizei und Weltgerichtsbarkeit (NGOs und EU). Die zentralen europäischen NATO-Staaten forderten beides. Deutschland, Belgien und Frankreich entwickelten einerseits eine Konzeption für eine europäische Armee, andererseits forcierten sie die Schaffung des Weltgerichtshofes. Die Verbindung von Institutionenausbau und Militarisierung hat eine innere Logik.

»Ein Weltstrafgericht setzt eine globale Ordnung voraus, die sowohl das Bedürfnis als auch das machtpolitische Potential für globale Strafaktionen hat – seit dem Golfkrieg unter Führung des US-Präsidenten George Bush sen. gemeinhin Neue Weltordnung genannt. Der IStGH ist die institutionalisierte Form dieser Neuen Weltordnung. Die friedenspolitische Illusion nährt sich offenbar aus der Fiktion einer glo-

---

[251] Quelle: *www.Attac-netzwerk.de/aktuell/florenz.php#plural*.

[252] Peter Wahl auf der Pressekonferenz zur Vorstellung des *DGB/VENRO/Attac*-Papiers am 5.12.2002.

balen Gerechtigkeitsidee, die sich jenseits der nationalen Machtinteressen ausgerechnet in dieser postmodernen, vermeintlich postnationalen Ordnung, entfalten könne. Die Durchsetzung des internationalen Strafverfolgungsanspruchs setzt die Legalisierung internationaler Militäreinsätze voraus. Prototyp der Kriege der Neuen Weltordnung war der Natokrieg gegen Jugoslawien. Es ist daher kein Zufall, dass das Römische Statut des IStGH die Aggression, also den Angriffskrieg, gerade nicht unter Strafe stellt. Damit wird die Judikatur seines Vorläufers, des Haager Jugoslawientribunals, fortgeschrieben, vor dem sich bereits nicht die Natoführer wegen eines Angriffskrieges, sondern das Opfer der Aggression vor einem ›internationalen‹ Gericht verantworten muss. Vielen Vertretern der Friedensbewegung scheint die US-amerikanische Weigerung, mit dem IStGH zusammenzuarbeiten, als Bestätigung ihres friedenspolitischen Anliegens. Hier dürfte sich die Friedensbewegung über das Ausmaß der Widersprüche zwischen den EU-Machtzentralen, die alle dem IStGH zustimmen, und Washington täuschen. Das Römische Statut zielt auf die Strafverfolgung der politischen Führungsebenen bis hin zu Staatsoberhäuptern, deren Immunität durch das Statut aufgehoben ist. Nach dem Prinzip der Komplementarität ist der IStGH jedoch nur für solche Staaten zuständig, die zur Strafverfolgung nicht willens oder nicht in der Lage sind. Danach sind nach nahezu einhelliger Expertenmeinung alle westlichen Demokratien, einschließlich der USA, von der Strafverfolgung ausgenommen. Im Visier des Weltstrafgerichts stehen daher nicht die Staaten mit dem weltweit gefährlichsten Militärpotential und den weltweit meisten Auslandseinsätzen, sondern die sog. Schurkenstaaten. Geradezu händeringend bemühen sich die europäischen Staaten die USA vom legitimatorischen Wert eines Weltstrafgerichts gerade im Einsatz gegen den ›internationalen Delinquenten‹ Saddam Hussein zu überzeugen, ausgedrückt etwa in dem Appell des Bundespräsidenten Rau an die USA. ›Gerade der Einsatz militärischer Mittel müsse weltweit akzeptiert sein, wenn er nachhaltig Erfolg haben soll‹ (*FAZ*, 21.2.02). Die internationale Strafverfolgungspflicht durch das Römische Statut ist die Kehrseite des Rechts zu internationalen Kriegseinsätzen. Die Friedensbewegung sollte bedenken, dass hierin eine Abkehr vom modernen Völkerrecht, ja die Zerstörung einer tradierten Völkerrechtsordnung liegt, die der Kriegsvermeidung und der Wahrung des Weltfriedens den obersten Rang einräumte. Die globale Strafverfolgungspflicht durch das Römische Statut tritt neben das sog. UN-Mandat, namentlich das ›robuste Mandat‹ als Rechtfertigung und postmoderne Zierde der Kriege der Neuen Weltordnung, die die völkerrechtliche Friedensordnung aus den Angeln hebt und ein jeglicher demokratischer Machtkontrolle entzogenes globales Gewaltmonopol begründen soll.«[253]

In anderen Texten werden Militäreinsätze und internationale Gerichte auch direkt zusammen genannt, z.b. schreibt Norbert Mappes-Niediek im *Freitag:* »Aber es ist prinzipiell unsinnig, die Amerikaner ausgerechnet in der Frage eines internationalen Gerichtshofes überstimmen zu wollen. Die Haager Richter verfügen über keine eigene Exekutive. Die internationalen Organisationen, ob UNO, OSZE oder Nato, haben ohne die USA nichts zu melden. [...] Ein Weltenrichter aber, von dem die Weltpolizei nichts wissen will, wird über kurz oder lang zur lächerlichen Figur.«[254]

Positiv besetzt wird von fast allen politischen Strömungen und in allen konkreten Forderungen der Begriff des Rechts. »Rechtsstaat«, »internationales Recht« oder »Völkerrecht« stehen Pate für eine Renaissance staatlicher Konzepte auf globaler Ebene. »Für ein Europa der Rechte in einer Welt ohne Krieg«, lautete das Motto des *Europäischen Sozialforums* 2003 in Paris.[255] Eine Analyse von Recht als Herrschaftsform fehlt immer. So bleibt verborgen, dass das Recht die formalisierte Verregelung von Verhalten, Kooperation und Konkurrenz zwischen Menschen, Organisationen oder Nationen darstellt. Recht ist daher tendenziell anti-emanzipatorisch und immer verknüpft mit Durchsetzungsmitteln wie Justiz, Polizei und Interventionsarmeen.[256]

Recht kann nur in Ausnahmefällen und nur dort mehr Freiheit schaffen, wo es andere Rechtsetzungen oder Zwangsregelungen aufhebt oder einschränkt, z.B. die Stärkung von ArbeitnehmerInnenrechten gegenüber kapitalistischer Ausbeutung oder Rechtsschutz gegen das staatliche Gewaltmonopol. Das gilt auch international. Forderungen nach allgemeiner Stärkung des internationalen Rechts, wie es z.B. in der Erklärung von Friedens-Initiativen mit »Stärkung des

---

[253] »Das Weltstrafgericht« (2002). Das Zitat wurde aus DKP-Kreisen verbreitet. Selbst dort ist also die Kritik bekannt, gleichzeitig unterstützen DKP-Bundesfunktionäre Positionen für den Staatsgerichtshof, z. B. als Mitglieder des *Attac*-Führungsgremiums. Der Autor, Peter Koch, ist Rechtsanwalt in Heidelberg. Siehe auch seinen ausführlicheren Beitrag »Die neueren Entwicklungen im Internationalen Strafrecht und ihr Verhältnis zur Kriegsverhütung«, in: *Marxistische Blätter* 3-02, S. 86-93 sowie auf der Webseite der Deutschen Sektion des Internationalen Komitees für die Verteidigung von Slobodan Milosevics: *www.free-slobo.de*.

[254] Kommentar zum Internationalen Staatsgerichtshof, in: *Freitag,* 5.7.2002 (S. 2)

[255] Quelle: *FR*, 13.11.2003 (S. 7).

[256] Zur komplexen Frage von Herrschaft und Recht als Herrschaftsform siehe u.a. *www.herrschaftsfrei.de.vu* sowie im Buch »Nachhaltig, modern, staatstreu«.

Rechts [...] ist langfristig das bessere Mittel«[257] formuliert ist. Friedrich Schorlemmer forderte in seiner Rede auf der großen Friedensdemo am 15. Februar 2003 »globale Sicherheitsstrukturen mit verbindlichen Rechtsgrundlagen, mit der Stärke des Rechts statt des Rechts des Stärkeren«.[258] Mit patriotischem Unterton stellte er sich an die Seite der Regierung: »Wir stehen für die Grundprinzipen der UN-Charta. Und deshalb stehen wir heute auch zur deutschen Regierung.« Das passt zu Aussagen auf Transparenten, auf denen zu lesen ist: »Endlich, endlich können wir als Deutsche stolz sein.«[259]

Rangeleien um die Weltführung

Mit den Diskursen um Demokratie, Sicherheit, Terror, Zivilisation, Regierbarkeit und Nachhaltigkeit wird der Kampf zwischen EU und USA um die weltweite Vormachtstellung ideologisch aufgeladen, um die tatsächlichen Interessen zu verschleiern. Die zum Teil fundamentalistische US-Politik erleichtert die Inszenierung der «Auseinandersetzung um ›Imperium oder neue Formen internationaler Demokratie‹«[260] und des guten »Old Europe«[261]. Bilder brutaler US-Bombardements schufen resignative Stimmung, aber auch Wut bei Menschen, die jahrelang für eine bessere Welt zu kämpfen glaubten. Dann ist alles als rettender Strohhalm erwünscht – auch die Verklärung Europas zum Hort des Guten gegen das Böse in der Welt.

Unterstützt wird das Weltmachtstreben der EU und der in ihr führenden deutschen Regierung durch NGOs und politische Netzwerke. Nach Auffassung der EU-Arbeitsgruppe von *Attac* »muss Europa zu einer wirklichen Zivilmacht werden. Es muss ein Gegengewicht gegen die unipolare US-Hegemonie aufbauen, indem es sein wachsendes Gewicht als ziviler globaler Akteur in die Waagschale der internationalen Politik wirft.«[262] Da wirkt selbst der »Kapitalismus immer verschieden – der amerikanische unterscheidet sich stark vom schwedischen oder dänischen, wie ich ihn vorziehe«.[263] Das macht Hoffnung:

---

[257] Auszug aus der Erklärung von Friedensinitiativen, Quelle: *www.gewaltspiraledurchbrechen.de*.

[258] Zitiert nach *Junge Welt*, 17.2.03 (S. 2-3).

[259] *Freitag*, 21.2.03.

[260] Grefe (2004), 2. Auflage ,(Vorwort, S. 14)

[261] Positiver Europabegriff von Regierungsseite ebenso wie auf dem Banner am Brandenburger Tor von *Greenpeace* (Februar 2003).

[262] Auszug aus dem Gründungspapier des Arbeitskreises. Quelle: *www.opentheory.org/attaceu-ag/text.phtml*.

[263] Streitgespräch zwischen Sven Giegold und dem Millionär Bodo Schäfer, in: *Welt am Sonntag* (WamS), 25.8.2002 (zitiert nach *CGW*-Rundbrief Dez. 2002)

»Die skandinavischen Beispiele zeigen, dass trotz des realen Globalisierungsdrucks, der ja nicht zu leugnen ist, ein aufgebauter Sozialstaat und ökonomischer Erfolg sich keineswegs ausschließen.«[264]

In der Tat sind Unterschiede europäischer und US-amerikanischer Politikstile vorhanden. Das liegt allein schon daran, dass den europäischen Regierungen viele Mittel fehlen, die der US-Regierung zur Verfügung stehen. Während die Regierung der USA traditionell stärker auf Militär, dominanzorientierte, unilaterale Diplomatie und die Sicherung von Einflusszonen setzt, agieren die Staaten der EU seit dem Zweiten Weltkrieg und dem damit einhergehenden Machtverlust der europäischen Nationen in der weltweiten Politik eher als Gesamt-EU über wirtschaftliche Beziehungen, abhängigkeitsschaffende sogenannte Entwicklungshilfe und über die Stärkung supranationaler Strukturen (Klimaschutzabkommen, Steuern, Gerichtshöfe usw.). Die diplomatische Nähe der EU zu vielen ärmeren ehemaligen Kolonialländern verschafft ihr Einfluss und Macht in den von ihr geförderten internationalen Gebilden. Trotz unterschiedlicher Strategien bleiben die US- und EU-Bemühungen aber von den gleichen Zielen geprägt, nämlich der Dominanz, der Ausweitung von Einfluss und dem Zugang zu Märkten und Rohstoffen.

Deutsche und europäische Regierungskreise lehnten den Angriff auf den Irak auch nie ab, sondern wollten ihn nur von der UN und anderen stärker europäisch geprägten Institutionen wie dem Internationalen Staatsgerichtshof (siehe oben) legitimiert wissen. Kaum ein Tag verging, an dem nicht der Aufbau einer europäischen Armee gefordert wurde. Als erste Europa-Einheiten in Afrika zum Zuge kamen, um dort offiziell Bürgerkriege zu verhindern und die Wiederherstellung von Rechtsstaatlichkeit zu sichern (Sommer 2003), äußerten selbst Funktionäre des als Dachverband vieler Friedensgruppen agierenden Bundesausschuss *Friedensratschlag* Verständnis bis Zustimmung.[265] Der gute Krieg war längst wiedergeboren, darin sind sich viele Friedensbewegte mit führenden politischen Intellektuellen wie dem SPD-Vordenker Heinrich August Winkler einig. »Wenn man das Völkerrecht weiter entwickeln will, weil man meint, es reicht für den Kampf gegen den Terrorismus nicht aus, dann muss das innerhalb der Vereinten Nationen geschehen [...] Die Europäer müssen versuchen, die neue Weltordnung im Sinne der westlichen Werte und der westlichen Völkerrechtstradition zu gestalten.«[266] Hierzu gehört auch

---

[264] Sven Giegold im Interview mit dem *Freitag*, 14.5.2004 (S. 4).
[265] So z.B. der Sprecher Peter Strutynski in einem Interview in der *Jungen Welt*.
[266] Heinrich August Winkler, in: Der europäische Weg, *FR*, 5.2.03 (S.9).

der Aufbau europäischer Streitkräfte, denn es gibt »keine Alternative zu den Bemühungen, die EU zu einer politischen Union auszubauen, mit einer eigenen Sicherheits- und Verteidigungspolitik im Rahmen des atlantischen Bündnisses«. Im Wahn, Europa als Hort des »Guten« zu sehen im Kampf gegen das »Böse« auf der Welt, glaubt der *Resist*-Mitbegründer Clemens Roennefeldt: »Die Hoffnungen der arabischen Welt ruhen auf diplomatischen Initiativen Europas.«[267] In einem Antrag an den *Attac*-Beirat im Oktober 2003 in Aachen formulierten VertreterInnen verschiedener *Attac*-Gruppen in einem Papier zum Palästina-Konflikt: »Erheblich verschärft hat sich die Situation nach dem 11. September, da sich die Vereinigten Staaten ab diesem Zeitpunkt in den bewaffneten Flügel einer neoliberalen Globalisierung verwandelt haben.«[268] Völlig vergessen sind die vorhergehenden Golfkriege. Vergessen auch der Angriff auf Jugoslawien im März 1999, als vor allem die europäischen Regierungen die jugoslawische Regierung im Rambouillet-Vertrag zur Einführung der Marktwirtschaft und flächendeckenden Truppenpräsenz der NATO zwingen wollte und nach fehlender Zustimmung durch die Regierung in Belgrad diesen Zustand herbeibombte.

Für *Attac* und viele andere Gruppen waren andere Gründe wichtiger, den Protest mit sehr einfachen, z.T. europatriotischen bis antiamerikanischen Argumenten zu führen: Die populistische Orientierung auf schnelle Imageerfolge. Den Rahmen schufen die kriegsablehnenden Medien und Parteien, die gegen die US-Regierung hetzten und teilweise ganz offen die Aufrüstung Europas forderten.

Nicht nur Attac ...
Wer internationale Kontrolle fordert, liegt nahe an der Befürwortung von Krieg – denn Recht braucht Durchsetzung. Dennoch haben solche Positionen bereits Tradition. Die internationalen Frauenmärsche bereiteten 1999 ihre Forderungspapiere vor, in denen Interventionen gegen Staaten, in denen Frauen unterdrückt werden, gefordert wurden – 2001 fand dieser Gedanke mit der Propaganda um den Angriff auf Afghanistan seine Übernahme in Regierungspolitik. Kriege zur Jagd auf sog. KriegsverbrecherInnen werden folgen. Umweltverbände und -politikerInnen fordern Grünhelme als bewaffnete internationa-

---

[267] *Resist*-Beilage in *FriedensForum* 1/2003 (S.7).
[268] Siehe Anträge zum *Attac*-Ratschlag im Oktober 2003, downloadbar von: *www.attac.de*.

le Truppen gegen Umweltverbrechen – was dann ein solches Verbrechen ist, definieren die BefehlshaberInnen der Truppen.

Bündnis 90/Die Grünen fordern: »Friedenserzwingung«, aber eben »international eingebunden und durch eine gezielte Sanktionspolitik begleitet« und »Krisenbewältigung und Friedensbewahrung im Auftrag oder auf Ersuchen der Vereinten Nationen sollten zu einer zentralen Aufgabe der Bundeswehr werden«.[269]

Manche NGOs werden sogar zu strategischen Beratern internationaler Militäreinsätze, wenn z.B. die *Weltbürgervereinigung e.V.* vorschlägt, »beim Aufbau der Weltpolizei könnten während einer Übergangszeit Truppenteile der Gliedstaaten eingegliedert werden«.[270] Geradezu kriegseuphorisch artikulierten sich große Teile der sogenannten Antideutschen. So betrieben drei prominente antideutsche Autoren in der Monatszeitschrift *konkret* Gleichsetzungen des Faschismus mit Religionen und Nationen und befürworteten Krieg: »Die Entscheidung gegen den Faschismus und daher gegen den Islam geschieht [...] in Solidarität mit seinen konkreten Opfern und in Hochachtung vor den individuellen Zielen, die mit ihnen in Verbindung gebracht werden. Für einen Krieg gegen den Islamismus, und sei es unter der Führung der USA, gegen das mörderische Unwesen dieser letztlich doch deutschen Ideologie.«[271]

Attac befindet sich also ›bester‹ Gesellschaft. Im April 2004 veröffentlichten »deutsche Intellektuelle« die »Duisburger Erklärung«. Geballte Prominenz, darunter *Attac*-Führer Peter Wahl, die *BUND*-Vorsitzende Angelika Zahrnt und das Ex-*Attac*-Koordinierungskreismitglied Eva Quistorp[272], forderte ein militärisches und starkes Europa als Gegenmacht zu den USA: »Zwar wird Europa zur Vermeidung zu großer Machtungleichgewichte ein gemeinsames militärisches Potenzial benötigen [...] Europa muss zu einer gemeinsamen Außen-, Sicherheits- und Entwicklungspolitik finden, sonst bleibt die Gefahr der Spaltung, Lähmung und der Unfähigkeit bestehen, die sich auf dem Balkan und anlässlich des Irak-Kriegs gezeigt hat [...] Zu den Aufgaben gehört es auch, weiterhin und in Zukunft noch verstärkt die eige-

---

[269] »Friedenspolitik ist Weltinnenpolitik«, in: *grün&bündi.g* März 2002 (S. 10)

[270] Resolution an die amtierenden Staatsregierungen und Staatsparlamente der Erde, 5.1. 1999

[271] Justus Wertmüller, Horst Pankow, Tjark Kunstreich, in: *konkret* 3/02. Antideutsche Gruppen forderten nach dem 11.9.2001 mehrfach öffentlich eine breite militärische Offensive gegen islamische Staaten. Siehe unter anderem im *www.antideutsch.de* und *www.bahamas-redaktion.de*. Auf *www.antideutsch.de* wurden während des Irak-Kriegs die Berichterstattung des CNN hervorgehoben verlinkt und die militärischen Erfolge der US-Armee gefeiert.

[272] Biografie: *www.berlin-declaration.org/datei/quistorp/datei/bio3.html*. Quistorp ist heute bei *feministATTAC* aktiv.

nen wirtschaftlichen, politischen und ökologischen Interessen gegenüber Washington offen und selbstbewusst zu vertreten [...] Sollten die USA auf absehbare Zeit nicht bereit sein, sich auf diese gemeinsamen Grundlagen ernsthaft einzulassen, dann steht kein Abbruch der transatlantischen Zusammenarbeit zu erwarten, aber deren Umgestaltung zu einer entideologisierten Interessengemeinschaft zweier Machtblöcke.«[273] Fast alle KritikerInnen der US-Kriege beziehen sich auf das Völkerrecht. Ein Volk aber kann nur von einer Regierung vertreten werden – wie auch immer diese konstruiert ist (Diktatur, Demokratie, Governance). Völkerrecht ist daher explizit Herrschaftsrecht, weil nicht den Menschen, sondern den Regierung zum Recht verholfen wird. Um Menschen und Menschenrechte geht es den Eliten in Regierungen, NGOs und Medien nicht, sie tauchen als »Kollateralschäden« in den Begründungen für die Stärkung der Regierungen auf.

Fazit und Thesen

Der größte Fanblock von Staat und Kontrolle steht bürgerlich-links. Es sind die neokeynesianistischen bis etatistischen[274] Gruppen, die mit ihren Forderungen den Boden bereiten für die aktuelle Phase euphorischer Erwartungshaltungen in den Aufbau von (Rechts-)Staatlichkeit. Diese Gruppen, von *Attac* über Gewerkschaften bis zur PDS, von *Spiegel* bis *taz* und von Günter Grass bis zu Elmar Altvater werden zu den geistigen Wegbereiter des Weltstaates bzw. der Staatengemeinschaften gehören, an dessen Ende nicht einmal eine Demokratisierung, geschweige denn ein Prozess der Emanzipation steht. Ganz im Gegenteil: »Governance« wird eine nebulöse Weltregierung sein, ein undurchsichtiges Konglomerat von Regierungen, Institutionen, Konzernen und NGOs, die neue Instrumente der Kontrolle und Unterdrückung schaffen. Die ersten Beispiele sind längst in der Debatte, einige werden im Folgenden genannt. Der positive Bezug auf die herrschaftsförmige Leitkultur der Nachhaltigkeit, auf Konzentrationspunkte der Macht wie UNO, EU oder Gerichtshöfe und auf das Völkerrecht statt Menschenrecht oder gar Selbstbestimmung lässt befürchten, dass aus den heute als Protestbewegung auftretenden

---

[273] Auszüge aus der »Duisburger Erklärung« von »deutschen Intellektuellen«, in: *FR*, 16. 4. 2004 (S. 9). Einsehbar über *www.no-law-no-war.de.vu*.

[274] Etatismus [...] polit. Doktrin, die die Ausdehnung der Rolle und der Zuständigkeit des Staates auf alle Bereiche von Wirtschaft und Gesellschaft fordert. (Meyers grosses Taschenlexikon).

Eliten nur neue und modernere nationale und weltweite Herrscher-
klassen entstehen – wie in der Geschichte der Sozialdemokratie, der
Grünen und anderen schon immer sichtbar.

Kapitalismus – sei schön lieb!

*»Kolb: Eine Organisation, die die Einzelnen die
Möglichkeit an die Hand gibt, sich für eine andere
Globalisierung, für eine Zivilisierung des globalen
Kapitalismus zu engagieren.*
Junge Welt: Zivilisierung des Kapitalismus?
Kolb: Ja.
Felix Kolb, Pressesprecher von Attac Deutschland,
im Interview mit der *Jungen Welt*, 2.1.2002

*Die Einführung der Tobinsteuer soll dazu führen,
dass Geld stärker in Investition statt in Spekulation
fließt.*
Protokoll der *AG Tobin Steuer* während des
Attac-Ratschlags, 22.1.2000

Auf vielen Bildern und durch die Slogans von einer »anderen Welt«
bis »smash capitalism« scheinen antikapitalistische Positionen und
Gruppen die globalisierungskritische Bewegung zu dominieren. Das
ist jedoch ist ein Irrtum. Radikale Slogans überdecken einerseits fehlende Tiefe in der politischen Argumentation, andererseits dienen sie
der Integration kritischer Menschen in große Verbandsstrukturen. Tatsächlich hoffen die AkteurInnen auf die »Zivilisierung« dessen, was
sie kritisieren.

Eine andere Welt ... wollen wir gar nicht!

Bei *Attac* und vielen anderen NGOs stehen zugkräftigen Slogans wie
»Eine andere Welt ist möglich!« biedere Konzepte von mehr Staat und
Akzeptanz eines milderen Kapitalismus entgegen. Selbst die Symbol-
figuren der Kritik an Großkonzernen und weltweitem Neoliberalismus
sind durch und durch herrschafts- und kapitalismusfreundlich. Wer
hätte erwartet, dass sich ausgerechnet Naomi Klein in ihrem berühm-
ten Werk »No Logo«[275] neben den Anklagen gegen »die Macht jener
ausgewählten Gruppe riesiger Konzerne, die sich zusammengetan

---

[275] Naomi Klein (2001): »No Logo«, Riemann/C. Bertelsmann Gütersloh (S. 21, 18, 451 und 450).

haben, um unsere De-facto-Weltregierung zu bilden« und der romantischen Hoffnung, »die Gegnerschaft zu den Konzernen« sei »der politische Inhalt, der die kommende Generation von Unruhestiftern und Aufrührern inspirieren wird«, bei ihren Vorschlägen nur an kleine Reformen und das Wiedererstarken des Staates denken würde. »Wegen der Globalisierung muss es eine Anzahl gemeinsamer Normen geben«, schreibt sie und fügt an, dass es genug »Mechanismen gibt, wie man die Multis Regeln unterwerfen kann. Wie wir gesehen haben, gibt es Handelsabkommen und lokale Gesetze zur selektiven Auftragsvergabe sowie Kampagnen für ethische Investitionen – aber auch Regierungskredite, Bürgschaften für Auslandsinvestitionen und die Beteiligung an regierungsoffiziellen Handelsdelegationen können an Bedingungen geknüpft werden.«

Dieser meist nicht näher begründete Glauben an das Gute in Regeln, Normen und Institutionen ist verbunden mit einer ebenso oft gar nicht mehr begründeten, undifferenzierten Ablehnung gegen Großkonzerne. Kritische Analysen marktwirtschaftlicher Logiken oder Herrschaft im Allgemeinen fehlen.[276] Noch deutlicher wird das ebenso bekannte und überall in der Globalisierungsbewegung empfohlene »Schwarzbuch Markenfirmen«. Zum Thema »Arm und Reich« formulieren die Autoren: »Nicht nur Wirtschaftsvertreter argumentieren, dass gerade dieses Ungleichgewicht eine Dynamik erzeugt, in der Investitionen von reichen Ländern in die ärmeren Länder fließen und dort langfristig Wohlstand erzeugen werden. Und damit haben sie im Prinzip Recht. Zumindest wenn man davon ausgeht, dass nicht alle Einwohner ärmerer Länder von der Subsistenzwirtschaft, also von der Hand in den Mund leben wollen. ›Es gibt nur eines, das schlimmer ist, als von den Multis überrollt zu werden: nicht von den Multis überrollt zu werden‹, schreibt Ulrich Beck.«[277]

Ähnlich wie die Medien, die den Bewegungen viel Aufmerksamkeit schenken, beeinflussen solche Bücher Inhalte und Aktionsformen. Gefordert werden kleine Korrekturen oder das Einhalten von Gesetzen – umgarnt von verkaufssteigernden, mitgliederwerbenden, radikalen Floskeln. Kapitalistische Ausbeutungsnormalität wird nicht mehr angeprangert, denn »solange sich ein Konzern an die dortigen Auflagen hält und Steuern zahlt, ist dagegen nichts zu sagen«.[278] Peter Wahl von *Attac* stellt sogar fest, dass demokratische Regierungen

[276] vgl. Naomi Klein (2001): »No Logo«, Riemann/C. Bertelsmann Gütersloh
[277] Klaus Werner/Hans Weiss (2001): Schwarzbuch Markenfirmen (S. 30)
[278] Interview mit Felix Kolb, *Attac*-Pressesprecher, in: *Focus* (S. 186) auf die Frage, was er von Investitionen der Konzerne im Trikont hält.

teils die gleichen Ziele wie *Attac* hätten, nur »die bekommen Druck von den Akteuren der Finanzwelt – und weichen zurück. Wir wollen der Gegendruck sein«[279]. Bei seinem Lobgesang auf den internationalen Kapitalismus wird er bisweilen sogar zynisch, z.B. wenn er die Arbeitswahn-Gesellschaft in Südkorea abfeiert: »Südkorea [...] ist ein Beispiel dafür, wie durch Protektionismus und rigide staatliche Regulierung das entwicklungspolitische Take-off geschafft wurde.«[280] Manch ein Neokeynesianist sieht sich nicht nur als Retter der Nationen, sondern auch der ökonomischen Globalisierung: »Nichts behindert die Globalisierung der Ökonomie mehr als die kurzsichtige Politik zur rigiden Durchsetzung des freien Kapitalverkehrs.«[281]

Gut und Böse: Raffendes und schaffendes Kapital

Das Finanzkapital ist das wichtigste Thema der NGOs im Protest gegen die Globalisierung, vor allem seit dieser sich auf die Industrienationen ausgedehnt hat.[282] Die Konzerne selbst oder mindestens die Finanzflüsse sollen kontrolliert und besteuert werden.

Um die speziell auf internationale Finanzspekulationen abzielende Kritik auch analytisch begründen zu können, ist in den Schriften von *Attac* permanent von Finanzmärkten oder der Spekulationssphäre die Rede. Diese werden abgegrenzt vom restlichen wirtschaftlichen Treiben. Dahinter steckt eine falsche Analyse ökonomischer Verhältnisse. Peter Wahl spricht von »Kasinokapitalismus« und stellt raffendes und schaffendes Kapital deutlich gegeneinander: »Von der ›New Economy‹, die jene, die ihr Geld durch eigene Arbeit verdienten, für hoffnungslos out erklärt hatten, schwärmt heute niemand mehr.«[283] Im *Attac*-Manifest 2002 heißt es: »Die Wurzel des Übels liegt in der zunehmenden Ausrichtung der Wirtschaft auf die Finanzmärkte«. Tatsächlich sind Finanzspekulationen nicht von anderen ökonomischen Vorgängen trennbar. Der Finanzsektor entstand aus der Notwendigkeit im Kapitalismus, große Geldmengen z.B. aus Gewinnen zu horten oder als Kredite für Investitionen zur Verfügung zu stellen. Diese Dy-

[279] *FR*, 24.5.2002 (S. 4)

[280] Interview mit Peter Wahl in *Spiegel-Online*

[281] Michael Müller, SPD-Vize-Fraktionschef im Bundestag, zum Attac-Buch, Rezension in der *FR*, 26.3.2002 (S. 7).

[282] In den Industrienationen sind diese Auseinandersetzungen erst seit November 1999 (WTO-Tagung in Seattle) breit bekannt, im Trikont reichen die Proteste bis in die Anfänge der 90er Jahre.

[283] Peter Wahl auf der Pressekonferenz zur Vorstellung des *DGB*/VENRO/Attac-Papiers am 5.12.2002

namik entkoppelte Investitionen von den laufenden Wirtschaftstätigkeiten und war die Voraussetzung für massives Wachstum. Im Laufe der Jahrhunderte sind große Finanzdienstleistungsfirmen entstanden, die sich auf das Horten und Zurverfügungstellen von Geld spezialisiert haben. Deren Tätigkeit ist auf Profitinteresse gerichtet, d.h. Banken, Kreditinstitute und andere sind eng gekoppelt an lukrative, aber oft umweltzerstörende, ausbeutende, Menschen vertreibende, Herrschaft bis Kriege unterstützende Konzerntätigkeiten. Es gibt daher auch keinen Grund, Geldgeschäfte und die ausführenden Firmen aus der Kritik zu nehmen.

Vorhandenes Geld sucht wie alle vorhandenen Produktionsmittel den optimalen Ort, sich selbst zu verwerten, um Profite zu erreichen. In einer Zeit großer Finanzrücklagen sowohl bei Konzernen wie auch bei vielen Privatpersonen reichen die Orte von Investitionen gar nicht aus, um den Drang zur Verwertung von Geld zwecks Profits zu befriedigen. Spekulation und Investition sind zumindest im Kapitalismus nicht voneinander zu trennen. Zudem erscheint auch die Bevorzugung von Investitionen nicht pauschal gerechtfertigt, fallen doch Atomkraftwerke, Staudämme, transnationale Autobahnen, Großflughäfen, Rationalisierung und Agrarstrukturprogramme darunter. Es durchaus fraglich, ob diese nicht die größeren Schäden gegenüber den Spekulationen verursachen. Für jeden Spekulanten oder Investor geht es gar nicht um das konkrete Geschäft, sondern darum, Kapital dort anzulegen, wo es am meisten Profit abwirft. Was *Attac* nicht schafft, ist die Verwertungs- und Profitlogik als solche in die Kritik zu nehmen. Stattdessen bleibt *Attac* mit positivem Bezug auf »Arbeitsplätze« oder Wirtschaftsleistung in einem widersprüchlichen Gut-Böse-Konstrukt stecken.

Kapital hat keine anderen Ziele als die Selbstverwertung, da hilft es auch nichts, wenn *Attac* an den guten Dienst des Geldes appelliert: »Die täglichen Devisenumsätze auf den Weltkapitalmärkten sind von ca. 80 Mrd. US-Dollar im Jahr 1980 auf rund 1,5 Billionen US-Dollar pro Börsentag angewachsen. Rund 97% dieses Betrags dienen nicht mehr produktiven, sondern rein spekulativen Zwecken, und haben sich damit weitgehend von ihrer primären Funktion – der Finanzierung von Investition und Handel mit Waren und Dienstleistungen – entfernt. ... Internationale Finanzmärkte müssen wieder ihrer primären Funktion, der Finanzierung von Investitionen und Handel, zugeführt und angemessen besteuert werden.«[284] Sven Giegold beschwert sich: »Die

---

[284] Anja Osterhaus (*Kairos Europa*)/Peter Waldow (*WEED*), »Regulierung der internationalen

kleine Gruppe der Wohlhabenden schafft ihr Kapital im großen Stil in die Steueroasen, statt es für die wirtschaftliche Entwicklung ihrer Länder einzusetzen.«[285]

Wer diese Einteilung dennoch unternimmt, macht mehr als eine falsche ökonomische Analyse. Die Einteilung entspricht erneut dem »Gut« und »Böse« einer dualistischen Weltsicht. Investitionen und Arbeit, d.h. die produktive Seite des Wirtschaftens, gelten als die gute und ehrliche Tätigkeit. Wer solches schreibt oder auch nur suggeriert, kann nicht mehr zu emanzipatorischen Positionen gelangen, weil sowohl das als »Böse« formulierte wie auch das dem gegenüberge-stellte »Gute« nichts mit der Selbstbestimmung von Menschen zu tun hat. Mit Blick auf die mörderische und penetrante Tradition des Anti-semitismus entsteht aber noch eine andere Gefahr: Auf der gleichen Voraussetzung basiert der Wahn, für die »bösen Finanzschiebereien« gäbe es eine auszumachende Personengruppe, die Juden. Dann muss in einem weiteren Schritt die Konstruktion eines weltweit agie-renden Judentums[286] erfolgen, um dieses als Gestalter der Finanz-sphären zu halluzinieren. Antisemitismus kombiniert diese wahnhaf-ten Projektionen. Soweit geht *Attac* nicht. Allerdings schafft es mit der ständigen Benennung einer geschlossenen Finanzspekulations-sphäre die Vorbedingungen und personalisiert das Kapitalverhältnis durch die künstliche Abkoppelung des Finanzsektors. Auch die Schuldfrage für viele gesellschaftliche Probleme ist damit geklärt: »Frankreich und Europa haben wie alle OECD-Staaten das große Problem der Arbeitslosigkeit, das verschiedene Ausprägungen an-nimmt. Die Wurzel des Übels liegt in der zunehmenden Ausrichtung der Wirtschaft auf die Finanzmärkte. Das führt zu einem verhängnis-vollen Teufelskreis: die spekulativen Blasen an den Finanzmärkten profitieren zwar von Produktivitätszuwächsen, die Gewinne daraus werden aber nicht an die Arbeitnehmer weitergegeben.«[287] Sven Gie-gold spitzt das weiter zu. Wenn er behauptet, es würde »immer mehr Geld verdient, ohne dass der Allgemeinheit etwas zurückgegeben wird: durch Erbschaft und Spekulationsgewinne. Das ist gesellschaft-

---

Finanzmärkte für eine sozial gerechte und ökologisch tragfähige Entwicklung« (Diskussi-onspapier für den Ratschlag am 22.1.2000 in Frankfurt).

[285] Sven Giegold: »Steueroasen«, in: Attac (2004): »Alles über Attac« (S. 66)

[286] Das Judentum als einheitliche, abgrenzbare Sphäre gibt es ebenso wenig wie das Fi-nanzkapital. Insofern ist Antisemitismus die Kopplung zweier Analysefehler – gepaart mit Vernichtungswillen und rassistisch motiviertem Dominanzanspruch.

[287] Attac-Manifest 2002 »Mit Attac die Zukunft zurückerobern«.

lich schädlich«[288], dann steckt tief in der analytischen Falle, Schädlinge (Finanzmärkte) und Nützliche (schaffendes Kapital) zu trennen.

Finanzflüsse kontrollieren

Abgesehen davon, dass die Analyse grundsätzlich falsch ist, weil spekulative Geschäfte vom Wirtschaftsgeschehen nicht zu trennen sind, bilden Steuern auch ein sehr zurückhaltendes Mittel gegen etwas, das nach der Rhetorik von *Attac & Co.*[289] bei Aktionen bekämpft werden soll. *Attac & Co.* fordern Kontrollen der Finanzflüsse sowie eine Steuer auf internationale Devisengeschäfte (Tobin Tax, siehe unten). Die Offshore-Zentren, also Nationen, die kaum Steuern eintreiben, sollen zwangsgeschlossen werden – wobei niemand wagt, zu formulieren, wie das geschehen soll. Peter Wahl hält die Offshore-Zentren für »ein Stabilitätsrisiko auf den Finanzmärkten, das insbesondere für Entwicklungsländer gefährlich ist. Verarmung und Elend als Folge von Finanzmarktcrashs sind ein Nährboden für Gewalt und Terrorismus«. Daraus folgt: »Eine langfristig wirksame Bekämpfung des Terrorismus muss die Offshore-Zentren dicht machen. Sie haben keinerlei positive Bedeutung für die Weltwirtschaft.«[290] In der kollektiven Bewusstseinsstörung nach dem 11. September 2001 wurden Offshore-Zentren als eine Ursache für Armut ausgemacht und trugen so als Finanzierungsquelle Schuld am Terrorismus. Mehrfach wies *Attac* auf die Verarmung in Folge der Globalisierung als Grund von Terror hin. Das stimmt zwar teilweise (weitere Gründe blieben ungenannt), aber Spekulationsgeschäfte und erst recht die Existenz von Steuerwohnsitzen für Superreiche spielen nur eine Nebenrolle. Sven Giegold forderte zudem »die Aufhebung des steuerlichen Bankgeheimnisses ohne wenn und aber«[291] – in offensichtlicher Nähe zum Diskurs um innere Sicherheit und Kontrolle. Typisch war, dass es über diese

---

[288] Streitgespräch zwischen Sven Giegold und dem Millionär Bodo Schäfer, in: *Welt am Sonntag* (WamS), 25.8.2002 (zitiert nach CGW-Rundbrief, Dez. 2002)

[289] Hiermit sind alle Gruppen und AkteurInnen gemeint, die heute neokeynesianistische Ideen vertreten, also die Reduzierung der Kapitalismuskritik auf die Kritik an Details der Finanzflüsse, die Forderung nach mehr staatlicher Kontrolle und neuen staatlichen, vor allem internationalen Institutionen. Fast alle Gruppen und EinzelakteurInnen z.B. aus Gewerkschaften, Parteien usw., die diese Positionen vertreten, sind Mitglied bei *Attac* (Stand: Sommer 2002).

[290] *WEED*-Presseinformation am 4.10.2001

[291] Interview der *Jungen Welt*, 4.10.2001. Giegold ist mit diesem Populismus nicht allein. Im Nachhaltigkeitsbericht der Bundesregierung, von Umweltverbänden weitgehend begrüßt, ist das gesamte Sicherheitspaket des Innenministers Otto Schily enthalten. Kritisiert wurde das von den NGOs nie.

politische Position keine Diskussion oder Transparenz innerhalb von *Attac* gab – Basisgruppen und Mitglieder erfuhren von der Forderung aus der *Attac*-nahen Presse.

Um die geforderten Finanzkontrollen gewährleisten zu können, sollen die andernorts als Verursacher der geltenden kapitalistischen Weltordnung und Ausbeutung benannten Institutionen gestärkt werden. *Attac Österreich* stellte die Frage »Was wäre also zu tun?« und forderte u.a. die »Vervollständigung der UN-Institutionenfamilie durch noch fehlende Mitglieder. Kandidaten hierfür wären eine globale Fusionskontrolle (Weltkartellamt) und die Weltsteuerbehörde«.[292] Eine Tobin Tax bedeute »die Rückgewinnung der Kontrolle über die Geldpolitik durch die Zentralbanken«, so *Attac* in einem Infofaltblatt zur geforderten Steuer. Hier werden die Institutionen, gegen die sich die Proteste in Prag und anderswo noch gerichtet haben, plötzlich zu Hoffnungsträgern, denen die Kontrolle über wesentliche Bereiche der Wirtschaft unterstellt werden sollen.

Tobin Tax[293]

Die Tobin Tax ist eine Steuer. Sie besteuert Devisenspekulationen über nationale Grenzen hinweg – also den Tausch von Dollar in Euro, Euro in Yen oder andere Währungen in alle Richtungen. Damit trifft sie schon vom Ansatz her nur einen einzelnen Aspekt kapitalistischer Verwertungsprozesse, die zwar vom Finanzvolumen eine erhebliche Höhe haben, aber für die realen Wirtschaftsabläufe nur einen Nebenaspekt darstellen. Sie sind zudem erst in den letzten Jahren stark angewachsen – niemand wird behaupten, dass der Kapitalismus vorher human ausgerichtet war.

Die Tobin Tax ist zudem ein alter Hut. Sie wurde von James Tobin vorgeschlagen, der damit die Weltwirtschaft stabilisieren, d.h. den Kapitalismus vor sich selbst zu retten wollte. Viele Finanzinstitutionen wie die Weltbank diskutieren die Steuer seit Jahrzehnten – ohne grundsätzliche Ablehnung. *Attac* zauberte sie neu hervor, allerdings als schlechte Kopie: Während Tobin ein Prozent Steuerhöhe forderte, lagen die ersten Vorschläge von *Attac* bei 0,1 bis 0,5 Prozent. In einem Gutachten des Entwicklungshilfe-Ministerium fanden sich 0,001 Prozent[294] – das wurde von *Attac* und nahestehenden NGOs als »er-

---

[292] Attac Österreich (2002) (S. 168f.)

[293] Kritische Zitatesammlung zur Tobin Tax siehe unter *http://go.to/tobin-tax.*

[294] Im diesem Gutachten des Frankfurter Wirtschaftstheoretikers Spahn war die Steuer nur noch als Finanzbeschaffung für Regierungen benannt, eine dauerhaft steuernde Wirkung

mutigender Erfolg«[295] begrüßt! Trotz dieser niedrigen Höhe und der ohnehin nur geringen Steuerungswirkung für einen globalen Kapitalismus fantasierte *Attac* in seiner Öffentlichkeitsarbeit durchschlagende Erfolge herbei. »Die Einführung einer Devisenumsatzsteuer, auch als Tobin-Steuer bekannt, würde einen Wendepunkt in dieser Entwicklung markieren, denn eine solche Steuer ermöglicht [...] stabilere und weniger krisenanfällige Finanzmärkte [...] die Rückgewinnung der Kontrolle über die Geldpolitik durch die Zentralbanken.«[296] In der weiteren Argumentation pflegt *Attac* das populistische Bild der Welt in den Klauen der Finanzspekulation, denn »Devisentransfers in Billionenhöhe (d.h. eine Million Millionen Dollar) vorwiegend aus Gründen der Spekulation und Gewinnsucht« gefährden selbst »viele Menschen in Industrieländern in ihrem Wohlstand«. Adressat der Kritik und dadurch gleichzeitig Hoffnungsträger ist wie üblich »unsere Regierung«, die solle »sich nicht länger dem Druck der Kapitalanleger und Finanzkonzerne unterwerfen, sondern nach Wegen suchen, um den Kasinokapitalismus zu stoppen«.

Attac legt, ähnlich wie viele andere NGOs, Wert auf die Feststellung, die Funktionsfähigkeit kapitalistischer Weltwirtschaft gar nicht in Frage stellen zu wollen. In einem Brief an Bundeskanzler Gerhard Schröder im September 2001 empfehlen u.a. *Attac, ver.di, BUND, IG Metall* und *Brot für die Welt* die Tobin Tax, denn sie »dämmt kurzfristige Transaktionen ein, ohne die Funktionsfähigkeit der Finanzmärkte zu beeinträchtigen«. Damit nicht doch irgendein Konzern Schaden erleidet, fordert der *Attac*-Mitbegründer *WEED*: »Für Investoren im Ausland kann die Gewinnsteuer um die gezahlte Tobin Steuer gesenkt werden.«[297] Ein Arbeitspapier von *WEED* spricht eine ehrliche Sprache und will sich von jedem Verdacht freisprechen, auch nur Details des herrschenden Systems in Frage zu stellen: Mit der Tobinsteuer »werden die Menge und das Tempo der kurzfristigen Transaktionen reduziert, ohne dass Handelsgeschäfte, langfristige Kredite und Realinvestitionen abgeschreckt würden. Es wird Sand ins Getriebe geworfen, ohne dass das Getriebe seine Funktionsfähigkeit verliert.«[298]Zu bezweifeln ist allerdings, ob es überhaupt Sand im Getriebe ist und nicht Schmieröl. Denn wenn spekulative Gelder zu Investitionen umgelenkt werden, ohne dass Profit- und Verwertungslogik

---

sollte die Tobin Tax nicht mehr haben. Stattdessen wurden andere Modelle entwickelt.
[295] Peter Wahl in einer *WEED*-Pressemitteilung am 20.2.2002
[296] »Finanzmärkte außer Kontrolle«, Infofaltblatt von *Attac*
[297] *WEED*-Presseinformation am 4.10.2001
[298] Zitiert in einem Statement von IMUN: »Reform oder Revolution? Realpolitik oder Visionen?«

sowie Herrschaftsverhältnisse aufgehoben oder zumindest zurückgedrängt werden, könnte die Tobin Tax eine Verschärfung der Ausbeutungsverhältnisse zur Folge haben. Jörg Huffschmid träumt: »Vor allem die Entwicklungsländer, die in besonderem Maße aus ausländische Direktinvestitionen angewiesen sind, würden davon profitieren«,[299] während *Attac Österreich* ein »günstigeres, weil stabileres Klima für Direktinvestitionen« durch die Tobin Tax erwartet.[300] Anja Osterhaus fordert: »Ziel dieses neuen Finanzsystems muss es sein, [...] langfristige Investitionen gegenüber kurzfristigen Finanzströmen zu fördern.«[301] Nötig wäre stattdessen eine Aufhebung von Herrschafts- und Verwertungszwängen, nicht deren Optimierung. Die will *Attac* aber nicht, die Tobin Tax soll nur die »Wildwüchse der Globalisierung [...] begrenzen.«[302]

Die Art, die Themen von *Attac* in den Mittelpunkt zu rücken und gegen radikalere Forderungen zu stellen, machte die *Frankfurter Rundschau* in einem Interview mit Ernst-Ulrich von Weizsäcker deutlich, der eher konservative, ökologische Positionen vertritt. Er formulierte zunächst – für Weizsäcker eher ungewöhnlich –, dass es im internationalen Rahmen ein »massives Mitwirkungsdefizit« gibt – und zwar für die Menschen. Die Programmatik von *Attac* erwähnte er nicht. Die *FR* ließ aber nicht locker, fragte nach Regulierung und dann nach der Tobin Tax, bis Weizsäcker später im Interview nachgab und sie beiläufig als sinnvoll bezeichnete. Auf der Titelseite der *FR* hieß dann der Titel: »Weizsäcker plädiert für die Tobin-Steuer«. Auch andere Zeitschriften aus den genannten sozialdemokratischen Kreisen machten die Tobin Tax zum politischen Programm, so sei »die Tobin-Steuer zum Symbol der Globalisierungskritiker geworden«.[303]

Konzerne als bessere Populisten der modernen Diskurse

Die Konzerne selbst nutzen die Diskurse um Nachhaltigkeit, Effizienz, Staats-, Standort- oder Marktorientierung längst für sich. Der Begriff des Nachhaltigen ist fast komplott von ihnen besetzt – kaum eine Broschüre erwähnt diesen nicht als Unternehmensziel. NGOs gelten nicht mehr als Gefahr, sondern als Chance, Firmenstrategien zu opti-

---

[299] Jörg Huffschmid, »Globalisierte Finanzmärkte«, in: Christine Buchholz u.a., 2002, (S. 246).

[300] Attac Österreich, Sept. 2001, in »Alles über Attac« (S. 96)

[301] Anja Osterhaus, »Kapital braucht Kontrolle« in: Kairos/WEED, 2000, »spekulieren – regulieren«, Bonn (S. 50). Osterhaus war für die Attac-Gründerorganisation *Kairos Europa* im Koordinierungskreis, die Broschüre wurde von der EU gefördert.

[302] Einladung Seminar der Ev. Akademie Iserlohn zur *Attac-Bewegung*, Februar 2002.

[303] Quelle: Internet, *Spiegel-Online*.

mieren. Volker Heins untersuchte 2001 die Frage »Wächst der Einfluss der NGOs auf die Wirtschaft?« und kam für den Bereich der Gentechnik zu folgendem Ergebnis: »In diesem Sinne kann festgestellt werden, dass innerhalb des Untersuchungszeitraums neue politische Organisationen tatsächlich Einfluss auf große transnationale Firmen wie Hoechst/Aventis, Bayer oder Novartis ausgeübt haben mit der Folge, dass sich diese Firmen 1. strikter an internationale Vereinbarungen wie die UN-Konvention über biologische Vielfalt halten, dass sie 2. ihre Praxis der Erschließung genetischer Ressourcen unauffälliger gestalten und dass sie schließlich 3. einen euphemistischen Diskurs über den Wert der biologischen Vielfalt für eine der Schlüsselindustrien des 21. Jahrhunderts eingeübt haben.«[304]

Fazit und Thesen

Die Tobin Tax blieb in der gesamten Gründungsphase von *Attac* die zentrale Forderung. Sie suggerierte Gefühl einer großen, historischen Forderung an die Mächtigen – und so manch stramme/r AktivistIn aus einer vormals antikapitalistischen Politgruppe zog mit Unterschriftenlisten und Transparenten auf die Straße für die wohl minimalste Forderung, die in politischer Bewegung jemals erhoben wurde. Wer die AktivistInnen befragte, konnte regelmäßig feststellen, dass kaum jemand wusste, was die Tobin Tax überhaupt war – aber die Forderung galt als radikal und umfassend. Einige von ihnen glaubten, dass die Tobin Tax Aktienspekulationen besteuere, z.B. vertrat *Linksruck* diese Position einige Monate. Wäre es so gewesen, hätte das wenigstens zu den von *Attac* und anderen Organisationen vermittelten, stark vereinfachten Gesellschaftsanalysen mit einer von bösen Konzernen beherrschten Welt gepasst. Aber nicht einmal das Verkürzte stimmte – die Tobin Tax ist eine minimalreformistische Forderung, die ausschließlich Währungsspekulationen über nationale Grenzen hinweg erfasst und daher auch kaum Wirkungen auf das wirtschaftliche Geschehen haben würde. Die Forderung nach der Steuer trat zu anderen politischen Aktionsformen und -inhalten in Konkurrenz und dürfte in Deutschland einen guten Teil dazu beigetragen haben, dass aus der erheblichen öffentlichen Erregung seit Seattle, Prag und vor allem Göteburg und Genua (Sommer 2001) keine breite, bunte antikapitalistische Bewegung entstand.

---

[304] In: Achim Brunnengräber u.a., »NGOs als Legitimationsressource«, Leske+Budrich Opladen (S. 212)

Gemeinsam gegen das »Böse«:
Rechte und Nationale bei Attac

> »Die KritikerInnen setzen auf eine Re-Nationalisierung der Politik, um soziale und ökologische Regulierungsmöglichkeit zu erhalten bzw. wiedereinzuführen.«
>
> Markus Krajewski, »GATS und der ›Markt‹ für Dienstleistungen«, in: Christine Buchholz u.a., (2002), »Handbuch für Globalisierungskritiker« (S. 81f)

> »Wir stehen auf der richtigen Seite des Kampfes, denn wir kämpfen für Würde, Anstand und Demokratie.«
>
> Susan George, »Die Globalisierung der Konzerne«, in: Christine Buchholz u.a., (2002), »Handbuch für Globalisierungskritiker«(S. 59)

> »Wir wollen, dass unsere Ideen Gemeingut auch in den rechten Parteien werden.«
>
> Der Gründer und langjährige französische Vorsitzende von Attac und Le-monde-diplomatique-Chefredakteur Bernard Cassen, zitiert in der Süddeutschen Zeitung, 8.10.2003, www.sueddeutsche.de/wirtschaft/artikel/138/21117/print.html.

Bereits mit der verkürzten Gesellschaftskritik und der Einteilung in »Gut« und »Böse« liegt *Attac* nahe an rechten Ideologien. Rassismus, Antisemitismus und viele weitere diskriminierende Ideologien arbeiten mit diesem gedanklichen Schema des Gut-Böse oder qualitativer Überlegenheit bestimmter Rassen, Geschlechter, Lebensalter, körperlicher Zustände usw. Teil der Konstruktion ist bereits die Behauptung einheitlicher sozialer Gruppen, denen im zweiten Schritt ein bestimmter Charakter zugewiesen wird. Solche Einteilungen sind immer anti-emanzipatorisch, weil sie die Menschen nicht nach deren Selbstbestimmung »sortieren«, sondern nach übergeordneten Mustern. Die Konstruktion von Identitäten ist aber noch nicht allein rechts, sondern durchzieht die gesamte Gesellschaft. Rechte Ideologien bauen allerdings auf ihnen auf. Daher bieten die Dualismen wie Gut-Böse, Falsch-Richtig oder Schwarz-Weiß seitens *Attac* und vielen anderen Teilen von Gesellschaft viele Ansatzpunkte für Rechte, die Argumentationen zu übernehmen.

Immer wieder passiert es NGOs wie *Attac* auch selbst. So mobilisierte *ver.di* zum Aktionstag von *Attac* und Gewerkschaften am 14.
September 2002 in Köln auf der Titelseite ihrer Mitgliederzeitung mit
dem Ausspruch »Ich bin deshalb auch dafür, die Zuwanderung aus-
ländischer Arbeitnehmer zu begrenzen, bis wir das Problem Arbeitslosigkeit im eigenen Land behoben haben.«[305] Ebenso schimmert
immer wieder eine nationale Revolutionsromantik durch, bei der sich
Attac & Co. positiv auf Nation, Staat und »Völker« beziehen. So ist die
platte Einteilung in den Aggressor Israel gegenüber den unterdrückten PalästinenserInnen Anknüpfungspunkt für die Konstruktion einheitlicher Kollektive – den armen PalästinenserInnen einerseits und
den bösen UnterdrückerInnen, »den Juden« andererseits. *Attac
Frankreich* sowie Teile Deutschland tragen die folgenden Formulierungen: »Der Kampf gegen die neoliberale Globalisierung und der
Wille, ›die Zukunft unserer Welt wieder gemeinsam in die Hand zu
nehmen‹, sind mit dem Kampf um die Rechte der Völker und für den
Frieden untrennbar verbunden. Die ständige Negierung der Rechte
des palästinensischen Volkes durch Israel facht nicht nur den Konflikt
im Nahen Osten immer wieder an, sondern gefährdet den Frieden
weltweit.«[306] Völlig verdrängt wird die reale Lage in Palästina und Israel, also einerseits die vielen unterdrückten PalästinenserInnen, die
unter der Besatzung des Staates Israel leiden, aber noch viel direkter
und härter unter dem üblen Regime der Autonomiebehörde und des
Arafat-Clans: »Der Kampf, den die Palästinenser führen, ist ein gerechter Kampf.«[307] Ebenso ist die Reduzierung der israelischen Gesellschaft auf die militaristische Regierung mitsamt den fanatisch-
religiösen bis faschistischen Clans am rechten Rand der Staatsfüh-
rung eine gefährliche Konstruktion. Doch auch die umgekehrte Ideologie bietet Rechten Anknüpfungspunkte. Das Betonen israelischer
Unterdrückung und Militäreinsätze sowie die Stigmatisierung aller
Menschen in Palästina als »Selbstmordkollektiv«[308] seitens der antideutschen Gruppen passt zu rassistischen Ideologien. Dann wird
Israel zum abendländischen Brückenkopf gegenüber den Barbaren
im Nahen und Mittleren Osten. Moderne Rechte haben diese Ideolo-

---

[305] Interview zum Aktionstag 14.9.2002, Titel der *ver.di*-Zeitung *publik*, 8/2002.
[306] Position von *Attac Frankreich*, beschlossen auf der Hauptversammlung am 30.11.2002.
[307] Auszug aus einem Papier von Alain Gresh, dem heutigen Chefredakteur von *Le Monde
Diplomatique*. Dieses war dem Antrag, die französische Position auch in Deutschland zu
übernehmen, beigelegt. Der Antrag bestand.
[308] So von Antideutschen tatsächlich ständig tituliert – eine böse Konstruktion kollektiver Identität, selbst die vom Arafat-Clan in emotional und völkisch aufgeheizten Volksfesten hinge-
richten Kollaborateure werden so in die gleiche identitäre Gruppe gepackt wie ihre Henker.

gie längst übernommen und mobilisieren für antideutsche Pro-Israel-Demonstrationen.[309]

Die FreiwirtschaftlerInnen sind längst dabei ...

AnhängerInnen der *Freiwirtschaft* ähneln *Attac* in ihrer ökonomischen Analyse. Auch sie vertreten eine auf wenige populistische Punkte reduzierte Kritik am Kapitalismus. Allerdings glauben sie nicht an die Heilung der Wirtschaft durch eine Devisenspekulationssteuer und mehr Kontrollen, sondern setzen auf die Abschaffung des Zinses und den reinen Markt. Das ist ökonomisch in gleicher Weise abwegig, weil der Kern kapitalistischer Ausbeutung in der Orientierung auf totale Verwertung, Profit und dem Privateigentum an Produktionsmitteln liegt. All das wird aber weder von den Vorschlägen der *Attac*-Aktivisten noch von den Freiwirtschaftlern tangiert. Allerdings entsteht eine Nähe zwischen *Attac* und Freiwirtschaft. In deren Publikationen [310] wird sehr offen über *Attac* diskutiert. Tenor ist, dass *Attac* im Prinzip eine große Chance ist, aber eben auf das falsche Detail setzt und daher überall in Basisgruppen usw. die Information über das eigentliche »Böse«, den Zins, eingebracht werden muss: »Ziel ist es, die freiwirtschaftliche Position innerhalb dieses Dokuments zu präzisieren und damit die ganze Tragweite des Freiwirtschaftlichen Ansatzes deutlich zu machen. Die ›blinden Flecken‹ bei Attac müssen verschwinden.«[311] Die Freiwirtschaftsorganisationen *Initiative für Natürliche Wirtschaftsordnung* (INWO) und *Christen für gerechte Wirtschaftsordnung* (CGW) sind Mitglied bei *Attac*, immer häufiger treten Freiwirtschafts-TheoretikerInnen bei *Attac*-Ortsgruppen als ReferentInnen auf. So lud *Attac Düsseldorf* auf ihrer Homepage[312] zu einer Veranstaltung »Ist der Sozialstaat tatsächlich unfinanzierbar? Über den Zins als ›größten Umverteiler‹, Vortrag / Diskussion mit Klaus Popp.« Popp war bis 1999 einer der wichtigen Aktiven der nordrhein-westfälischen Gliederung der rechtsextremen FSU.[313] Die FSU, inzwischen umbenannt in Humanwirtschafts-Partei (mit eigener Zeitung *Humanwirtschaft*) war in

---

[309] Wichtigste Internetseite dieser modernen Rechten ist *www.querfront.de*.

[310] Unter anderem in der Zeitschrift »Humanwirtschaft« (vormals »Der Dritte Weg«, Parteiorgan der rechtsextremen FSU) und im *CGW-Rundbrief*. Siehe vor allem im Text »Übernimmt Attac unsere Forderungen in sein Visionspapier?«, CGW-Rundbrief 2/04 (S. 11).

[311] Quelle: Freiwirtschaftsseite *www.systemfehler.de*.

[312] Homepage: *www.attac.de/duesseldorf/*, die Information mit zusätzlichen Hinweisen findet sich auf *http://de.indymedia.org/2003/10/64408.shtml*.

[313] Zur FSU siehe *www.idgr.de/lexikon/stich/h/hwp/hwp.html* und im Buch »Reich oder Rechts« (2001) *www.projektwerkstatt.de/materialien*.

ihrer Hochphase personell geprägt von Faschisten des *Weltbund zum Schutze des Lebens* (WSL), Holocaust-Leugner und Anhänger der Theorie eines friedenswilligen Nazi-Deutschlands. Insgesamt sind freiwirtschaftliche Kreise seit Jahren ein Einfallstor für Rechte in alternative Kreise, u. a. auch in Tauschringe.[314] Auf einer CD von *Share e.V.* finden sich nur wenige Links zu politischen Gruppen, aber zwei zu Freiwirtschaftsseiten.[315]

Rechte Gruppen versuchen immer wieder, bei *Attac* Fuß zu fassen und besuchen Treffen von Basisgruppen.[316] In Frankfurt kämpfte *Attac* im Jahr 2003 lange Zeit Seite an Seite mit der rechten Bürgerliste für Frankfurt (BFF) gegen den Verkauf der U-Bahnen an ein amerikanisches Unternehmen. Die Kooperation, die auch von etlichen anderen Initiativen mitgetragen wurde, wurde erst auf Druck von außen eingestellt.[317]

Auf Protest mehrerer nationaler Verbände von *Attac* stießen Positionen von *Attac Polen*. Diese steuerten einen offen nationalistischen Kurs: »Die Konzepte von Vaterland, Staat, Nation und vor allem Patriotismus sind bedroht ... Wir erklären, daß die Verteidigung der ökonomischen und politischen Souveränität von Polen eine notwendige Bedingung für die Mitgliedschaft in unserer Assoziation ist ... Wir betonen, daß ATTAC eine polnische Vereinigung ist, die zuerst polnische Interessen, die Souveränität von Entscheidungen der polnischen Gesellschaft, polnische Kultur und Tradition und genauso wie polnischen Besitz verteidigen will.«[318] Der Präsident von *Attac Polen* würde zudem in einer eigenen Zeitung den deutschen Neofaschisten Horst Mahler als Autor akzeptieren.[319]

---

[314] Mehr dazu in: Jörg Bergstedt (2002): Reich oder rechts? sowie Oliver Geden (1996), Rechte Ökologie, Elefantenpress Berlin.

[315] *www.financial-markets-for-development.de/cd/linksons.htm.*

[316] NPD bei Attac-Gründung in Hemer (*www.free.de/schwarze-katze/texte/attac06.html*)

[317] Quelle u.a.: »Zweifelhafte Bündnispolitik«, *Junge Welt,* 8.8.2003 (S. 5).

[318] Auszug aus der Grundsatzerklärung von *Attac Polen*, zitiert nach *Junger Welt* 1.8.2003, *www.jungewelt.de/2003/08-01/005.php.*

[319] Aussage von Sven Giegold im Interview der *Jungen Welt,* 2.8.2003, *www.jungewelt.de/2003/08-02/016.php*

Das Umfeld: Mitläufer, Nachahmer und Filz

Der Aufstieg von *Attac* löste sehr unterschiedliche Reaktionen aus. Ignorieren war kaum möglich. Ob Aktionen zu den ursprünglichen Themen von *Attac*, Anti-Kriegs-Demonstrationen oder der Sozialabbau – wo *Attac* auftauchte, fanden deren Aktive schnell den Weg zu den Medienvertretern und dominierten die öffentliche Wahrnehmung. *Attac* zog viele Mitglieder und Aktive an. Ganze Gruppen und Verbände gaben ihre eigenständige Existenz auf und unterstützten die Kampagnen der *Attac*-Spitze. Gleichzeitig polarisierte der Aufstieg auch das Umfeld und spaltete in *Attac*-Partner und teilweise leidenschaftliche *Attac*-GegnerInnen. Die folgenden Kapitel basieren auf der Analyse von Inhalten, Medien- und Kampagnenorientierung und Strukturen, nun aber in ihrer Wirkung auf Gruppen und AkteurInnen in und um *Attac*.

Mitläufer, Euphorisierte, Entristen[320] und Taktiker

Ein wesentlicher Baustein des Erfolgs von *Attac* ist die schnelle Wirkung auf hunderte von existierenden Basisgruppen und einige wichtige größere Verbände. Das Mitmachen bei *Attac* schien bei großen NGOs die Teilhabe am Kuchen der Medienaufmerksamkeit zu garantieren, während in vielen Basisgruppen der Einstieg von euphorischen Gefühlen begleitet war.

Elektrisierte Massen

Attac erschien als Garant einer Phase des Erfolgs nach Jahren oft frustrierender politischer Arbeit. Aus solcher Gefühlslage kamen auch viele schon ältere AkteurInnen aus Eine-Welt-Gruppen, Kirchen, Gewerkschaften und Parteien zu *Attac*. Der Medienliebling setzte die Erfolgsserie solcher Ansätze fort, die auf die resignative Stimmung aufsetzen, in dieser aber geschickt den Eindruck der Befreiung aus

---

[320] Entrismus bedeutet die Mitwirkung in einer Organisation mit dem Ziel, sie für die eigenen Zwecke zu nutzen oder Teile von Ressourcen, Mitwirkenden u.ä. für ein anderes Projekt herauszubrechen.

jahrelanger Resignation vermittelten. Hinsichtlich dieses mentalen Tricks ist *Attac* die Nachfolge der lokalen Agenda 21 mit ihren verschwommenen Inhalten, unklaren Arbeitskonzepten und Kompetenzen. Auch um die Agenda 21 entstand Mitte der 90er Jahre eine – stark von Regierungsstellen inszenierte – Euphorie. Enttäuschte AkteurInnen aus Umwelt- und Eine-Welt-Gruppen schlossen sich der Agenda-Arbeit an. Der Kontakt zu den Mächtigen sowie die harmonische Arbeit suggerierten damals ein neues Arbeitsgefühl, das allerdings den Blick auf das politische Geschehen rosarot einfärbte. Die tatsächlichen Inhalte der Agenda 21 wurden gar nicht wahrgenommen, Kritik ausgeblendet. Vieles geschah sehr ähnlich bei *Attac* – politischer Protest als Lebensgefühl bei weitgehender Abstinenz von gesellschaftlicher Analyse und Reflexion des eigenen Handelns.

Der Medienerfolg von *Attac* sowie die Berichterstattung über große internationale Proteste und Treffen hin zur Wahrnehmung, dass *Attac* diese Erfolge herbeiführte, stärkte das Empfinden, an einer großen Erfolgsgeschichte politischer Bewegung teilzuhaben. Große Kongresse sowie am deutlichsten der populistisch aufgezogene Aktionstag am 14. September 2002 in Köln steigerten das subjektive Erfolgsgefühl und das Empfinden von Zugehörigkeit zur politischen Avantgarde.

Neben bestehenden Gruppen traten *Attac* zunehmend mehr junge Menschen bei. Diese wurden durch die weltpolitischen Ereignisse um die Gipfel-Proteste und die Kriege mit deutscher Beteiligung emotional angesprochen. Dem Drängen zum Handeln gab *Attac* eine Richtung. Die starke Jugendbeteiligung an Demonstrationen und den großen Veranstaltungen von *Attac* erreichte das Flair großer Jugendbewegungen der Vergangenheit, weswegen in vielen Medien auch von der Geburt einer neuen Protestkultur geschrieben wurde. Das verstärkte den Effekt wiederum. Allerdings gab einen wichtigen Unterschied im Umgang mit Jugendlichen. Deren Protest innerhalb von *Attac* trägt kaum Elemente von Selbstorganisierung und Loslösung von der Erwachsenenwelt. Ganz im Gegenteil ähnelt sie eher den Euphorisierungen, die bekannte Popstars bei ihren Konzerten hervorrufen. In einem politischen Verband stellt das nicht die aktiven Menschen in den Mittelpunkt, sondern wenige Führungspersonen als HoffnungsträgerInnen. Damit bricht *Attac* die Tradition alter Jugendverbände, die genau als Abgrenzung zu den Alt-Verbänden zwecks selbstbestimmter Organisierung entstanden. Führende *Attac*-MacherInnen brechen damit auch mit ihren eigenen Positionen als ehemalige MitstreiterInnen von Jugendumweltverbänden, in denen sie sich damals gegen Dominanzen und zentrale Strukturen gewandt haben.

Eine skurrile Truppe: TrotzkistInnen

Innerhalb des marxistischen Spektrums fallen trotzkistische Gruppen seit langem durch besonders aggressive öffentliche Auftritte auf. *Linksruck, SAV* und andere versuchen oft, Aktionen und Demonstrationen mit ihren Parolen, Schildern und Transparente zu bestimmen. Dabei richtet sich ihre Dominanz einerseits auf die Außenwirkung, andererseits auf das Gewinnen neuer Mitglieder. TrotzkistInnen waren die ersten, die als größere antikapitalistische Zusammenhänge auf den anrollenden *Attac*-Zug aufsprangen. Ihre enthusiastischen und an verkürzte Gesellschaftspositionen gewöhnten Basisgruppen trugen auf der Straße zum Erfolg *Attac*s bei, denn »Linksruckler haben ... viel mehr *Attac*-Zeitungen verteilt als andere *Attac*ler«. Und: [...] Ein starkes *Attac* bedeutet eine starke Bewegung. Es ist wichtig, dass *Attac* so stark und so aktiv wie möglich ist.«[321] Innerhalb von *Linksruck* verstärkte der Einstieg bei *Attac* allerdings zunächst Spaltungen, die aufgrund von internen Dominanzstrukturen und der populistischen Politik ohnehin entstanden waren. Der auf eine Zuspitzung populistischer Mobilisierung setzende Teil trat *Attac* bei, die meisten *Linksruck*-Basisgruppen lösten sich faktisch zugunsten der Mitarbeit bei *Attac* auf. Auch einige der bei *Linksruck* ausgestiegenen Gruppen verhielten sich ähnlich und bauten *Attac*-Ortsgruppen auf, andere gehören heute zu den *Attac*-KritikerInnen.

Die eingetretenen TrotzkistInnen wollen *Attac* nicht nur stärken. Sie hoffen darauf, diese politisch oft leere Plattform für ihre Ideen nutzen oder gar übernehmen zu können. Ihre Strategie ist, *Attac* von innen zu verändern: »Wir erreichen keine Debatte über die Richtung von *Attac*, wenn wir nicht dabei sind? In Stuttgart hören die Leute uns zu, weil wir in der Praxis gezeigt haben, dass wir ehrlich sind«. Die *Attac*-Führungsriege versuchte bisher, die TrotzkistInnen aus der Führungsstruktur herauszuhalten. Da anfangs keine Wahlen stattfanden, entstand die paradoxe Situation, dass *Linksruck* im Jahr 2002 eine Demokratisierung von *Attac* einforderte, da nur bei demokratischen Abstimmungen die Chance bestand, mehr KandidatInnen in die Führungsgremien zu entsenden.[322]

---

[321] Alle Zitate aus einem Bericht der *Linksruck-Gruppe Stuttgart* in den »Linksruck-Notizen«.

[322] Die *Attac*-Führung fürchtet alle organisierten Teile, die eigene politische Ziele verfolgen. Nur sie können ihren instrumentellen Herrschaft gefährlich werden. Neben *Linksruck* beschweren sich z. B. auch die freiwirtschaftlichen Gruppen über ihren mangelnden Einfluss auf die Positionen von *Attac*: »Man mag nicht daran glauben, dass unsere Positionen nur zufällig vergessen wurden«, (*CGW-Rundbrief* 2/04, S. 11)

Tummelplatz vieler Gruppen und Einzelpersonen

Erfolg macht sexy. *Attac* vereinigte viele, die dabei sein wollten oder *Attac* als Chance für sich sahen. Dazu gehört die gesamte Breite politischer Bewegung, von freiwirtschaftlichen Organisationen bis zu Antifa- und autonomen Aktiven. Im Umfeld von *Attac* gruppierten sich zudem Personen, die mit *Attac* eine Chance verbanden, sich persönlich neu ins Rampenlicht zu stellen. Nach dem Ausstieg von Oskar Lafontaine aus der SPD war die Entstehung von *Attac* der erste breit wahrgenommene Organisierungsvorgang in der Gesellschaft. Es war daher kein Wunder, dass prominente, führungsorientierte Personen aus Politik und Wirtschaft früh überlegten, ob *Attac* nicht die Basis für eine außerparlamentarische Gruppe oder sogar eine neue Partei sein könnte. Lafontaine selbst war aber nur in der Anfangsphase sichtbar für *Attac* tätig. Inzwischen wird die Debatte um neue Parteigründungen von vielen *Attac*-Ortsgruppen und örtlichen FunktionärInnen vorangetrieben. Auf überregionaler Ebene treten u.a. Sabine Lösung (*Attac Göttingen* und Mitglied im *Attac*-Rat) und Birger Scholz (*Attac Berlin*) auf[323], vor Ort sind etliche Beteiligungen entstanden.

Seit 2003 wird vielerorts über neue Parteigründungen gesprochen. Daran sind auch *Attac*-Gruppen und -Mitglieder beteiligt. In einigen Universitäten haben *Attac*-Unigruppen direkt für das Studierendenparlament kandidiert. Wieweit daraus eine umfangreichere parlamentarische Orientierung wird, ist schwer einzuschätzen. Von Seiten vieler *Attac*-Aktiver scheint das vorstellbar, allerdings könnten extrem schlechte Wahlergebnisse die Attraktivität schnell mindern.[324]

BuKo: Erst kopieren, dann mitmachen

Der Erfolg von *Attac* ließ bei einigen Organisationen die Frage aufkommen, ob sie nicht von *Attac* lernen könnten, um auf ähnliche Art und Weise von der »Anti-Globalisierungsbewegung« zu profitieren. So versuchte die *Bundeskoordination Internationalismus* (*BuKo*)[325] mit seinem 25. Jubiläumskongress 2002 in Frankfurt am Main an das Vorbild von *Attac* anzuknüpfen: Frontalpodien mit Prominenten, überall Fahnen und Plakate mit modernisierten *BuKo*-Labeln, ein neuer Na-

---

[323] *www.wahlalternative.de.*

[324] Ein Beispiel kann das Regenbogen-Parteibündnis in Hamburg zur Bürgerschaftswahl 2004 sein. Es erreichte trotz breiter Trägerschaft nur gut ein Prozent der WählerInnenstimmen.

[325] Ursprünglich ein Dachverband entwicklungspolitischer Aktionsgruppen, inzwischen mehr ein Zusammenschluß überregionaler Kampagnen und Arbeitskreise innerhalb der *BuKo*. *www.buko.info.*

me,[326] die Selbstdefinition als Dach der radikaleren GlobalisierungskritikerInnen und die Orientierung des Kongresses auf Mediengerechtigkeit. Auffällig war, dass VertreterInnen von *Attac* überdurchschnittlich viel Platz auf den Podien eingeräumt wurde.

Diese Entwicklung, ein Pendant zu *Attac* schaffen zu wollen, wurde von Thomas Seibert, der die Hilfsorganisation *medico international* in der *BuKo* vertritt, kurz vor dem Kongress bereits angedeutet. Die *Junge Welt* stellte die Frage:»Was unterscheidet das BuKo- vom Attac-Netzwerk? Wollen beide nicht das gleiche? Schließlich gibt es sowohl hinsichtlich der Terminologie als auch der Organisationsstruktur – also der Betonung darauf, Teil einer außerparlamentarischen Bewegung zu sein – auf den ersten Blick viele Übereinstimmungen. Thomas Seibert ist unterdessen nicht glücklich über die nun in der Presse zu findende Aufteilung in ein eher reformistisches Netzwerk Attac und die sozusagen linksradikale Variante BuKo. Es gehe nicht um Konkurrenz [...] neben dem gemeinsamen Bemühen, rechte und nationalistische Tendenzen hier nicht partizipieren zu lassen, gebe es gegenwärtig zwei zentrale Linien. Dafür ständen Attac und BuKo. Seibert wörtlich: ›Es gibt mit *Attac* eine Übereinstimmung bei der organisatorischen Form sprich der Netzwerkstruktur. Die ist *BuKo* und *Attac* gemeinsam!‹«[327] Diese Vision eines *BuKo*, der sich an *Attac* orientiert, lässt sich durch gleiche Interessen an Mitglieder- und Spendenwerbung, öffentliche Wahrnehmung und personelle Überschneidungen erklären.

Gerade die *BuKo*-nahe Zeitung *blätter des iz3w*, später eher *Attac*-kritisch, jubelte zunächst:»Attac [...] hat die Widerstandszone längst überwunden und mischt nun in der großen Politik mit. Die Presse berichtete vom Attac-Ratschlag Mitte Mai, als sei er ein SPD-Parteitag oder eine DGB-Konferenz. [...] Aber nicht nur bei Attac wachsen die Charts in den Himmel. Auch im iz3w brummt der Laden. Der Umsatz aus den verkauften Heften steigt [...] BuKo, deren 25. Kongress vor ein paar Wochen ebenfalls einen Zuwachs verzeichnete, von dem die Börsenheinis in diesen Tagen nur träumen können».[328] Allerdings: Die Strategie der *BuKo* rund um den 25. Kongress ging nicht auf. In den Folgejahren waren die Kongresse wieder stärker

---

[326] Wechsel von »BundesKongress entwicklungspolitischer Aktionsgruppen« zu »Bundeskoordination Internationalismus«. Mehr siehe unter *www.BuKo.info.*

[327] Bericht und Seibert-Zitate, in: *Junge Welt,* 17.5.2002.

[328] Auszug aus dem Vorwort »Wendephantasien in der Widerstandszone«, *iz3w* Juli/August 2002 (S. 3).

thematisch orientiert, erfolgreiche Öffentlichkeitskampagnen konnte die *BuKo* gar nicht landen.

Schneller als die *BuKo* war eine dort mitwirkende Gruppe bei *Attac* eingestiegen: *medico international*. Geschäftsführer Thomas Seibert verband so seine oft orthodox-marxistischen Positionen mit dem Riecher für den Erfolg. Zudem war *Attac*-Mitgründerin Jutta Sundermann bei *medico* zeitweise eingestiegen und half, die NGO in den *Attac*-Hafen zu geleiten (siehe unten).

Fazit und Thesen

Die Gründung von *Attac* hatte sehr verschiedene Wirkungen. Viele Menschen wurden neu mobilisiert, andere integriert oder gar kanalisiert auf vorgegebene Aktionsformen und Inhalte. Gleichzeitig erschwerte die einseitige Wahrnehmung von *Attac* in den Medien die Entstehung unabhängiger Bewegung. Dass – anders als in vielen anderen Ländern – in Deutschland politische Proteste gegen die Verschärfung des Kapitalismus weltweit, gegen Sozialabbau, Umweltzerstörung usw. seit der Jahrtausendwende nicht zunahmen, kann allerdings *Attac* nicht allein vorgeworfen werden. Die Schwäche im Umgang mit der Kanalisierung durch *Attac* und die Unfähigkeit, eine praktische Alternative zu finden, d.h. einen Bewegungsansatz, der offen, dynamisch und interventionsstark werden konnte, geht auf jahrzehntelange Verkrustungen und traditionelle Verhaltensnormierungen innerhalb der gesamten Breite politischer Bewegung zurück.

Politische Gruppen aus Deutschland reagierten auf die weltweit entstehenden Proteste mit der – oft sehr verkürzten – Kritik an der Globalisierung sehr spät und traditionell. Der Aufstand der Zapatistas in Chiapas (Mexiko) wurde in Deutschland mit revolutions-romantischen Zeitschriftenbeiträgen, auflagenstarken Büchern und Spendensammlungen begleitet. Der Ruf aus dem lakandonischen Urwald zu Protesten weltweit wurde hierzulande zunächst gar nicht umgesetzt. Als die Protestwelle mit vier Jahren Verspätung (!) erstmals die Industrienationen erreichten (Proteste in London, Juni 1999), fand in Deutschland nur ein flauer, kanalisierter Protestevent gegen den Weltwirtschaftsgipfel in Köln statt. Erst weitere sechs Monate später entstande – aus den erfolgreichen Blockaden des WTO-Treffens in Seattle – auch in Deutschland die Debatte um die Ausdehnung von Protest. Beim Widerstand gegen die Expo 2000 konnten sich unabhängige Basisgruppen immerhin so stark einbringen, dass die bloße Reduzierung auf Demonstrationen und symbolische Aktionen unterblieb. Dennoch scheiterte der Protest – von den großen Organisationen wurde er ohnehin boykottiert, viele machten bei der Expo mit.

So wundert es wenig, dass es eine Neugründung war, die das aus den internationalen Aktionen entstehende Potential neuer Aktiver aufnahm. Unabhängig davon, ob Gruppen beim Medienkometen *Attac* mitmachten, ihn nachahmten oder ablehnten: Nirgendwo strahlten politische Gruppen selbst Attraktivität in der politischen Praxis und in der dahinterstehenden Theorie aus. Insofern ist ein Grund für den Erfolg von *Attac* die Schwäche[329] der anderen.

Dass Kopierversuche des *Attac*-Erfolgs scheiterten, zeigen die Grenzen einer Mobilisierung, die sich an Werbestrategien ausrichtet. Wo Menschen nur telegener Background sein sollen, kann eine breite Selbstorganisierung nicht gelingen. Ohne diese wird aber keine Bewegung zur Basisbewegung. Zwar haben *BuKo* und andere Selbstorganisierung als Ziel genannt, aber nie erreicht. In der Gründungsphase war die *BuKo* diesem Ziel sogar deutlich näher als heute, da allzu oft die Hauptaktivitäten von überregionalen FunktionärInnen und hauptamtlich getragenen Kampagnen ausgehen. Professionelle Werbung für durchgeplante Kongresse gewinnen Menschen für einen passiven Konsum statt zu eigenen Ideen. *Attac* hat nie offensiv zur Selbstorganisierung von Widerstand aufgerufen, sondern sich selbst als »Kanal« für den Protest angeboten. Das kopierte der *BuKo* mit seinem großen Kongreß 2002 in Frankfurt.

Partner und Unterstützer

Im vorhergehenden Kapitel wurde beschrieben, wie stark *Attac* Menschen und bestehende Gruppen motivierte und für sich gewann. Darüber hinaus wurde *Attac* von bestehenden Organisatonen, Medien und Einzelpersonen unterstützt. Sie hatten auch ihre eigenen Interessen. *Attac* ist ein klassisches Eliten-Projekt, d.h. es funktioniert nach dem Motto »Eine Hand wäscht die andere« innerhalb des Spektrums gesellschaftlicher Funktionseliten. Das häuft sich dort, wo politische

---

[329] Ausnahmen bestätigen diese Regel. Es waren immer nur sehr kleine Gruppen, die andere Aktionskonzepte umzusetzen versuchten. Sie waren weitgehend isoliert. Zudem gibt es keine Zeitung in Deutschland, die ihnen Platz bieten würde. Die Medienlandschaft ist sehr stark verwoben mit den politischen Interessengruppen im Land – das gilt auch für »linke« Medien. Das wichtigste offene Medium ist die Internetplattform *Indymedia* (www.de.indymedia.org), eine anregende Sammlung vieler kleiner Beispiele für kreativen Protest bietet *www.directaction.de.vu*.

Positionen und gesellschaftliche Ziele denen von *Attac* gleichen oder ähneln. *Attac* beeinflusst nicht nur, sondern wird auch beeinflusst.

Medien im Zentrum von Attac

Die wichtigste Kraft, die *Attac* im Frühsommer von einem kleinen Verein zur führenden Organisation in Deutschland machte, waren Medien mit erheblichem Einfluss in Kreisen enttäuschter SozialdemokratInnen, noch hoffender AnhängerInnen von Bündnis90/Die Grünen, PDS, sozialer Gruppen und Gewerkschaften: *Der Spiegel, Frankfurter Rundschau, die taz* und *Die Zeit*, später *Neues Deutschland* und *Junge Welt*. Das begründeten die aus diesen Medien kommenden AutorInnen des ersten »*Attac*«-Buches: »Die Medien, vermutet Sven Giegold, hätten nicht gewusst, wie sie den Widerstand beim G8-Gipfel einordnen sollten: ›Da haben sie sich irgendwann darauf geeinigt, uns zur Antiglobalisierungsbewegung schlechthin zu machen.‹« [330] Mehr noch: Für die Medien war *Attac* die Chance, Politik zu machen. Sie ließen *Attac* die Regierungspolitik kommentieren. Gleichzeitig beschrieben sie Verhaltensregeln für die neue NGO, z.B. die Aufforderung, sich von radikalen Gruppen zu trennen. Die Vereinnahmung vieler politischer Gruppen wäre ohne die Medien gar nicht möglich gewesen. *FR, taz & Co.* erreichten nicht nur die Öffentlichkeit, sondern dienten auch zur Mobilisierung der eigenen Basis – gleich einem Mitgliederrundbrief. Wegen der medialen Präsenz wirkten die *Attac*-FührerInnen wichtig, ihre Positionen wurden innerhalb von *Attac* nicht hinterfragt, sondern übernommen. Selbst über interne Treffen wie dem Attac-Ratschlag im Herbst 2003 wird auf der Titelseite der *Frankfurter Rundschau* berichtet, als wäre es der Parteitag einer Regierungspartei in Deutschland.

Parteien und Attac

Aus allen Parteien gibt es Interesse an *Attac* – vor allem wegen der medialen Aufmerksamkeit. Erfolgreiche Organisationen sind immer interessant für Parteien, die um Imagepunkte buhlen. Vor allem in der Anfangsphase waren örtliche Grünen- und PDS-PolitikerInnen beim Aufbau von *Attac*-Ortsgruppen beteiligt. Auf überregionaler Ebene sah das anders aus. Bei den Grünen sind es wie bei den konservativen Parteien nur Einzelpersonen, die mit *Attac* sympathisieren oder

---

[330] Sven Giegold, zitiert in: Grefe u.a., (2002)

das vorgeben. Das überrascht nicht, da den Grünen eine sozialpolitische Tradition fehlt. Die meisten *Attac*-Positionen kommen aus solcher Richtung, entsprechen also dem typischen Forderungskatalog der verbliebenen Splittergruppen von Sozialsstaats-BefürworterInnen in der Sozialdemokratie oder großer Teile der PDS. Die Grünen kommen aus der Umwelt- und Friedensbewegung, teilweise aus politisch nicht näher festgelegten Protestgruppen wie Spontis. Sie sind traditionell eine auf ökologische Technik ausgerichtete, neoliberale Partei – mangels traditionalistischer Prägung mit höherem Modernisierungsdrängen als die FDP. Sozialpolitik wurde kaum gemacht, die Grünenbasis rekrutiert sich eher aus der privilegierten bildungsbürgerlichen Schicht. Sehr stark wurde *Attac* von der in der SPD weitgehend marginalisierten ›Linken‹ und von großen Teilen der PDS gefördert. Dieses politische Spektrum erhoffte durch *Attac* eine Gegenposition gegen die ›Neue Mitte‹, die um Gerhard Schröder, Wolfgang Clement und die sozialpolitisch desinteressierten Grünen-MacherInnen herum in immer schnellerem Tempo den Sozialabbau forcieren. Somit war *Attac* selbst auch Objekt versuchter instrumenteller Beherrschung. In vielen Ortsgruppen sind SPD- und PDS-Mitglieder prägend. *Attac* sagt selbst zu Parteimitgliedern: »Viele Mitglieder haben multiple politische Identitäten, darunter parteipolitische Bindungen, sei es zu SPD, Grünen oder PDS.«[331]

Deutlich sichtbar kokettiert die PDS mit den *Attac*-Positionen: »Weltweit ist eine der zentralen Forderungen von NGOs wie *Attac*, Gewerkschaften, WissenschaftlerInnen und ParlamentarierInnen die Einführung der Tobin-Steuer. Die Europäische Union würde mit einer Einführung im Alleingang einen pionierhaften Beitrag für mehr Gerechtigkeit, hier und heute, leisten. [...] Dies betrifft auch die Auseinandersetzung um die Offshore-Zentren. Offshore-Zentren spielen nicht nur eine zentrale Rolle in der Terrorismusfinanzierung und Geldwäsche. Die OECD hat in ihren Berichten auch auf ihre entscheidende Bedeutung für Steuerflucht und schädlichen Steuerwettbewerb hingewiesen und Maßnahmen vorgeschlagen.«[332] Deutlich ist die Übereinstimmung mit *Attac*: »Die Finanzmärkte müssen durch demokratisch legitimierte Politik an die Kandare genommen werden. Zu einer solchen Reform gehört auch die strengere Regulierung von Offshore-Zentren. Steuerparadiese müssen dicht gemacht werden. Das Steuerdumping muss durch internationale Vereinbarungen aus-

---

[331] Bericht des Koordinierungskreises zum *Attac*-Ratschlag 16.-18. Oktober 2003 in Aachen.
[332] PDS-Rede im Bundestag während der Aussprache zum Bericht der Enquête-Kommission Globalisierung

gemerzt, und die Konkurrenz der Währungen untereinander muss durch kooperative Währungspolitik ersetzt werden.«[333]

Stiftungen

Mit dem Wechsel der *WEED*-Funktionärin Barbara Unmüßig in die Führungsriege der grün-nahen *Heinrich-Böll-Stiftung* (HBS) zeigte sich auch personell das intensive Geflecht zwischen dem *Attac*-Umfeld und der grünen Parteistiftung. Die *HBS* war bereits bei den Protesten gegen den EU- und Weltwirtschaftsgipfel 1999 in Köln ein wichtiger Sponsor und Kooperationspartner des NGO-Bündnisses, während radikale Positionen herausgedrängt wurden, und Ralf Fücks, Chef der Stiftung, trat als Redner auf einer Veranstaltung auf. Aufkommende Proteste wurden damals vom Organisator der Veranstaltung, Peter Wahl, schroff zurückgewiesen. Bereits dort zeigte der spätere *Attac*-Führer zeigte seine Nähe zu Regierungskreisen und seine Ablehnung radikaler Positionen.[334] Die *Heinrich-Böll-Stiftung* war im Juni 2003 Mitveranstalter des Kongresses »McPlanet« – neben dem *Wuppertal-Institut*[335] die zweite regierungsnahe Institution bei dieser Großveranstaltung in Berlin im Juni 2003.

Die *Rosa-Luxemburg-Stiftung* (RLS), die Bundesstiftung der PDS, versucht seit Jahren, moderne Teile politischer Bewegung zu integrieren. Das gelingt mit erheblichem Erfolg. Immer wieder werden Gruppen und Einzelpersonen in Veranstaltungen der Stiftung einbezogen, viele prominente BewegungsaktivistInnen erhalten Posten in den Organisationsstrukturen der *RLS*. Vor allem die Landesstiftungen wimmeln nur so von bekannten Namen. Die Bremer Landesstiftung wird fast vollständig von der Redaktion der *BuKo*-Mitgliederzeitung *alaska* gestellt, die gleichzeitig in Debatten um Antifaschismus, politische Visionen und freie Kooperationen führend sind. Dazu gehört Christoph Spehr, Autor von »Die Aliens sind unter uns« und »Gleicher als andere«. Er unterstützt inzwischen die PDS und organisierte im Bun-

---

[333] Peter Wahl auf der Pressekonferenz zur Vorstellung des *DGB/VENRO/Attac*-Papiers am 5.12.2002.

[334] Die Abläufe von 1999 bilden eine interessante Vorstufe zu den modernen Herrschaftsstrategien von *Attac*. Ein großer Teil der FunktionärInnen ist auch 2001 wieder dabei. Eine präzise Zusammenstellung der Vorgänge und Dokumente ist im Reader »Vom Gipfel kann es nur noch aufwärts gehen« zu finden. Bestellbar unter: *www.projektwerkstatt.de/materialien*, downloadbar unter: *www.projektwerkstatt.de/download*.

[335] Einrichtung des Landes Nordrhein-Westfalen.

destagswahlkampf 2002 eine Wählerinitiative von prominenten Wissenschaftlerlnnen für die PDS.

Auf dem bundesweiten Vorbereitungstreffen zum *Europäischen Sozialforum* trat laut Protokoll die *BuKo*-Aktivistin Friederike Habermann für die *RLS* auf. Auch Globalisierungskritikerlnnen aus dem radikal-autonomen Spektrum werden von der RLS eingebunden als Referentlnnen oder Stipendiatlnnen. Mit *Attac* sind die Verbindungen weniger intensiv – offenbar wiederholt sich hier die »Aufteilung« wie sie schon zwischen *Attac* und *BuKo* existiert. Die *Rosa-Luxemburg-Stiftung* kanalisiert viele radikalere Akteurlnnen, *die Heinrich-Böll-Stiftung* passt zur die Klientel von *Attac*.

Gewerkschaften

Die Gewerkschaften in Deutschland bzw. ihre etablierten, hochbezahlten Führungsriegen sind traditionell schwerfällig und unnahbar. Es ist daher schon eine Besonderheit, dass nicht nur Gewerkschaftsaktivistlnnen bei *Attac* mitmischten, sondern auch schnell ein Kontakt zu den Führungsgremien vorhanden war. Zwischen Gewerkschaften und *Attac* entstand ein Verhältnis der gegenseitigen Unterstützung – die Gewerkschaften machten durch ihre Kooperation *Attac* populär und die *Attac*-Führerlnnen binnen kürzester Zeit zu gewichtigen Lobbyistlnnen. Umgekehrt verlieh *Attac* den Gewerkschaften den Schein des Dynamischen. Tatsächlich war der Einfluss allerdings eher gering. Das gilt für beide Richtungen. Bei konkreten Versuchen der Kooperation kam es häufig zu Problemen (siehe Kap. »Von Köln bis Berlin«). Für ein gemeinsames Papier musste *Attac* seine Positionen verraten und bei den umfangreichen gemeinsamen Aktivitäten im Frühjahr 2004 (Sozialproteste am 3.4. sowie Perspektivenkongress im Mai) übernahmen die Gewerkschaften die Außendarstellung. »Zehntausende Gewerkschafter« wurden vor dem Kongress von der *FR* als Demo-Teilnehmerlnnen benannt, mehr nicht.[336] Auch auf dem Perspektivenkongress im Mai 2004 in Berlin dominierten die Gewerkschaftsfunktionäre. »Auf der Tagesordnung stand vielmehr die Defensive«, »übersteigertes Harmoniebedürfnis«, »eklatanter Mangel an Selbstkritik«, »etwas frühzeitig gefeierte neue Einheit« und »Großes Harmoniebedürfnis« kommentierte die sonst *Attac*-freudliche *Junge Welt* am Fol-

---

[336] Bildunterschrift am 14.5.2004 (S. 5) zu Bild vom 3.4.2004 in Berlin (auf dem Bild u.a. *Attac*-Transparent zu sehen)

getag und zitierte *Attac* mit der immer gleichen Phrase: »Dieser Kongreß ist qualitativ etwas völlig Neues.«[337]

BUND

Der *BUND für Umwelt- und Naturschutz Deutschland* (BUND) ist alt, seine Basis vielfältig und der lokalen Arbeit verhaftet. Im Laufe der 90er Jahre hat sich das Management des *BUND* stark modernisiert. Marktwirtschaftliche Positionen dominieren seitdem die Verbandspolitik. Der *BUND* unterstützte ethische Geldanlagen, den marktorientierten Umbau der Energieversorgung sowie Privatisierung der öffentlichen Aufgaben (z.B. Riester-Rente). Mit dieser öko-neoliberalen Programmatik steht der *BUND* politisch im Gegensatz zum staatsfetischistischen *Attac*, das z.B. die Riester-Rente ablehnte. Dennoch ist der *BUND* einer der wichtigsten Mittträger von *Attac*. Diesen Widerspruch spiegeln Sven Giegold und Soeren Janssen auch persönlich wider, da sie gleichzeitig in den beiden Organisationen führende Rollen spielen. Früher war Giegold einer der wichtigsten Kritiker des neoliberalen *BUND*-Kurses, bekennt sich heute aber als langjähriger *BUND*-Aktivist, also mit positivem Bezug auf die Umwelt-NGO. Solche Verhältnisse erscheinen aber nur auf den ersten Blick als Gegensatz. Wenn im Vordergrund die maximale Öffentlichkeitswirkung, das Einwerben von SpenderInnen und Mitgliedern steht, geht die Strategie auf. *BUND* und *Attac* können so Hand in Hand sowohl GegnerInnen wie auch BefürworterInnen der Privatisierung integrieren. Politische Aussagen dienen allein der öffentlichen Aufmerksamkeit für den eigenen Verband.

Mit dem Kongress »McPlanet« Ende Juni 2003 in Berlin schlossen *BUND*, *Attac* und einige andere auch für die Öffentlichkeit sichtbar ein Bündnis. Weitere Projekte wie Bücher und die neue Zeitschrift *aktiv.um* folgten. *Attac*-Funktionäre versuchen damit, auch den Umweltbereich instrumentell zu dominieren.

Unfreiwillige Attac-Macher: Die Gegner

Für *Attac* und den Hype in der Öffentlichkeit war auch die Kritik nützlich. Die Angriffe aus konservativen Medien und Parteien verliehen *Attac* den Schein des Radikalen und ermöglichten die Vereinnahmung

---

[337] *Junge Welt*, 17.5.2004 im Kommentar von Wolfgang Pomrehn (S. 3) und »Es gibt Alternativen« von Daniel Behruzi und Wolfgang Pomrehn (S. 4). *Attac*-Zitat von Philipp Hersel.

der gesamten Breite von Bewegung. Selbst militante Aktionen in Seattle und Genua wurden *Attac* in die Schuhe geschoben, der Verfassungsschutz beobachtete *Attac* usw. *Attac* ging damit sehr strategisch um. Die NGO distanzierte sich von Gewalt hierzulande, bezog sich aber ebenso immer positiv auf die militanten Aktionen von Seattle, Genua oder Jose Bové. So wird *Attac* nicht als bürokratischer, staats- und parteinaher Minimalreformist wahrgenommen (was stimmen würde), sondern das Flair der Revolutionsromantik brachte gerade jüngere Menschen zu Tausenden zu *Attac*. Stück für Stück entstand aus der medialen Inszenierung von Attac: die Realität. Viele tausende Menschen – mit den Fahnen von *Attac* und den Unterschriftenlisten zur Tobin Tax auf der Straße – agierten schließlich tatsächlich im Glauben, ihr Handeln würde zu einer »anderen Welt« führen können und sie seien das entscheidende Subjekt in diesem Protest.

Fazit und Thesen
Attac allein hätte niemals eine Chance gehabt, zum führenden Verband in fast allen politischen Themenfeldern zu werden. Neben den Medien sind es einflussreiche Großorganisationen, die aus eigenen Interessen *Attac* als Gegenstimme zur neoliberalen in den Regierungen sowie gleichzeitig als Kanalisierung von Protest und damit der Verhinderung von mehr öffentlicher Wirkung und Einfluss durch radikalere Gruppen stärkten. Dieses Ziel wurde erreicht. Allerdings blieb die erhoffte Zähmung der Regierungen aus und es stellt sich die Frage, ob nicht die Verhinderung unabhängiger, widerständiger Bewegung am Ende sogar einer der wichtigsten Gründe dafür war. Der Aktionsstil von *Attac*, die sanften Forderungen, die verkürzten Kritiken und die Ausrichtung von Protest auf wenige bunte Events sind für die MacherInnen neoliberaler Umgestaltung aushaltbar. Insofern hat *Attac* die falschen Unterstützer bekommen und gewollt. Mit der *Frankfurter Rundschau*, SPD, PDS, Parteistiftungen oder staatskonformen Umwelt-NGOs ist ›eine andere Welt‹ nicht zu machen.

Kritische Stimmen bei Attac

Unter den vielen bereits bestehenden Gruppen und Organisationen, die sich unter dem Dach von *Attac* neu orientierten, gab es Zusammenhänge, die aus der radikalen Linken kamen. Viele dieser Menschen, die vor wenigen Jahren noch staatskritische Positionen bezogen, sammelten jetzt Unterschriften für die Tobin-Steuer oder verteufelten einen abtrennbaren Finanzsektor in der Gesellschaft. Andere Menschen entschieden sich, zwar nicht die *Attac*-Positionen mitzutragen, aber eine kritische Mitarbeit bei *Attac* zu leisten, u.a. in der Hoffnung, dass sich damit bei *Attac* selbst irgendetwas positiv bewegen ließe.

Ein gutes Beispiel sind etliche Aktivisten vom *Arbeitsschwerpunkt Weltwirtschaft* (ASWW) des *BuKO* (*Bundeskoordination Internationalismus*). Vom *ASWW* wird eine inhaltlich sehr klare und radikale Kritik an sozialdemokratischen bzw. neokeynesianistischen Positionen geübt. Doch Menschen aus dem *ASWW* schufen innerhalb von *Attac* eine Art »kritisches Begleitprogramm«, machten so für *Attac* Werbung und formulierten gleichzeitig ihre Kritik an einzelnen *Attac*-Positionen. Ein Effekt dieser kritischen Beteiligung war, dass sie damit dazu beitrugen, dem Gesamtprojekt *Attac* für radikale Linke Akzeptanz zu beschaffen. So warb Uli Brand vom *ASWW* in der Mobilisierungszeitschrift zum *Attac*-Kongress 2001 für eine Teilnahme. Dadurch bekam der ASWW für *Attac* die Funktion, weitere Gruppen zu integrieren. Ebenso trat Brand mehrfach als Kritiker von *Attac* auf Podien auf – selbst dann noch, als er bereits selbst im wissenschaftlichen Beirat von *Attac* mitarbeitete. Unabhängigen KritikerInnen nahm er so den Platz, während den ZuhörerInnen meist gar nicht bekannt war, dass selbst die *Attac*-kritischen Positionen von *Attac*-FunktionärInnen eingenommen wurden.

Von Beginn an dabei war Werner Rätz von der *Informationsstelle Lateinamerika* (ILA) mit Sitz in Bonn. Als Funktionär mit traditionell-linker Vergangenheit und vielen dazu passenden Kontakten konnte er entsprechende Gruppen bei *Attac* einbinden. Aber auch dann, wenn er öffentlich Kritik an *Attac* übte, konnte er damit Teile radikalerer Bewegung einbinden. Wo es praktisch wurde, zeigte er sich aber immer als harter Verfechter des Kurses von *Attac*, z.B. in der Vorbereitung der Protest zum Sozialabbau (siehe Kap. »Von Köln bis Berlin«). Innerhalb Attac-kritischer Gruppen wurde das Engagement von Rätz kaum kritisiert. Innerhalb des *BuKo* wurden verwunderte Nachfragen mit der Bemerkung abgetan, Rätz betreibe »Entrismus«[338], d.h. er wirke bei *Attac* mit, um Schlimmeres zu verhindern und Menschen aus *Attac* für andere Organisierungen zu gewinnen.

---

[338] Aussage von Thomas Seibert, *medico international*, im Vorbereitungskreis des 25. *BuKo* 2002.

Ähnlich wie Rätz setzte auch Thomas Seibert von *medico interna-tional* schnell auf die Karte *Attac*. Der rhetorisch oft als strenger Marxist formulierende, langjährige Aktivist mit Machtinstinkt vereinte das Mitmachen bei der staatsnahen Organisation mit seinen radikal wirkenden Projekten wie der Zeitung *Fantomas* – einer Beilage der *analyse & kritik*, in der inzwischen auch *Attac*-Funktionäre schreiben.

Die wichtigste Integrationsperson in der Gründungsphase von *Attac* war Jutta Sundermann. Sie war der Hauptmotor der ersten Monate und wegen ihrer integrierend-diplomatischen Ausstrahlung sehr wichtig für die Ansprache von neuen Gruppen, Mitwirkenden und Basisgruppen. Neben ihr dominierten in der *Attac*-Gründungszeit Männer mit Funktionärgehabe, die meist über die Medien oder als Redner auf der Bühne brillierten, aber nicht im direkten Kontakt. Sundermann stieg zeitgleich bei *medico* und wenig später beim *BuKo-ASWW* ein.[339] Auffällig war, dass viele ihrer Kontaktpersonen aus diesen Organisationen kurz darauf bei *Attac* mitwirkten. Zudem fällt in ihre kurze Amtsperiode eine spürbare Entradikalisierung des *BuKo*. »ABP und EED[340] haben sich wegen der Bewilligung des diesjährigen Jahresantrages der *BuKo* mit scharfer Kritik an den SprecherInnenrat und schriftlich an den Ratschlag gewandt. Stein des Anstoßes sind die Anzeige mit Aufruf zum Rio-Boykott sowie das Lobbyismus-Positionspapier. [...] Der Ratschlag bezieht folgendermaßen Stellung: [...] Andreas und Jutta nehmen sich des Lobbyismus-Testes an: offenere Formulierungen, kürzen«.[341] Jutta Sundermann stieg 2002 offiziell bei *Attac* aus, blieb aber als Nicht-Funktionärin bis heute eine wirksame und glaubwürdige Referentin bei Gründungsveranstaltungen von *Attac*-Ortsgruppen und anderen Gelegenheiten. In Gesprächen mit *Attac*-KritikerInnen übernimmt sie oft mit verständnisvollen Worten deren Argumentation, während sie bei lokalen Auftritten, auf Podien und in internen Papieren und Treffen für *Attac* wirbt.

Wissenschaftlicher Flair

Viele prominente Köpfe, deren theoretische Kritik über die von *Attac* deutlich hinausgeht, sind in den Wissenschaftlichen Beirat von *Attac*

---

[339] Sie firmierte als *Medico Verden* und wurde nach kurzer Mitarbeit bei der *BuKo* deren Bundessprecherin.

[340] Finanzierungseinrichtungen der evangelischen Kirche (u.a. Evangelischer Entwicklungsdienst), von denen die *BuKo* seit langem abhängig ist.

[341] Auszug aus: Kurzprotokoll des *BuKo*-Ratschlages vom 1.-3.11.2002 in Verden – damaliger Wohnort von Jutta Sundermann und der Attac-Kerngruppe.

eingebunden. Intern gelingt es ihnen kaum, weitergehende Akzente zu setzen. Durch ihre Namen schüren sie aber die Auffassung, *Attac* sei der Dachverband aller politischen Bewegung. Bei einzelnen Personen st sogar zu erkennen, dass sie dem populistischen Stil von *Attac* verfallen sind und sich mit stark verkürzten ökonomischen Theorien öffentlich zeigen.

Fazit und Thesen

Praktisch führte die Mitarbeit linksradikaler Zusammenhänge in *Attac*-Gremien oder an Kongressen zu wenig Auseinandersetzung an der *Attac*-Basis. Die kritischen Arbeitskreise verkamen zu Nischen der Unzufriedenen. Die öffentlichen und massenwirksamen Akzente setzten andere. Eine Schwäche der in *Attac* integrierten KritikerInnen war ihr mangelnder Blick für die besondere Form der internen Dominanzen, vor allem die instrumentelle Herrschaft. Sie bemerkten nicht, dass sie selbst benutzt wurden, um die Breite von *Attac* zu unterstreichen. Insofern tragen die mit dem Label *Attac* agierenden Uli Brand, Thomas Seibert und andere einen wichtigen Anteil daran, dass *Attac* groß und dominant werden konnte. Eine kritische Selbsteinschätzung dazu erfolgte bislang nicht. Inzwischen ist für viele der Genannten die Mitwirkung bei *Attac* zum Alltag geworden, eine Distanz nicht mehr erkennbar.

Für eine klare Kritik der Verhältnisse und eine praktische Politik der Emanzipation reicht das Mitmachen nicht. Ein ganz anderer Stil wäre nötig – einer, der auf klare Positionen setzt, in den Aktionen diese Positionen auch vermittelt, Freiräume erkämpft von diesen Verhältnissen und Visionen gegen das scheinbare Naturgesetz »Marktwirtschaft« stellt. Nötig erscheint dazu eine neue Form der Organisierung – selbstbestimmt, unabhängig, von unten und kooperativ statt identitär. Von *Attac* über die *BuKo* bis hin zu sich radikaler äußernden Gruppen ordnen fast alle die eigene Existenz und die Geldbeschaffung allem anderen über. Bei den älteren, bekannten NGOs wie bei vielen – auch bei *Attac* mitwirkenden Eine-Welt- und Umweltverbänden – ist das seit Jahrzehnten Tradition. Die kapitalistischen und Herrschaftsverhältnisse zu überwinden, wird nur dann als Slogan genannt, wenn über romantisierende Bezüge Geldspenden oder Mitglieder zu gewinnen, radikalere Gruppen als Mitglieder zu integrieren sind oder entsprechende Schlagzeilen in der Presse stehen sollen.

Der Filz um den Verdener Attac-Kern und Share e.V. _____

Filz bedeutet die Existenz persönlicher Verflechtungen, die es ermöglichen über verschiedene Organisationen und Institutionen hinweg eine gleichförmige Ausrichtung von Inhalten und Interessen zu erzielen, Ressourcen zu bündeln und zu steuern. Rund um *Attac* sind weitere Organisationen und Kampagnen entstanden, die den Prozess der Integration und der instrumentellen Herrschaft wiederholten, um mehr und mehr Teile politischer Bewegung zu vereinnahmen. Sie stärken damit die Sogwirkung von *Attac*, der große Teile von Bewegung unaufhörlich an sich zieht und für die eigenen Zwecke kanalisiert.

Share e.V. und Bewegungswerkstatt

Im Kern des Geschehens agiert eine kleine Zahl von FunktionärInnen, die als SprecherInnen verschiedener Aktionen und Vernetzungen auftreten und die Außenwirkung politischer Arbeit vielerorts bestimmen. Es dominiert eine Gruppe von JungmanagerInnen aus der niedersächsischen Kleinstadt Verden. Die aus der Jugendumweltbewegung stammenden FunktionärInnen gründeten Ende der 90er Jahre den Verein *Share e.V.*[342] Ziel war zunächst, sich selbst eine finanzielle Basis zu schaffen – getreu dem Vorbild anderer Klein-NGOs, die nur aus einem Bürobetrieb bestehen[343], sollte ein internationaler Lobbyverein entstehen. Meinungsverschiedenheiten zwischen den Personen und mangelnder Erfolg bei der Umsetzung ließen dieses Vorhaben zunächst scheitern.

Im Jahr 2000 bemühte sich *Share* darum, ganz offiziell die Geschäftsführung der Anti-Atom-Initiative *X-1000mal* quer zu übernehmen. Dieses Vorhaben, das in einem beeindruckenden Widerspruch zur Propaganda der Initiative stand, Netzwerke und Basisdemokratie zu fördern, scheiterte knapp an einem Veto[344], wobei die *Share*-Funktionäre androhten, bei einer Abstimmungsniederlage auch ihre bisherige ehrenamtliche Arbeit für *X-1000mal quer* einzustellen.

Ab Ende 2000 engagierten sich alle *Share*-GründerInnen, inzwischen auch unter dem Namen *Bewegungswerkstatt* auftretend,[345] bei der Vor-

---

[342] In den ersten Monaten des Gründungsprozesses waren noch weitere Personen beteiligt, z.B. die Europaabgeordnete Ilka Schröder. Gründungsmitglieder waren dann allerdings nur sechs in Verden dauerhaft oder zeitweise wohnhafte Personen.

[343] *WEED, Germanwatch* usw.

[344] *X-1000mal quer*-Treffen auf dem Wendland-Sommercamp 2000.

[345] Mehr: *www.bewegungswerkstatt.org*.

Organisation von *Attac*, dem *Netzwerk zur demokratischen Kontrolle der Finanzmärkte*. Anfang 2001 wurde dieses in »Attac« umbenannt. *Share e.V.* war der Rechtsträger. Bis heute hält *Share e.V.* alle Konten von *Attac*, stellt die Hauptamtlichen ein und ist die formale Basis – ohne Kontrollmöglichkeit durch die Basis von *Attac*. Den meisten Mitgliedern ist diese Konstruktion gar nicht bekannt. Die sechs GründerInnen von *Share e.V.*[346] plus wenigen weiteren Aktivisten, die Funktionen in den weiteren Verdener Gruppen *Bewegungswerkstatt*, *Bewegungsstiftung* und *Bewegungsakademie* haben, sitzen jedoch nicht nur bei *Attac*, sondern in anderen Organisationen an den wichtigen Schaltstellen der Geschäftsführung und Außendarstellung. Dass derart wenige Personen einen derart großen Einfluss auf die Bewegung haben, kommt einer Verschwörungstheorie gleich. Doch diese Bewertung trifft nicht zu, würde dies doch ein ideologisches Ziel suggerieren. Tatsächlich ging es den VerdenerInnen überwiegend um ihre eigene berufliche Zukunft. Die ersten Versuche zielten immer auf Verträge zum Fundraising und die Tätigkeiten einer Werbeagentur, zudem sollte *Share e.V.* selbst Gelder für internationale Projekte bei der EU und anderen beantragen. Der kometenhafte Aufstieg von *Attac* bot dann recht plötzlich andere Möglichkeiten. Identisch bleiben die Muster der Tätigkeit: Die VerdenerInnen[347] übernehmen Geschäftsführung und Außendarstellung. Dafür nutzen sie ihre engen Kontakte zu GeldgeberInnen und RedakteurInnen der neokeynesianistischen Kreise in Deutschland, die ähnliche Interessen eines staatsbejahenden, politischen Drucks auf die Bundesregierung und einer Ausgrenzung radikaler Politikinhalte und -formen hegen. Mit der Orientierung auf die Medienarbeit, Vorträge und Teilnahme an Diskussionen erreichten die VerdenerInnen immer sehr schnell eine instrumentelle Dominanz, d.h. sie definierten, wie ein Projekt, Netzwerk oder eine Aktion nach außen wirkt, welche politischen Ziele und Grundsätze benannt werden. Die AkteurInnen auf der Straße waren ihre Setzfiguren, die sie als telegene Hintergrundbilder brauchten.

Share e.V. ist formaler Antragsteller oder Berater bei Zuschüssen für Netzwerke und NGOs, u.a. für *Attac* und die *BuKo*. *Share* selbst führt ein EU-gefördertes Projekt durch mit dem skurrilen Titel »Ma-

---

[346] Christoph Bautz, Sven Giegold, Felix Kolb, Astrid Schaeffert, Oliver Moldenhauer und Jutta Sundermann. *Share e.V.* ist weitgehend identisch mit dem Begriff der »Bewegungswerkstatt«. Internetseiten: *www.share-online.de*, *www.bewegungswerkstatt.org*. Bei der Bewegungswerkstatt werden Christoph Bautz, Sven Giegold, Felix Kolb und als siebte Person in der überall agierenden Kerngruppe Soeren Janssen benannt.

[347] Ein Teil wohnt nicht mehr in Verden, ist aber mit dem Begriff »VerdenerInnen« mit gemeint.

king Financial Markets Work for Development«[348]. Auf den Ende 2003 noch sehr leeren Internetseiten wurde eine Multimedia-CD angekündigt. Die Linksammlung dieser CD enthält vor allem etablierte Institute, Banken und Regierungsstellen. In der kleinen Rubrik »Sonstiges« tauchen unter sieben Links je zweimal Regierungskommissionen und Freiwirtschaftsseiten auf.

Im Jahr 2003 kam innerhalb von *Attac* die Debatte auf, neben *Share e.V.* einen eigenen Trägerverein aufzubauen.»Wir beantragen die Umstellung der bisherigen Rechtsform des Netzwerkes *Attac*-Deutschland auf einen ›*Attac*-Trägerverein e.V.‹ [...] Begründung: Das Netzwerk *Attac*-Deutschland hat keine eigene Rechtspersönlichkeit, sondern ist formaljuristisch ein abhängiges Projekt von share e.V., dem Verein am Sitz des früheren Bundesbüros in Verden. Formal gesehen hat daher der Vorstand von share e.V. die Möglichkeit, alle rechtlich wirksamen Entscheidungen von Attac zurückzuhalten. Dies ist insofern plausibel, da im juristischen Sinne nicht der Koordinierungskreis, sondern der Vorstand von share e.V., d. h. Oliver Moldenhauer und Sven Giegold, dafür haftet, dass Attac seine Verträge einhält und seine Rechnungen bezahlt.«[349] Diese (späte) Einsicht kann der Verdener Clique gleichgültig sein – sie sind zur Führungsgruppe der politischen Bewegung geworden und werden als ExpertInnen und LobbyistInnen auch ohne formale Verbindung in ihrer dominanten Rolle bleiben.

Bewegungsstiftung
Beim Blick auf die Organisierungsstruktur der Verdener Bewegungseliten[350] ist die *Bewegungsstiftung* von besonderem Interesse, weil sie inzwischen mit fast den gleichen prominenten Personen wie in den Funktionärsriegen von *Attac* und mit Unterstützung der Medien zu einem einflussreichen Projekt geworden ist. Die *Bewegungsstiftung* entstand aus dem gleichen Umfeld wie *Attac*. Vereinnahmungsstrategien sind auch hier sichtbar. Sehr offensiv wird z.B. auf dem Selbstdarstellungsprospekt mit Plakaten aus Basisgruppen geworben – oftmals sogar mit sehr radikalen Aussagen. Neben der Staatsnähe

---

[348] Übersetzt: »Finanzmärkte für Entwicklung arbeiten lassen«. Schon der Titel irritiert – offenbar zwecks besserer Chancen auf öffentliche Förderungen werden hier Finanzmärkte plötzlich zur Chance, während sie in der Propaganda als Wurzel allen Übels bezeichnet werden.

[349] Antrag des *Attac*-Koordinierungskreises zum *Attac*-Ratschlag im Oktober 2003 in Aachen (Quelle: *www.attac.de*).

[350] In Verden von nicht beteiligten Leuten auch unverhohlen als »Bewegungsmafia« bezeichnet.

wird dort, wo es ungefährlich ist, wieder der populistische revolutions-romantische Mythos bedient. Gleichzeitig zielt das in der Stiftungsarbeit zentrale Konzept der »BewegungsarbeiterInnen« auf die Stärkung von Eliten in den politischen Gruppen insgesamt und der Zusammenhänge rund um die *Bewegungsstiftung* speziell. Sven Giegold, Jochen Stay[351] und andere sind als Bewegungsarbeiter in Lohn und Brot der Stiftung. Mit Erfolg: Der anderenorts als Anarchist auftretende Stay wirbt seit Jahren für die aus Verden gesteuerten Projekte. Er mobilisierte als »die Anti-Atom-Bewegung« zum *Attac*-Aktionstag am 14. September 2002 und schrieb im November 2003 euphorisch über die »Renaissance der Protestbewegungen«. Dabei bezeichnete er den von ihm ausgemachten Aufschwung des Protestes als »Generation *Attac*«. Die Staatsnähe dieses Protestes verklärt er geschickt: »Wenn beispielsweise *Attac* heute mit dem einerseits diffusen aber andererseits ehrgeizigen Slogan ›Eine andere Welt ist möglich‹ agiert, dann zeigt dies schon, dass man bereit ist, sich mit den Mächtigen in Wirtschaft und Regierungen anzulegen, auch wenn ein kurzfristiger Erfolg nicht in Reichweite ist.«[352]

Die Geschäftspolitik der Bewegungsstiftung mutet wenig überzeugend an. Das Gründungsgeld stammt vor allem aus der *AllerWohnen Genossenschaft*, einer Firma im ethischen Geldanlagebereich. Partner ist zudem die *Versiko AG*, die größte, profit- und marktorientierte Geld- und Versicherungsmaklerfirmen im Ökobereich, die unter anderem die Privatisierung der Rente zu eigenen Geschäftsinteressen nutzt. Werbung für Risikokapital und Spekulation steht in den Prospekten gleich neben solcher für *Attac*. Bei *Versiko* ist auch der Großteil des Stiftungsgeldes angelegt. Im ersten Jahr (2001) vergab die Bewegungsstiftung 11.700 DM an Förderungen sowie, dreimal soviel, 35.000 DM für die Organisation und Werbung für die Stiftung. Die Gelder waren Ende 2001 wie folgt festgelegt: 40.000 DM als Festgeld bei der Umweltbank. 150.000 DM als Festgeld bei der Bank für kleine und mittelständische Unternehmen (BkmU), 175.000 DM als Aktien im Ökovisions-Fonds (versiko) und 150.000 DM als Aktien der Sonne und Wind AG (versiko). Geld ist Macht: »Die StifterInnen können ein Votum zu den Vorlagen des Stiftungsrats abgeben und die Förderung eines Projektes oder einer Kampagne durch ihr Veto verhindern.«[353]

---

[351] Stay sitzt zudem im Stiftungsrat der Stiftung.
[352] Quelle: *www.bewegungsstiftung.de* und Beilage der *Bewegungsstiftung* zur *taz* am 14.11. 2003.
[353] Quelle: *www.bewegungsstiftung.de*

Zu den BewegungsarbeiterInnen verschweigt die Stiftung nicht, dass damit Dominanz gefördert wird. Andere Ziele sind aber wichtiger: »Durch ihr langjähriges Engagement verfügen sie über herausragendes Wissen und Erfahrung, damit verbunden aber potentiell auch über großen Einfluss und Dominanz. [...] Unser Wissen um die Probleme ändert nichts an unserer grundsätzlichen Überzeugung, dass VollzeitaktivistInnen – wir nennen sie BewegungsarbeiterInnen – wichtig für den Erfolg sozialer Bewegungen sind. Wir denken vielmehr, dass es das Problem ist, dass es so wenige von ihnen gibt«.[354] So klingt eine offen vorgetragene Vision einer Bewegung, in der die MacherInnen weiter gestärkt werden und abhängig von einer kleinen Gruppe von JungmanagerInnen die Fäden ziehen.

Eiskalt benutzt die *Bewegungsstiftung* selbst solche Aktionen und Vernetzungen, denen die MacherInnen und die nahestehenden Verbände tatsächlich kritisch bis feindlich gegenüberstanden. So berichtete die Stiftung auf ihrer Internetseite vom Expo-Widerstand. Dort »scheiterte eine Volksabstimmung über die EXPO nur knapp mit 48% zu 52%, weil die GegnerInnen der EXPO nicht in der Lage waren, eine systematische Öffentlichkeitskampagne zu organisieren. [...] Nur einige zehntausend Mark haben damals gefehlt, um die EXPO 2000 zu verhindern. Für uns war es im letzten Jahr frustrierend mitanzusehen, dass zehn Jahre später viele AktivistInnen ihre Energie aufgewendet haben, gegen ein Ereignis zu protestieren, das mit Hilfe einer Bewegungsstiftung hätte verhindert werden können.« Dieser Absatz zeigt, wie Bewegung instrumentalisiert wird. Die Kreise, die die *Bewegungsstiftung* (und auch *Attac*) initiierten, haben am Widerstand gegen die Expo 2000 nicht mitgewirkt. Sie standen teilweise sogar auf der anderen Seite, d.h. machten auf der Expo mit oder unterstützten NGOs und Gruppen, die mitmachten und den Widerstand falsch fanden. Zudem ist die Geschichte mit der Volksabstimmung erfunden, denn die damalige Abstimmung wurde von der rotgrünen Koalition zu einer unverbindlichen Volksbefragung heruntergestuft. Das war der Hauptgrund für Schwächen bei der Mobilisierung, nicht das fehlende Geld.

In der Friedensbewegung analysiert die *Bewegungsstiftung* eine Schwäche an zentraler Handlungsfähigkeit. Der Ruf nach Professionalisierung und modernen Dominanzen blitzt überall auf. Zum Abflauen der Aktivitäten gegen den Irak-Krieg nach der Großdemo am 15. Februar 2003 bemerkt die Stiftung: »Nach diesem fulminanten Erfolg

---

[354] Quelle: *www.bewegungsstiftung.de*

kann die Friedensbewegung besonders in Deutschland nicht mehr richtig nachlegen. Die unzähligen dezentralen Aktionen festigen zwar die kriegskritische Stimmung. Sie erreichen jedoch bei weitem nicht mehr die Durchschlagskraft und öffentliche Wahrnehmung des 15. Februar«. Daraus schlussfolgern die StiftungsmacherInnen, »es fehlte eine klare Strategie und eine effektive Koordination, um die lokalen, bundes- und weltweiten Aktivitäten aufeinander abzustimmen. Darüber hinaus sind Großaktionen mit einem erheblichen finanziellen Risiko verbunden, und es ist gut nachvollziehbar, dass viele davor zurückschrecken oder nicht in der Lage sind, dieses Risiko zu tragen.«[355]

Oder allgemeiner: »Das Fehlen einer durchdachten Strategie sowie Geldmangel sind hauptverantwortlich für das Scheitern vieler sozialer Bewegungen. Genau an dieser Stelle setzt die im März 2002 gegründete Bewegungsstiftung mit ihrer Arbeit an.« Kein kritischer Blick auf zentralistische Strukturen, kein Wort zu Hierarchien und politischen Abhängigkeiten. Dass gerade die MacherInnen der *Bewegungsstiftung* und von *Share e.V.* an anderer Stelle umfangreiche Förderanträge an Regierungen und EU organisieren, wird verschwiegen. Die Personen im Kern der Stiftung waren früher scharfe KritikerInnen gerade solcher Zentralisierung und der Abhängigkeit von Fremdmitteln. Heute sind sie die modernste Gruppe, die das tut.

Rund um den organisatorischen Kern der *Bewegungsstiftung*, der 2002 um einen Geschäftsführer erweitert wurde, rankt sich ein Geflecht aus Prominenten wie Horst-Eberhard Richter oder Dieter Rucht, die schon als Redner oder aus Gremien bei *Attac* bekannt sind. Mit ihren Medienauftritten garantieren sie eine hohe Aufmerksamkeit. Viele der *Attac*-nahen Zeitungen gaben der *Bewegungsstiftung* ganze Seiten oder Beilagen zur Selbstdarstellung.

Bewegungsakademie und mehr

Eine Neugründung der Verdener BewegungsmanagerInnen ist die *Bewegungsakademie*, die in den Räumen des *Verdener Ökozentrums* Fortbildungsveranstaltungen zu modernen Organisierungsstrukturen durchführen will. »Die Angebote richten sich speziell an MultiplikatorInnen und ›Organizer‹«[356] – also eine ähnliche Zielgruppe wie die BewegungsarbeiterInnen der *Bewegungsstiftung*. Die Eliten sollen ge-

---

[355] Quelle: *www.bewegungsstiftung.de*
[356] Quelle: *www.bewegungsakademie.de*

schult, beeinflusst, genutzt und gestärkt werden. Ziel ist zudem die stärkere Nähe zu den Regierenden, die Akademie »sieht sich als Schnittstelle zwischen Bewegung, Politik und Wissenschaft««. Die Wortwahl *Bewegungsakademie* zeigt erneut den Versuch, alle politischen Gruppen zu vereinnahmen für die eigenen Projekte. Das ist auch das strategische Ziel. Der erste große Kongress der *Bewegungsstiftung* fand vom 25. bis 27. Juni 2004 unter dem Titel »Gesteuerte Demokratie« in Frankfurt statt. Noch stärker als *Attac* fanden sich in dem Programm argumentative Verkürzungen und die These, dass wenige Industriebosse die Welt regieren: »Neoliberale und wirtschaftliche Eliten nehmen immer stärkeren Einfluss auf Politik und Öffentlichkeit ... Diese Einflussnahme hebelt eine faire öffentliche Debatte aus und schädigt die Demokratie.«[357]

Eine Reihe weiterer Titel von Gruppen könnte aufgeführt werden, in der der Filz aus ehemals Jugendumwelt-Aktiven heute agiert – die Zeitschrift *aktiv.um* (siehe Kap. »Die ganze Bewegung vereinnahmen«) gehört ebenso dazu wie die Bildungsgruppe *Sprungbrett*, die *Zukunftspiloten* und das neue Label »Ökologie global«, mit dem genau dieselbe Gruppe als *BUND*-Projekt auftritt, Fördermittel einwirbt und sich als Referenten vermittelt.[358]

X-1000mal quer

Das Netzwerk, in dessen Rahmen populäre und mit mehreren 1.000 Teilnehmenden auch sehr große Sitzblockaden bei Castor-Transporten organisiert wurden, existiert seit Mitte der 90er Jahre. Politische Aussagen nach außen gab es über den Protest gegen Atomkraft und Castor-Transporte kaum. Die interne Struktur war auf das Prinzip von Bezugsgruppen und Delegiertentreffen mit Konsensentscheid festgelegt. Zu dieser Struktur und zur totalen Gewaltfreiheit mussten sich die Teilnehmenden verpflichten.

Innerhalb von *X-1000mal quer* entstanden im Laufe der Jahre deutliche Formen instrumenteller Herrschaft. Während der Castor-Transporte agierte eine Pressegruppe, die weder durch die Bezugsgruppen und Delegiertentreffen beauftragt war noch überhaupt mit diesen Rückkopplungen hatte. Die meisten *X-1000mal quer*-Aktiven wussten gar nichts von ihrer Existenz. Sie trat im Namen aller auf und definierte nach außen, warum die AktivistInnen auf Straße oder Schiene

---

[357] Zitat aus dem Einladungsflyer. Mehr unter *www.gesteuerte-demokratie.de*
[358] *www.oekologieglobal.de*

ihre Aktionen durchführen. Nur wenige Personen sprachen für *X-1000mal quer*, vor allem Jochen Stay sowie einige der VerdenerInnen aus *Share e.V.* Bei den ersten Castortransporten war z.B. Jutta Sundermann Pressesprecherin, das Büro von *X-1000mal quer,* befand sich damals auch noch in der Verdener Umweltwerkstatt. Beim Castor-Transport im November 2002 stellten mit Soeren Janssen und dem ehemaligen Verden-Mitbewohner Rasmus Grobe zwei *Attac*-Funktionäre das Presseteam.

Auch Jochen Stay ist eng mit den Verdener Strukturen verbunden. Seit einigen Jahren wird er von der *Bewegungsstiftung* bezahlt.[359] Die Liaison von Jochen Stay und den Verdener StrategInnen ist politisch kaum begründbar. Während die VerdenerInnen eindeutige politische Äußerungen für den Ausbau des Rechtsstaates, gegen Anarchie und z.T. sogar für einen europäisch verfassten Kapitalismus machen, tritt Stay als Anarchist auf gemäß dem Motto »Eine Hand wäscht die andere.«

Parallelen gab es zwischen den Führungsebenen der gewaltfreien Netzwerke und von *Attac* auch in der Einschätzung und Ausgrenzung von militanten oder auch nur »anderen« Gruppen. So schrieb die bundesweite Zeitung *Graswurzelrevolution*[360] von einem »militanten Desaster von Genua« und betrieb damit die gleiche Spaltung in guten und schlechten Widerstand wie *Attac*. Grundsätzliche herrschaftskritische Positionen sowie die *Attac*-kritischen Gruppen im *Hoppetosse – Netzwerk für kreativen Widerstand*[361] *organisiert,* werden von *Attac*-Eliten gemieden, zensiert oder ausgegrenzt.

Gewaltspirale durchbrechen
Nach dem 11. September 2001 initiierten die VerdenerInnen zusammen mit einigen weiteren FunktionärInnen aus überregional aktiven Friedensgruppen die Aktion »Gewaltspirale durchbrechen«. Das Schema des Vorgehens war typisch: Durch Anzeigenschaltungen, Pressearbeit usw. wurde die öffentliche Erregung nach dem Einsturz der beiden World-Trade-Center-Gebäude in Folge der Terroranschläge für eine Kampagne um Spendengelder, öffentliche Aufmerksamkeit und potentielle MitstreiterInnen ausgenutzt. Die Kampagne simulierte ein Basis-Netzwerk, wurde aber von Werbeprofis bundesweit lanciert.

---

[359] Mit einer kurzen Unterbrechung, als Jochen Stay bei *Robin Wood* arbeitete.
[360] *Graswurzelrevolution*, März 2002 (S. 2)
[361] *www.hoppetosse.net.*

Die Kampagne hatte allerdings wenig Wirkung, zumal in dieser Phase der *Attac*-Hype in voller Fahrt war und viel öffentliche Aufmerksamkeit abzog.

Resist

Im Vorfeld des Irak-Krieges entstand in Deutschland eine starke Opposition gegen den Krieg. Bedeutend war die Rückendeckung durch die sich gegen die US-Regierung stellende deutsche Regierung und der darauf folgenden Pro-Deutsche-Regierung-Berichterstattung vieler Medien, denn gegen den stark von Deutschland ausgehenden Angriff auf Jugoslawien und den Krieg gegen Afghanistan protestierte keine vergleichbar starke Friedensbewegung. Im Jahr 2002 entwickelten die VerdenerInnen zusammen mit einigen weiteren FunktionärInnen z.B. aus dem *Netzwerk Friedenskooperative* die Kampagne *Resist*. Die bei *Attac* entwickelten Strategien wurden perfektioniert wiederholt. Die großen *Attac*-nahen Medien machten *Resist* sofort zum Kern des Protestes gegen den Irak-Krieg. Handstreichartig wurden damit andere bisher führende Strukturen, die selbst auch zentralistisch organisiert sind,[362] in den Hintergrund gedrängt.

Die größte Medien-Aufmerksamkeit erreichte *Resist* mit der Blockade der US-Airbase in Frankfurt – begleitet von Medienrummel und einem Volksfest. Nach Augen- und OhrenzeugInnenberichten war das Widerständige der Aktion allerdings vorgegaukelt. Das blockierte Tor war mit der US-Army abgesprochen und die ›Besetzung‹ der Fläche genehmigt. Die Aktion diente dazu, dass ›eine kleine Gruppe von FunktionärInnen sich als SprecherInnen der Friedensbewegung in den Medien postieren konnte – ein perfektes Beispiel instrumenteller Herrschaft (siehe Kap. »Bewegungspopulismus«).

Resist wurde während des gesamten Irak-Krieges von den Medien in den Vordergrund gerückt. Die Kampagne konnte aber ebenso wenig wie die traditionellen Teile der Friedensbewegung eine tatsächliche Stärkung der Basis politischer Bewegung erreichen. Die Ausrichtung auf die für instrumentelle Vereinnahmung günstige Eventkultur stand in einem krassen Gegensatz zur Schwäche örtlicher Aktionen, meist wenig beachtete Demonstrationen und Mahnwachen. Im dritten Krieg nach der Rückkehr Deutschlands in die aktive Bombardierung der Welt fehlten druckvolle Aktionen. Die Kanalisierung durch große, mediengerechte Kampagnen wirkte. Bei der bundes-

---

[362] Zum Beispiel der *Friedensratschlag* unter Führung von Peter Strutynski.

weiten Friedensdemonstration am 15. Februar 2003 in Berlin spazierten eine halbe Million Menschen durch die Straßen. Prominente RednerInnen reihten Allgemeinplätze und teilweise regierungsnahe Positionen aneinander. Danach war in der Friedensbewegung wieder weitgehend Ruhe. Die *Attac*-nahen Medien berichteten euphorisch von der Demo und neu erwachten Friedensbewegung. Die wenigen Aktionen jenseits der großen NGOs und Netzwerke wurden in den Medien verschwiegen.

Christoph Bautz trat als Sprecher von *Resist* auf. Er ist gleichzeitig Sprecher der *Bewegungsstiftung,* aktiv in der *Bewegungswerkstatt* und bei *Share e.V.* Zeitweise trat er als *Attac*-Funktionär in die Öffentlichkeit. *Resist* ist das »sehr erfolgreiche Förderprojekt« der Bewegungsstiftung. Denn »die Realisierung von ›Resist‹ wäre ohne die Unterstützung durch einige StifterInnen der Bewegungsstiftung viel schwerer gewesen. [...] Diesem gewaltfreien aber konfrontativen Mittel kommt besonders in einer Phase große Bedeutung zu, in der es gilt, die Öffentlichkeit für ein Problem zu sensibilisieren oder den nötigen öffentlichen Druck zu erzeugen, um ein bestimmtes Politikergebnis zu erzielen.« Diesen Willen um Hegemonie in der öffentlichen Wahrnehmung verbinden die MacherInnen aus der Bewegungselite in Verden, Bonn und anderswo mit einem Hang zum Rechtsstaat, der auch als Rahmen im Protest gelten soll: »Ziviler Ungehorsam ist aber nur dann zu legitimieren, wenn er die bestehende Rechtsordnung akzeptiert und nur eingesetzt wird, wenn massive Verstöße gegen das Völkerrecht oder die Menschenrechte vorliegen.«[363] Für die MacherInnen im Hintergrund ging die Rechnung auf: Sie dominierten die Medienarbeit und schnitten finanziell gut ab: »Resist war ein Erfolg auf ganzer Linie: Lange bevor die übrige Friedensbewegung öffentliche Aufmerksamkeit erlangte, hatte Resist schon mehrere tausend Selbstverpflichtungen von Menschen gesammelt, die sich an Aktionen Zivilen Ungehorsams beteiligen wollten. Mit diesen Absichtserklärungen trat die Kampagne in Pressekonferenzen und mit Aktionen an die Öffentlichkeit und unterstützte so die Mobilisierung der Friedensbewegung. [...] Die Medienresonanz war überwältigend. Und auch finanziell ging die Rechnung auf. Das Darlehen der StifterInnen konnte in vollem Umfang zurückgezahlt werden und steht nun zur Finanzierung weiterer Aktionen Zivilen Ungehorsams zur Verfügung.«[364]

---

[363] Vorstellung der *Bewegungsstiftung,* in: *Contraste*, Oktober 2003 (Autor: Christoph Bautz).
[364] Alle sonstigen Zitate von *www.bewegungsstiftung.de.*

Fazit und Thesen

Mit dem Wissen um den entstandenen Filz verwundert es wenig, dass Globalisierungskritik schnell integrierbar war in eine moderne Mediengesellschaft, dessen Herrschaftslogik immer seltener der Polizeiprügel ist und immer häufiger das Integrieren, besser noch zu bezeichnen als »Assimilieren«. Diese Symbolik der in der Filmserie Star Trek erfundenen Herrschaftsform der Borg[365] kann daher durchaus nützlich sein zum Verständnis des Erfolgs von *Attac* & Co., denn es werden abweichende Meinungen nicht nur integriert, sondern verdreht, entfremdet, neu definiert und zum eigenen Objekt der Dominanz gemacht – instrumentelle Herrschaft. Wer das versteht, wundert sich auch nicht mehr über Widersprüche wie den, dass Naomi Kleins Werk »No Logo!« gefeiert wird von den labelorientiertesten Gruppen wie *Attac* oder *Linksruck,* oder dass das Buch zwar ein Kapitel enthält, wie schlimm der Bertelsmann Verlag sei, aber genau in einem Unternehmen dieses Verlages erscheint.

Der Filz um die JungmanagerInnen aus Verden ist bei allem nur der Höhepunkt. Es hat sich nie um ein langfristig geplantes Vorgehen gehandelt, sondern die Beteiligten haben berechnend und schnell alle Chancen ausgenutzt, die sie von einer örtlichen Gruppe zur Führungselite politischer Bewegung gemacht haben. Die Schwäche, Akzeptanz dominanten Handelns und die freiwillige Einordnung in das System instrumenteller Herrschaft seitens der meisten BasisakteurInnen bis zu vielen Prominenten haben allerdings ihren Teil dazu beigetragen. Solches »williges Vollstrecken« zu überwinden, wäre die Haupthürde und -aufgabe auf dem Weg zu einer Basisbewegung in Organisierung von unten.

---

[365] Die Borg sind eine »Rasse« in der Filmserie Star Trek und haben dort ein modern-integratives Herrschaftssystem errichtet, das Assimilieren. Danach werden Feinde nicht angegriffen, sondern in das Reich der Borg integriert, quasi geschluckt einschließlich der Integration und Verwendung ihrer Erfahrungen und ihres Wissens. Jeglicher Protest ist immer assimilierbar als neues Element des Ganzen und umfunktionierbar zum Nutzen des Kollektivs.

Was ist zu tun?

Dieses Buch soll perspektivisch sein und Handlungsoptionen auch für all diejenigen beschreiben, die in oder mit *Attac* aktiv sind und es bleiben wollen oder die nach Alternativen suchen. Kritik und Demaskierung tragen das Risiko, dass Menschen resignieren, weil »alles nichts bringt«. Darum folgt ein umfangreiches Kapitel mit konkreten Ideen – ohne Anspruch auf Vollständigkeit. Denn eine reine Kritik bliebe auf der reaktiven Ebene stehen. Sie ist nicht perspektivisch und vorwärtsdrängend, sondern lässt sich durch Vorgaben anderer lenken. Kritisiert werden kann nur, was andere schon machen oder entwickelt haben. Zudem ist die Kritik selbst in der Analysequalität begrenzt, wenn sie sich nicht mit der Erfahrung der Praxis verknüpft. Das Wesen einer perspektivischen Kritik ist gerade das ständige Hinterfragen einer Praxis, die sich aus der Reflexion heraus immer weiter entwickelt – fragend auf den Weg machen, wie es die Zapatistas formulierten. Wo Kritik neben dem Geschehen steht und nicht teilhat an der Erprobung von Praxis, werden wichtige Elemente genommen, die die Qualität einer Kritik ausmachen.

Begriffsklärungen
Die Basisgruppe bezeichnet den Zusammenhang von Menschen, in dem diese direkt kommunizieren und agieren. Das kann eine örtliche Gruppe sein, unabhängig oder innerhalb eines Verbandes. Die begrenzte Mobilität ermöglicht vielen Menschen eine intensive Zusammenarbeit nur innerhalb einer Stadt oder Region, so dass die klassische Ortsgruppe die häufigste Basisgruppe ist – so auch bei *Attac*. Es ist aber genauso denkbar, dass eine Basisgruppe an einem bestimmten Thema oder Projekt überregional arbeitet. Selbst wenn die Gruppe nur über Datennetze kommuniziert, ist sie Basisgruppe, wenn sie ein konkret agierender Zusammenschluss der beteiligten Menschen ist – also eben nicht dem Zweck der Vernetzung oder Kooperation zwischen Basisgruppen als Teil des Ganzen dient. Basisgruppe ist ein sozialer und kein geographischer Begriff. Wohngemeinschaften, Bauwagenplätze, Familien u.ä. können somit, entsprechendes Engagement vorausgesetzt, als politische Basisgruppe gelten.

Zudem ist die Bedeutung von Gleichberechtigung und (Handlungs-) Möglichkeiten zu klären. Beide stehen im Zusammenhang, denn

Gleichberechtigung bedeutet die Herstellung von gleichen Möglichkeiten. Das ist stark unterschiedlich vom Begriff der Gleichheit. Gleichheit herzustellen, ist kein emanzipatorisches Ziel, denn sie geht nicht von der Selbstbestimmung, sondern von einem übergeordneten definierten Standard aus. Gleichberechtigung bedeutet, dass Menschen im umfassenden Sinne gleiche Möglichkeiten haben, sich aber unterschiedlich entwickeln. Das erfolgt jedoch nicht aufgrund von Zurichtung, sozialer Herkunft, Alter, Geschlecht oder Hierarchien (um nur einige Beispiele zu nennen), sondern aufgrund der verschiedenen Entscheidungen von Menschen, was sie für sich für sinnvoll, gut, effizient, lustvoll u.ä. halten.

Chancen und Risiken einer radikalen Attac-Kritik

Die folgenden Vorschläge sind kein Rezept, kein neuer »Stein der Weisen«, sondern Anstöße, die sich neben Vorschläge stellen, die bereits gemacht wurden oder noch formuliert werden. Als dynamische Entwürfe sind sie spätestens bei jeder Umsetzung zu hinterfragen und weiterzuentwickeln. So sind sie auch entstanden. Sie entstammen der Praxis herrschaftskritischer, kreativ-widerständiger Gruppen in Deutschland, die zwar klein sind und von größeren Organisationen und ihren Eliten meist ausgegrenzt werden. Dennoch sind sie im lokalen, regionalen und auch überregionalen Rahmen spürbar. Sie bilden keine feste Organisation,[366] haben keinen gemeinsamen Namen, stehen in keinen Abhängigkeitsverhältnissen und können genau das tun, was die Menschen, die sich dort engagieren, tun wollen. Die größeren Ressourcen wie Geld und materieller Ausstattung, Zugang zu den Eliten in Politik, Wirtschaft und Medien, Posten in den Bürokratien von SchülerInnen-, Studierenden- und Gewerkschaften werden von anderen besetzt und kontrolliert. Dennoch lassen sich viele Einzelaktionen auswerten, zudem hilft ein Blick über den Tellerrand Deutschlands hinaus. In anderen Ländern sind selbstorganisierte, unabhängige und kreative Basisbewegungen häufiger.

Es gibt keinen »Tag X«, an dem sich alles dahin wandeln muss. Es gibt den heutigen Tag, an dem jede Gruppe und jeder Zusammenhang die Veränderung beginnen kann. Im Hinblick auf *Attac* kann das

---

[366] Kleinere Vernetzungsversuche gab es in Form der *PinkSilver-Vernetzung* 2002 oder seit Ende 2000 des *Netzwerks für kreativen Widerstand* (*www.hoppetosse.net*). Bisher schaffen sie es leider nicht, über längere Zeit als Zusammenhang handlungsfähig zu bleiben.

für die eine Gruppe bedeuten, in Zukunft genauer hinzuschauen, zu hinterfragen und sich kritischer zu entscheiden, was mitgetragen wird und was nicht. Eine andere Gruppe beginnt die Veränderung mit kleinen Schritten aus der bisherigen Praxis heraus, setzt auf eigene Ideen oder verwirklicht Anstöße aus den folgenden Texten. Andere brechen radikaler mit der Vergangenheit bei *Attac* – und machen weiter als selbstbestimmte, unabhängige Gruppe. Jeder dieser Wege kann sich lohnen.

Die Stärke von Attac retten: Vielfalt an Gruppen und Projekten

Attac ist nicht nur das Label »Attac«, nicht nur die zentralen Strukturen und Positionen. Ein Blick auf die vielen Teile des scheinbar einheitlichen, identitären Projektes macht sichtbar, dass die örtlichen *Attac*-Gruppen zum Teil recht eigenständig agieren und außer dem Namen kaum Gemeinsamkeiten mit den nationalen und internationalen Strukturen von *Attac* aufweisen. Zwar gibt es auch vor Ort oft FunktionärInnen aus großen NGOs, ideologisch festgelegten Gruppen und Parteien, auch dort entstehen Verkürzungen in politischen Positionen oder überwiegt die Nähe zum Staat. Dennoch gibt es viele positive Aspekte – die gilt es mit einer Weiterentwicklung politischer Inhalte und Strategien zu stärken. Am wichtigsten und in politischer Bewegung selten sind die Vielfalt, der konkrete Projektbezug und das hohe Engagment vieler *Attac*-Basisgruppen.

Diese positiven Kräfte aus der Fixierung auf das vereinnahmende Projekt *Attac* und anderer instrumenteller Herrschaft durch langjährige NGO-ManagerInnen zu lösen, könnte viel Potenzial freisetzen. Zu hoffen ist, dass viele *Attac*-Gruppen sich selbst befreien und zusammen mit anderen Neues starten, in dem bewusst Teile des Bisherigen weitergeführt werden. Einige *Attac*-Gruppen haben schon heute stärkere horizontale Kontakte als vertikale, d.h. ihre Vernetzung mit anderen Gruppen und Projekten in ihrer Region bzw. in ihrem Themenbereich ist intensiver als die Verzahnung mit der Führung von *Attac*. Die *Sozialforen* in manchen Städten zeugen davon – auch wenn sich in ihnen viele Fehler wiederholen, z. B. der Zwang zum Konsens, zum geschlossenen Erscheinungsbild und Label usw. Das muss aber nicht sein. Die Vielfalt und Offenheit politischer Strukturen als neues Ziel politischer Organisierung kann auch von denen entwickelt werden, die bislang auf *Attac* gesetzt haben. Daher gilt, ganz im Sinne der Phraseologie von *Attac*: »Eine andere Organisierung ist möglich!« Sie spiegelt sich wider in Aktionen, die von Kreativität zeugen und offen organisiert waren, so dass auch Menschen von außerhalb einfach einsteigen und auf ihre Art mitwirken können: Menschen, die vor den Regalen von Karstadt über die Produkte aufklärten, globalisierte Stadtführungen, BürgerInnenentscheide gegen Privatisierung, das »Hängen« des Sozialstaates auf der SPD-Zentrale. Die Sommerakademien von *Attac* sind sogar sehr große Projekte, die aus örtlicher Initiative entsprungen sind – deutlich mehr kleine Kampagnen vor Ort lassen erkennen, welche Chancen bestehen würden. Dass bislang auch dort eine Überbetonung des Labels »Attac« zu finden war oder Einmischung aus den bundeszentralen Strukturen von *Attac* die BasisakteurInnen einschränkten, widerspricht dem nicht, sondern zeigt nur, dass die Potentiale noch deutlich weiter ausgereizt werden können. Die Zukunft liegt in den selbstorganisierten Gruppen und Projekten, die sich emanzipieren von den zentralen Gremien und – am besten unter einem selbstbestimmten Namen – mit den Partnern eigener Wahl bzw. ganz offen ihre Ideen umsetzen.

Alles andere konsequent »abwickeln«

Genauso konsequent wie die positiven Ansätze vieler *Attac*-Basisgruppen und -Projekte weiterentwickelt werden sollten, gilt die Überwindung dessen, was anti-emanzipatorisch wirkt: Zentralistische Organisation, Label-Politik und identitäre Außendarstellung, inhaltsleere Prestige-Bündnisse, politischer Filz und Verkürzungen in der gesellschaftlichen Analyse, minimalreformistische und staatsfetischistische Forderungen.

Da das Projekt *Attac* von oben geschaffen wurde, fehlt der Basis weitgehend ein Gespür der eigenen Bedeutung und internen Einmischungsfähigkeit. Eine Revolte im Verband scheint nicht möglich. Die tragende Säule des Labels »Attac« sind nicht die Gruppen und Mitglieder von *Attac*, sondern die Medien und Institutionen, die den SprecherInnen die Basis bieten, die Politik des Verbandes zu prägen. Selbst wenn eine Strömung eine Strukturänderung erreichen könnte, wäre fraglich, ob diese wirksam werden könnte, denn die Sprachrohre von *Attac* sind seine FührerInnen und Prominenten.

Allerdings folgt aus der Schwierigkeit, die Außenwirkung von *Attac* zu verändern, nicht zwingend der Austritt aus *Attac* oder die Oppositionsrolle als einzige Lösung. Wer so denkt, macht *Attac* weiter zum Mittelpunkt politischer Bewegung. Sinnvoller ist die Loslösung von fremdbestimmten Identitäten und allen Labels. Politische Gruppen mit emanzipatorischem Anspruch sollten eigene Positionen und

Handlungsfähigkeit herstellen – ob mit oder ohne *Attac*. Auf dieser Basis entstehen Kooperationen als freie Vereinbarung gleichberechtigter Gruppen. Das unterscheidet sich stark von hierarchischen Verbandsstrukturen und von instrumentellen Herrschaftsformen à la *Attac*. Als Gruppe autonom zu sein, bedeutet sich immer wieder neu zu entscheiden, bei welcher Aktion eine Gruppe sich beteiligt, welche Positionen sie vertritt usw. Instrumentelle Herrschaft muss dafür allerdings konsequent unterbunden werden. Niemand darf sich als Sprachrohr aller aufführen, ohne diese gefragt zu haben. Die Methoden der *Attac*-Führung sind nicht mit Eigenständigkeit und Selbstbestimmung vereinbar. Allerdings bedürfen die zentralen FunktionärInnen auch keiner falschen Rücksichtsnahme: Fast alle haben über ihr Engagement bei *Attac* längst Karriere gemacht. Ihre Auftritte in Medien und bei Veranstaltungen haben sie prominent werden lassen. Wissenschaftliche Abschlüsse, gutdotierte Posten im öffentlichen Dienst, Buch- und Zeitschriftenveröffentlichungen sowie hohe Medienpräsenz sind ihnen auch dann sicher, wenn *Attac* ihrer Kontrolle mehr und mehr entgleiten wird. Das aber wäre nötig, wenn als Ziel eine selbstbewusste, kreative und selbstorganisierte Bewegung verfolgt wird.

Nicht nur Attac ...

In der ganzen Breite politischer Bewegung steht die Unterwerfung unter formale oder instrumentelle Hierarchien im Vordergrund. Die Breite der Herrschaftsformen ist groß, sie reicht von den formalen Hierarchien vieler Verbände und Vereine bis zur Vereinheitlichung durch Label und die Konstruktion kollektiver Identitäten, d.h. von Gruppen mit »Wir«-Denken, die vereinnahmende Geborgenheit schaffen und die Suche nach eigenen Positionen durch einheitliche Codes (Kleidung, Sprache, Label) und die Übernahme fremdbestimmter Ideologien ersetzen. Insofern ist der Ausbruch aus den bestehenden Strukturen politischer Bewegung nicht nur für *Attac*-Gruppen wichtig, sondern in der gesamten Breite von Gruppen, Initiativen, Vereinen, Verbänden und Netzwerken. Es wird oft schwierig werden, wenn innovative Ideen auf festgefahrene Traditionen politischer Arbeit treffen. Es bieten sich aber auch besondere Chancen, wenn Gruppen aus sehr unterschiedlichen Spektren versuchen, neue Organisierungsansätze anzugehen.

Gegenmodelle einer Organisierung von unten schaffen

Zentralistische Organisationen entstehen nicht nur aus dem Drang nach Einfluss und Kontrolle bei den bestehenden Eliten. Vielfach steckt das sinnvolle Ziel dahinter, die Vereinzelung zu überwinden, gemeinsam handlungsfähig zu sein, Erfahrungen, Wissen und Ressourcen gemeinsam zu nutzen. Die Propaganda der zentral organisierten Bewegungseliten suggeriert, dass Hierarchien, ein geschlossenes Auftreten, die Verfilzung mit den Machteliten in Politik, Wirtschaft und Medien und ein gemeinsames Label diesen Prozess vereinfachen. Die Eliten in Politik, Wirtschaft und Medien wiederum stützen diese Propaganda der Bewegungseliten, in dem solche Theorien im öffentlichen Diskurs verbreitet werden und die Teile von Bewegung, die sich nach diesem Schema organisieren, in Medien, bei finanziellen Förderungen oder beim Zugang zu Informationen bevorzugt werden. Gruppen dagegen, die ihre Unabhängigkeit wahren, werden oft ausgegrenzt. So erscheinen die Strukturen von *Greenpeace*, *BUND*, *amnesty international* oder eben *Attac* alternativlos und kurzfristig auch hilfreich. Alternative Organisationsmodelle werden gar nicht mehr diskutiert.

Kontakt und Kooperation muss es geben: Es ist sinnvoll, materielle Ressourcen gemeinsam zu nutzen – denn das ist effizienter. Es ist hilfreich, Wissen und Erfahrungen auszutauschen – auch das ist effizienter und es kommt dem Anspruch nach Gleichberechtigung näher. Denn nur dort, wo alle Teile des Ganzen gleichen Zugang zu Wissen, Erfahrungen und materiellen Ressourcen haben, kann sie überhaupt entstehen. Es ist nötig, gemeinsam handlungsfähig zu werden, denn es gibt viele gesellschaftliche Fragen, die nicht von wenigen oder nicht nur lokal angegangen werden können. Für gute Informationsflüsse, schnelle Reaktionsfähigkeit, Gegenöffentlichkeit und gut nutzbare Arbeitsinfrastruktur aber ist ein Organisierungsprozess notwendig. Dieser muss jedoch nicht zentralistisch oder gar hierarchisch sein. Ganz im Gegenteil: Hierarchien schlucken ständig erhebliche Ressourcen für Kontrolle, gesteuerte Verteilung und selektierte Zugänglichkeit. Sie verstärken Wissenshierarchien, die ohnehin ständig entstehen im Eifer des Alltags. Das Gegenmodell einer Organisierung von unten bedeutet, die erwünschten Ziele zu erreichen ohne die Schaffung von Hierarchien und zentralen Strukturen. Die unabhängige Handlungs- und Kooperationsfähigkeit der Basisgruppen soll gestärkt werden.

Die neue Basis: Kooperation der autonomen Teile

Aus der Vernetzung handlungsfähiger Gruppen entsteht die Vereinbarung zur Zusammenarbeit. Jede Kooperation steht wieder neu vor der Frage, wie sie sich organisiert. Niemand spricht für andere mit, es gibt nur noch horizontale Vernetzung. Größere Aktionen kommen zustande, wenn viele sie mittragen und miteinander kooperieren. Sven Giegold und Lieschen Müller[367] stehen wieder auf der gleichen Stufe der Organisierung. Sie können kooperieren, aber sie müssen es nicht. Aus diesen Kooperationen der Menschen und der eigenständig handlungsfähigen Gruppen entsteht eine bunte Bewegung – unkontrollierbar, unberechenbar, vielfältig, streitend ohne Anspruch auf Wahrheit.

Wie kann diese Organisierung von unten im Konkreten aussehen? Welche Wege stehen offen – den bestehenden *Attac*-Gruppen genauso wie allen anderen Gruppen (NGO-Basisgruppen, Sozialforen, Initiativen, soziale Zentren usw.) und solchen, die sich erst noch gründen? Im Folgenden sollen Kriterien dafüür benannt werden. Die Liste ist weder vollständig noch in irgendeiner Weise ein »Schema F«, nach dem sich nun alle richten sollen, die sich aus der Orientierung auf die Vorgaben der *Attac*-Zentralen (oder anderer NGOs, Eliten ...) gelöst haben. Ganz im Gegenteil ist wichtig, dass Gruppen ihre eigenen Handlungsformen, ihre Art der Vermittlung und des Auftretens nach außen, ihrer Versuche des Dominanzabbaus usw. finden. Die folgenden Punkte können passen oder nicht, sie können weiterentwickelt oder ergänzt werden.

Utopie und Wirklichkeit

Jede Basisgruppe ist ein Teil von Gesellschaft, ein Subraum des Ganzen. Die Gesellschaft besteht aus unendlich vielen, sich überlagernden Subräumen. In jedem Subraum spiegelt sich der Zustand des Ganzen über die Zurichtung der Menschen, die gesetzten Normen und Zwänge, Rollenmuster und Diskurse. Jede Basisgruppe läuft daher Gefahr, die Normalität in sich selbst abzubilden, also selbst den Mustern zu entsprechen, die gesellschaftlich bestimmend sind. Tut sie das, wird sie zum stabilisierenden Baustein. Jedoch kann jede Gruppe auch zur Zone des Kampfes um Emanzipation werden, wenn die Grundmuster von Zwängen, Zurichtungen und Normen in der

---

[367] Wer den Begriff »Lieschen Müller« nicht kennt: Die Namensvariable steht für beliebige Personen, die als unbeachtete Individuen Teil der Masse sind.

Gruppe überwunden werden – günstigstenfalls noch im Zusammenspiel mit der politischen Auseinandersetzung nach außen.

Konkrete Tipps für Gruppen

Das Subjekt jeglicher emanzipatorischer Politik sind nicht Gruppen, Klassen oder Schichten, auch nicht die kollektiven Identitäten einer »Basis« oder gar des »Volkes«, sondern die Menschen. Ihre Selbstentfaltung als dauernder Prozess der Loslösung aus Zwängen und der Erweiterung von Möglichkeiten ist das Ziel der Emanzipation.[368] Diese grundlegende Position muss in einer emanzipatorischen Politik sichtbar werden – in den Positionen wie in den Aktionsformen.

Die Menschen schließen sich nach eigener Überzeugung und ohne Aufgabe ihrer Handlungsautonomie dort, wo sie nicht allein agieren wollen, zu Gruppen zusammen. Diese konkreten Gruppen – seien sie dauerhaft oder für eine konkrete Aktivität organisiert – sind die Grundlage der politischen Organisierung von unten. Daraus folgt zweierlei: Zum einen bedeutet die Wichtigkeit der handlungsfähigen Gruppen, dass deren interne Struktur und Arbeitsweise entscheidend für die Umsetzung emanzipatorischer Ideen ist. Wenn bereits die Basisgruppen Dominanzen aufweisen, wird auch die Vernetzung zwischen Gruppen eine Kooperation der dominanten Kräfte der Gruppen sein und deren Dominanz noch steigern. Denn die Unterschiede beim Zugang zu Informationen, Handlungsmöglichkeiten und Infrastruktur steigen bei fortschreitender Komplexität. Zum anderen muss Vernetzung die Gruppen auch in ihrer unabhängigen Handlungsfähigkeit stärken, der Kontakt und die Kooperation zwischen ihnen muss gleichberechtigt gestaltet sein, und alle gemeinsamen Aktivitäten müssen immer aus dem Willen der Gruppen entspringen und in der von den jeweils Interessierten entworfenen Art verwirklicht werden.

Konkrete Vorschläge und Utopien verbinden
Emanzipatorische Politik muss sich gegen Herrschaft aller Art richten. Das gilt auch dann, wenn konkrete Reformen (Tobin Tax, Steueroa-

---

[368] Zu den ideellen Zielen der Emanzipation siehe Gruppe *Gegenbilder* (2000): »Freie Menschen in Freien Vereinbarungen« (*www.projektwerkstatt.de/materialien*) sowie die herrschaftskritischen Texte unter *www.herrschaftsfrei.de.vu*, *www.opentheory.org/herrschaft* und *www.opentheory.org/herrschaftsfrei*.

sen schließen usw.) oder Entscheidungen (»Stoppt den Krieg!«, Abschiebestopp usw.) eingefordert werden. Solche Details können einerseits sinnvoll oder gar notwendig sein, bergen aber ohne Verknüpfung mit weitergehenden, visionären Vorschlägen die Gefahr, als Legitimation für den Ausbau von Herrschaft und Kontrolle missbraucht zu werden. Wer konkrete Vorschläge mit visionären Forderungen verbindet, hinterfragt das Detail dahingehend, ob nicht das Gegenteil vom langfristig gewollten folgen kann – und erschwert zudem den Missbrauch durch Institutionen und Regierungen, die Einzelforderungen für ihre eigenen Ziele umdeuten.

- Beispiel: Wer »Stoppt den Krieg!« fordert, sollte damit immer Forderungen wie »Für ein Leben ohne Militär«, »Bundeswehr abschaffen« oder »Keine Nationen, keine Völker, nur Menschen!« verbinden. Sonst ist vielfältiger Missbrauch möglich, z.B. dass nur der konkrete Krieg abgelehnt wird, dass die konkret kriegsführenden Nationen als ungeeignet kritisiert werden sollen usw. Das alles ist im Irak-Krieg geschehen und wurde von der blassen, antivisionären Kritik aus großen Teilen der Friedensbewegung eher noch gefördert. Die visionären Positionen dagegen bieten Anknüpfungspunkte für viele Diskussionen über emanzipatorische Politik.

- Die Kritik am globalen Finanzkapital seitens *Attac* und nahestehenden Organisationen muss einhergehen mit Ideen zur Aufhebung des Eigentums an Wissen und Produktionsmitteln, militärischer und staatlicher Durchsetzung von Marktmechanismen usw.

- Der Ausbau von Herrschaft und Kontrolle ist nicht emanzipatorisch, d.h. auch jede Reform sollte die Mit- und Selbstbestimmung der Menschen fördern und nicht internationale Institutionen. Wenn in ihnen Nationalregierungen abstimmen können, nützt das den Menschen nichts – »Demokratisierung« ist also zu wenig. Genauer gesagt sollten nicht das Völkerrecht, sondern immer die Menschenrechte zum Maßstab werden – wenn denn überhaupt rechtsstaatlich argumentiert wird. Völkerrecht stärkt die Regierungen, Menschenrecht soll den Menschen helfen.

- Kreative Ideen für öffentliche Aktionen, die nicht nur Details kritisieren oder Einzelprojekte verwirklichen, müssen entwickelt werden. Wer an der Kasse des Supermarktes laut sagt: »Ich habe kein Geld, aber essen muss ich doch auch. Ich kann das deshalb doch so mitnehmen, oder?« kann wesentlich mehr Aufmerksamkeit und intensive Gespräche über Utopien jenseits der Wertgesellschaft provozieren als eine große Demonstration.

- Besondere Ideen für *Attac*-Gruppen: Nicht weiter auf die verkürzte Gesellschaftskritik von *Attac* und die minimalreformistischen Forderungen beschränken lassen. Mehr fordern – global und für lokale Politik. Den Satz »Eine andere Welt ist möglich!« endlich mit Inhalt füllen, visionäre Debatten führen und Projekte mit visionärem Charakter anzetteln – von Umsonstläden, Gratisessen, Utopie-Camps bis zu direkten Aktionen gegen Arbeitswahn, Repression oder Regierungen.
- Vernetzung: Da bei Beteiligung von verschiedenen Gruppen sehr einfach die verschiedenen Aspekte einer Kritik eingebracht werden können, sollten Kooperationen nicht diese Breite an Blickwinkeln wieder über Abstimmungen oder Konsens verengen, sondern versuchen, aus der Verschiedenheit eine vertiefte, reflektierte Gesellschaftskritik zu entwickeln. Das setzt eine offene, nicht Sieg-/Niederlage-orientierte Streitkultur und die Akzeptanz von Widersprüchlichkeiten voraus.

Autonomie: Unabhängigkeit von Markt, Staat und Medien

Wer unabhängig agieren und Positionen beziehen will, darf weder am Tropf von Vater Staat, d.h. den Regierungen, Parteien, Behörden usw., hängen noch vom Markt mit seinen Akteuren (Firmen), von Institutionen, Medien oder sonstigen GestalterInnen der öffentlichen Meinung abhängig sein. Finanzielle Abhängigkeit entsteht, wenn unverzichtbare oder einflussreiche Teile einer Gruppe von Geldflüssen abhängig sind. Starke Präsenz von Hauptamtlichen ist zudem oft wichtiger Grund für die Nähe politischer Gruppen zu Regierungen und Firmen. Die Löhne der Hauptamtlichen sind meist nicht aus den Eigenmitteln finanzierbar, so dass die Hauptamtlichen innerhalb der Gruppe gegen Positionen oder Aktionen agieren müssen, die Geldflüsse gefährden. Auch viele ehrenamtliche FunktionärInnen setzen das finanzielle und materielle Wohl der Gruppe oder des Verbandes höher an als unvorfälochte politische Positionen. Oft empfinden die AkteurInnen ihre Positionen selbst als zu zurückhaltend, verweisen aber auf Zwang, fehlende Alternativen oder Vorgaben zentraler Strukturen.

Unabhängigkeit entsteht dort, wo Gruppen sich finanziell, materiell, personell und auch sonst von äußeren Bedingungen emanzipieren. Das bedeutet nicht, dass auf Förderungen, Nutzen öffentlicher Räume oder auf die Mitwirkung von Staatsbediensteten oder Parteimitgliedern ganz verzichtet werden muss. Aber die Gruppe muss jederzeit die Aktivitäten auch ohne die Zuschüsse, materiellen Angebote z.B. einer Stadt weiterführen können. Sie muss das auch wollen, wenn mit einer Förderung inhaltliche Vorgaben verbunden werden.

- Beispiele: Absicherung des Fortbestehens auch ohne Zuschüsse oder öffentliche Räume.
- Verzicht auf Hauptamtliche in zentralen Funktionen.
- Trennung des Antragstellers für Förderungen u.ä. von der tatsächlich agierenden Gruppe.
- Direkte Aktion: Der Wille zur Unabhängigkeit sollte sogar öffentlich vermittelt werden – als Gegenstück zu den Seilschaften innerhalb der Normalität. Wer Vorträge veranstaltet, Infostände aufbaut, Demos anmeldet, kann immer in diesem Vorgang offensiv vermitteln, dass zeitweise die äußeren Zwänge und Abhängigkeiten in diesem Raum aufgehoben sind. Recht wird dann subversiv gegen die Existenz von Recht angewendet.
- **Besondere Ideen für *Attac*-Gruppen: Unabhängigkeit sichern sowohl von den *Attac*-Spitzen wie auch von staatlicher Unterstützung. Ein möglicher Weg wäre, als Gruppe chamäleonhaft aufzutreten – also nicht mehr nur als *Attac*. Warum soll nicht ein Teil der AktivistInnen (oder wenn es passt, auch alle) unter anderem Namen mal ganz andere Sachen machen. Frech, kreativ, subversiv und flexibel sein ist wichtiger als gefördert und mit festem Label aufzutreten.**
- Vernetzung: Mehr horizontale Kooperation und weniger vertikale Unterordnung in der Hierarchie von *Attac*. Durch gemeinsame Aktionen mit den Gruppen, die jeweils mitmachen wollen und dazu passen, kann stärkere Unabhängigkeit entstehen, da verschiedene Kontakte auch Handlungsmöglichkeiten erweitern. Bei gemeinsamer Nutzung von Räumen und Material ist der Ausfall einer Quelle nicht so entscheidend, zudem können Anschaffungskosten und vorhandene Ressourcen geteilt werden.

Projekte mit visionären Ansätzen verwirklichen

Was für Aktionen gilt, kann auch in konkrete Projekte integriert werden. Der Verzicht auf Herrschaft in der eigenen Organisierung und Vernetzung kann als Ansatz für die Debatte um Vision(en) genutzt werden. Alternative Projekte können nicht nur als Haus, Platz oder Produktionsstätte sichtbar werden, sondern auch Ausgangspunkt von Diskussionen um eine Veränderung von Gesellschaft sein.

- Wohn- und Lebensprojekte: Um aus dem Trott der verregelten Alltagsgestaltung (Ausbildung, Arbeit usw.) auszubrechen, können Haus- und Wagenplatzprojekte helfen. Das gilt dann, wenn sie mit der Verwirklichung von Alternativen zur marktförmigen Reproduktion, zu Konkurrenz und zu internen Machtstrukturen gekoppelt werden. Die heute bestehenden Kommunen oder ähnliche Projekte versuchen das bis auf wenige Ausnahmen nicht (mehr).
- Gratisleben: Umsonstläden, Container-Koops[369], Gratisessen wie »Food not Bombs« und NutzerInnengemeinschaften sind Projekte, die kleine Nischen ohne Wertlogik schaffen. Lebensmittelkooperativen oder Tauschringe stellen erste Schritte dahin dar. Verbunden mit direkten Aktionen wie symbolischem Gratisfahren, -schwimmen oder -kino und den Inhalten auf Flugblättern, Internet, Plakaten usw. vermitteln sie einen Hauch von Gesellschaft jenseits kapitalistischer Prägung.
- Wirtschaftliche Kooperativen: Selbstverwaltete Betriebe stellten in den 70er und 80er Jahren eine wichtige Ebene des Versuchs praktischer Gesellschaftsveränderung dar. Allerdings ließen fast alle außer Acht, dass ihr Außenverhältnis kapitalistisch und marktförmig blieb. Visionär sind nur solche Betriebe, die das Erzielen von Profit, festen Gegenwerten und das Produzieren für einen anonymen Markt überwinden.
- Kino, Theater, Volxküchen und mehr können mit visionären Ideen verknüpft werden.
- Alle Erfindungen, Texte, Bilder und Musik können mit einem Copyleft versehen werden, einer General Public Licence, die sichert, dass alle Menschen alles nutzen und auch verändern, es aber nie zu Eigentum machen dürfen. Das bekannteste Beispiel ist Linux.

Entscheidungsfindung und Gruppenstrukturen von unten

Ein Phänomen von Herrschaft ist seine Reorganisierung innerhalb aller gesellschaftlichen Suburäume. Demokratische Entscheidungsfindungen, kollektives Handeln, Auftreten als identitäres Projekt, Dominanzen, formale Hierarchien und Orientierung auf rechtliche Vorgaben finden sich in fast allen politischen Zusammenhängen. Wie von Geisterhand werden schon in der Gründungsphase Leitungsgremien geschaffen – manchmal verklärt. Hausrecht herrscht, Türen werden verschlossen, Computerzugänge per Passwort eingeschränkt. Das

---

[369] Umverteilung selbsterzeugter und gesammelter (»containerter«) Lebensmittel nach Bedürfnis.

Gegenmodell einer gleichberechtigten Struktur, in der alle die gleichen Möglichkeiten haben und sich nach eigener Überzeugung engagieren und kooperieren, wird gar nicht erst diskutiert. Statt Kreativität und Eigenständigkeit dominiert demokratische oder basisdemokratische Organisierungskultur, die gemeinsame Entscheidungen erzwingt. Folge ist ein »ja-nein« oder »schwarz-weiß«. Taktik regiert, denn es geht um Sieg oder Niederlage. Dafür müssen BündnispartnerInnen und Zustimmende gewonnen werden. Diskussion verkommt zur Selbstdarstellung oder Werbeschau für eigene Vorschläge.

Kreative Gruppenmethoden wollen mindestens Grautöne, besser sogar bunte Ergebnisse erzielen. Verschiedene Vorschläge können neben- oder nacheinander umgesetzt werden.

- Beispiel: Das Streckenkonzept des Castor-Widerstandes. Entlang von Gleisen und Straße können sehr unterschiedliche Aktionsformen verwirklicht werden – die Debatte über Sinn und Unsinn bestimmter Aktionen verläuft ohne Anspruch auf Sieg, d.h. dem Nicht-mehr-Stattfinden des anderen.[370]
- Einige der großen internationalen Protesttreffen gegen IWF, Weltbank oder G8-Gipfel waren auch nach dem Konzept offener Aktionen organisiert, d.h. ganz verschiedene Gruppen organisierten ihre Aktionen neben- und miteinander. Wer mit wem kooperierte, war allein Sache der Gruppen.[371]
- Kreativ sein: Es ist wichtig, mit Entscheidungs- und Diskussionsformen in einer Gruppe zu experimentieren. Dabei können bestehende Methoden genutzt werden. Sie sollten aber nie als feste Lehre übernommen, sondern verändert und weiterentwickelt werden. Statt Podiumsdiskussionen eignet sich die Fish Bowl-Methode, bei der die Diskutierenden auswechselbar sind und gleichberechtigt miteinander reden. Kleingruppenphasen, Brainstor-

---

[370] Andere Dominanzprobleme gibt es allerdings beim Castor-Widerstand auch, z.B. die instrumentelle Herrschaft durch meist nur drei Pressesprecher, die im Namen aller reden, sowie Ausgrenzungen aus Räumen und Infoflüssen, elitäre Vorbereitungstreffen usw. Ein Delegiertentreffen entfernte z.B. Aktivisten des *Hoppetosse-Netzwerkes* aus ihrer Runde, weil diese sich nicht als »Sprecher« ihrer Gruppe definieren lassen wollten, sondern bekanntgaben, dass es bei ihnen keine Stellvertretung gab – diese Herrschaftsform wurde von den Anti-Atom-Eliten aber offensiv eingefordert. Sonst war eine Teilnahme am Treffen nicht erwünscht.

[371] Instrumentelle Herrschaft trat allerdings auch hier immer auf. So konzentrierten sich wichtige NGOs auf die Presse- und Lobbyarbeit und traten als SprecherInnen der Massen auf der Straße auf. *Attac* handelte oft in dieser Weise. Allerdings verzichteten viele Basisgruppen auch darauf, ihre Aktionen selbst nach außen zu vermitteln.

ming, visuelle Transparenz des Besprochenen und mehr fördern Kreativität und Gleichberechtigung.[372]

- **Besondere Ideen für *Attac*-Gruppen: Formale FunktionärInnen oder SprecherInnen abschaffen. Offene Strukturen entwickeln. Keine Stellvertretung, niemand tritt für alle auf. Neue Methoden für die interne Gruppenarbeit wie auch für öffentliche Veranstaltungen und Aktionen ausprobieren.**
- Vernetzung: Was für jede Gruppe gilt, gilt erst Recht in Bündnissen und Vernetzungen. Es bedarf keiner Beschlüsse. Jede Aktion ist Sache derer, die sich dafür interessieren. Mehrheits- oder Konsensabstimmungen kanalisieren Aktivitäten durch den Zwang zur Einigung – bei Mehrheit auf das von den meisten Gewollte, beim Konsens auf den kleinsten gemeinsamen Nenner. Plena mit Entscheidungen gehören (endlich ...) der Vergangenheit an. Gerade bei gemeinsamen Aktivitäten vieler Gruppen sollte die Vielfalt in den Aktionskonzepten zur Geltung kommen. Das schließt freie Vereinbarungen nicht aus – z.B. Absprachen über einen gemeinsamen Rahmen, den dann (ohne Abstimmung!) die für sich wichtig nehmen, die ihn auch sinnvoll finden. Angesichts der ständigen Dominanzversuche bisher wird zur Durchsetzung eines anderen Arbeitsstils das gemeinsame Eintreten der daran interessierten Gruppen erforderlich sein.[373]

Rechtsformen

Wer rechtsfähig sein oder vom Rechtsstaat abgesicherte Aktivitäten durchführen will, wird durch das Gesetz auf eine bestimmte Struktur festgelegt. Die Struktur von Vereinen, die Vorgaben für Demonstrationen, der rechtliche Rahmen von Mietverträgen usw. sind alles andere als emanzipatorisch. Andererseits ist für viele Situationen kaum eine Alternative zu finden. Wer ein Haus kaufen oder mieten, über eine Hauptverkehrsstraße demonstrieren oder Förderungen beantragen will, muss oft die vom Staat vorgegebenen Struktur akzeptieren. Die

---

[372] Eine Sammlung von konkreten Methoden und vielen Hintergrundtexten bietet die Internetseite *www.hierarchnie.de.vu*. Die dahinterstehende Gruppe *HierarchNIE!* stammt aus verschiedenen Basisgruppen. Die AktivistInnen beraten auch Gruppen, Camp- und Aktionsorga-Gruppen und haben einen Reader mit den gesammelten Ideen herausgebracht.

[373] Großaktionen sind meistens dominanzgeladen: Ob bei den NATO-Protesten im Frühjahr jeden Jahres in München, bei vielen Camps und Kongressen – meist dominierten wenige oder nur eine Gruppe, die offensiv abweichende Aktionsansätze mobbte. Eine teilweise Ausnahme stellte das jährliche antirassistische Grenzcamp da, wo zwar Ausgrenzungen versucht wurden, sich aber meist der Wille nach Vielfalt durchsetzte.

aus der informellen Zentrale von *Attac* in Verden gegründete *Bewegungsstiftung* fördert nur solche Projekte, die dem deutschen Gemeinnützigkeitsrecht entsprechen. So unterstützen sie den Staat in seinem Bemühen, durch »Zuckerbrot und Peitsche« (Fördern und Strafen) alles auf eine bestimmte Form zuzurichten. Wer selbstbestimmt arbeiten will, muss seine Aktions- und Gruppenstrukturen selbst entwickeln. Der Wille der Beteiligten entscheidet. Für rechtsstaatlich anerkanntes Handeln werden Strukturen geschaffen, die mit der politischen Arbeit formal nicht verbunden sind.

- Fördervereine gründen, die nur für das Anmieten von Räumen oder andere Rechtsakte zuständig sind. Um ihre Macht weiter zu verringern, können für konkrete Projekte Vereine untereinander oder mit Projektgruppen Verträge über die Begrenzung ihres Einflusses unterzeichnen. Beispiele dafür sind die Eigentumsverhältnisse innerhalb des *Mietshäusersyndikats*[374] oder der *Stiftung FreiRäume*.[375]
- Auch für Demonstrationen gilt: Protestzüge nicht nach den Vorstellungen der Polizei ausrichten. Das Gegenmodell wären hier vielfältige Aktionen nach Vorbild des Streckenkonzeptes im Castor-Widerstand bzw. eines auf Innenstädte u.ä. auf die Fläche umgeschriebenen ähnlichen Vorgehens. Innerhalb dessen kann das Formalrechtliche wieder subversiv eingesetzt werden, z.B. einige angemeldete Demobereiche für die Zeit, die dann als beruhigte Rückzugsräume gelten mit Infopunkten, offenen Redebühnen usw.
- **Besondere Ideen für *Attac*-Gruppen: Nicht selbst Verein werden. Vorstände sind überflüssig. Die eigene Arbeitsstruktur selbst festlegen. Überlegen, ob die formalrechtliche Handlungsfähigkeit über einen Förderverein hergestellt wird.**
- Vernetzung: Gründung eines Fördervereins für mehrere Gruppen als Kooperation.

Nieder mit kollektiven Identitäten

Zusammenhaltendes Element vieler Gruppen ist die Konstruktion des »Wir«. Die Gruppe bespricht, oft dominanzdurchzogen, ihre Aktivitäten und Positionen und trägt diese nach außen. Die Beteiligten hinterfragen nur selten, ob das auch ihre eigene Überzeugung ist. Da fast alle Gruppen identische Meinungen herstellen, wirkt es so, als

---

[374] Sitz in Freiburg, Häuser inzwischen in vielen Städten. Infos über *www.syndikat.org.*
[375] Infos über *www.projektwerkstatt.de/stiftung.*

gäbe es dazu keine Alternative. Das stimmt nicht: Gegenmodelle basieren auf Kooperation. Die Mitwirkenden in einer Gruppe kommen zusammen, tauschen sich aus, teilen ihre materiellen Ressourcen, helfen sich gegenseitig usw. Für die konkreten Aktivitäten finden sich jeweils die zusammen, die es interessiert und die sich auf eine Aktionsform oder Position einigen können. Es ist nicht hinderlich, wenn gegenteilige Auffassungen bestehen.

- Offenheit erzeugen und propagieren. Die Stimmung ist sehr entscheidend. Die offensive Aufforderung zum Widerspruch und zu Vielfalt ersetzt das Gerede von Geschlossenheit. Angst und Dominanz müssen abgebaut werden.
- Streit zum Teil der politischen Arbeit machen. Meinungsverschiedenheiten werden als Vielfalt und Chance zum Streit betrachtet. Aus unterschiedlichen Meinungen in der Gruppe entwickeln sich Seminare, Diskussionsveranstaltungen und mehr.
- Die jeweils agierenden Teile der Gruppe geben ihrer Aktion oder dem Projekt einen eigenständigen Namen und treten darunter nach außen auf – nicht mehr im Namen der gesamten Gruppe. Die Gesamtgruppe wird damit ihrer kollektiven Identität beraubt. Sie ist der soziale Zusammenhang, in dem Kooperation, Austausch, gegenseitige Hilfe und die Herstellung von gleichen Handlungsmöglichkeiten organisiert wird.
- Entscheidungen aller sind bei einer solchen Gruppenstruktur überflüssig. Das Mittel gegen Hierarchien oder quälende Plena ist weder Konsens noch straffe Moderation, sondern der Verzicht auf allgemeingültige Entscheidungen.
- Direkte Aktion nach außen mit dem Willen zur nicht-identitären Organisierung verbinden, d.h. für die Anliegen direkter, gleichberechtigter Kommunikation eintreten, die Kritik an Volk und Nation mit der an Identitätsformung in Vereinen, Gruppen, Familien usw. verbinden. Anträge stellen, dass nicht im Namen aller gehandelt oder geredet wird. Transparente, Flugblätter, Schilder und mehr mit Inhalten wie »Nicht in unserem Namen«, »Wir [...] gibt es nicht!«, »Es gibt kein Volk und auch nicht dessen Vertretung«. Subversion kann hinzukommen, wenn die Position des Gegenüber, also der im Namen aller Sprechenden, karikierend unterstützt oder nachgeahmt wird.
- **Besondere Ideen für *Attac*-Gruppen: Nicht mehr als »*Attac* X-Stadt oder Y-Dorf« bei Aktionen und politischen Erklärungen auftreten. Die eigene Gruppe zum offenen Rahmen für Aktionen und Zusammentreffen von Leuten verändern. Es gibt kein**

»Wir«, sondern die Kooperation und den sozialen Zusammenhang. Der offene Treff und der soziale Zusammenhang kann weiter beworben werden. Er kann auch »*Attac* ...« heißen. Dort aber wird nichts mehr entschieden, sondern Austausch, gegenseitige Hilfe, Streit usw. organisiert.

- Vernetzung: Wo immer ein Bündnis entsteht oder eine Vernetzung, sollte diese auf einen einheitlichen Namen, SprecherInnen oder feste Organisationsstrukturen verzichten. Gebraucht werden offene Treffpunkte und Orte der gemeinsamen Organisierung – das Konkrete erwächst aus den Zusammenschlüssen der am jeweiligen Projekt oder an Teilen des Ganzen interessierten Personen und Gruppen.

Keine Hauptamtlichen in zentralen Bereichen

Ämter und bezahlte Stellen verstärken ohnehin vorhandene Dominanzen. Wissen, Rhetorik, Anerkennung bei den anderen anwesenden AkteurInnen sowie das Bugdet an Zeit, Geld und materieller Ausstattung der Einzelpersonen in ihrem Alltag sind sehr unterschiedlich verteilt. Die ohnehin Privilegierten und oft dominanten Personen kommen als erstes in Frage, wenn es um Ämter, einen finanziellen Ausgleich für den eigenen Aufwand oder um die Einrichtung von hauptamtlichen Stellen geht.

Werden externe Personen eingestellt, so haben solche Personen meist höheren Einfluss und bessere Möglichkeiten, eigene Vorstellungen auf die Hauptamtlichen zu übertragen. Daher verstärkt Hauptamtlichkeit die vorhandenen Hierarchien – bei den »BewegungsarbeiterInnen« im Umfeld des *Attac*-Machtzentrums in Verden ist das sogar einkalkuliert. Ähnlich riskant ist die Ernennung von FunktionärInnen. Solche offiziellen Personen ragen aus einer Gruppe heraus. Das Umfeld der Gruppe macht FunktionsträgerInnen wichtig, weil diese bevorzugt angesprochen oder als SprecherInnen dargestellt werden.

- Die dominanzverstärkende Wirkung der Hauptamtlichkeit reduziert sich, wenn Stellen nicht für eine ganze Gruppe, querschnittsorientiert oder für den Kern der Arbeit (z.B. die Betreuung eines Zentrums, der Öffentlichkeitsarbeit u.ä.) geschaffen werden, sondern für ein konkretes Projekt.
- Wenn durch Hauptamtliche eine Veranstaltung, Ausstellung, Veröffentlichung oder Aktion vorbereitet wird, muss der Einsatzbereich auf diese Aktivitäten beschränkt bleiben. Die Privilegien

dürfen nicht gleichzeitig die gesamte Gruppe prägen. Sollten für eine hauptamtliche Kraft über Zuschüsse oder ähnliches z.B. weitere Mittel fließen, so sind diese allen zugänglich zu machen.

- Da es keinen sinnvollen emanzipatorischen Grund für die Existenz von FunktionärInnen gibt, sind Führungs- oder Sprecherposten generell zu vermeiden. Sollten sie notwendig sein, weil formal-rechtliche Schranken dieses auferlegen, muss die Funktion auf genau diese Vorgänge beschränkt und die konkrete Person austauschbar sein.

- **Besondere Ideen für *Attac*-Gruppen: Wo bestimmte Funktionsposten geschaffen wurden oder gar Hauptamtliche existieren, sollte das wieder abgebaut werden. Als Vorschlag für die *Attac*-Organisierung einbringen, dass Büros, Funktionen und Hauptamtliche nur noch für konkrete Projekte und Anliegen existieren, die aus der Kooperation und Initiative von BasisakteurInnen kommen.**

- Vernetzung: Es gibt keinen Grund, Hauptamtliche oder FunktionärInnen für bestimmte Organisationen einzustellen oder zu wählen – denn das bedeutet zwangsläufig, dass sie für die Organisation und damit für zentrale, herrschaftsförmige Ziele arbeiten. Wenn aber solche Posten nur noch für konkrete Projekte, Veranstaltungen u. ä. geschaffen werden, ist es sinnvoll, das von Beginn an als gruppenübergreifendes Vorhaben anzugehen. Ob eine konkrete Gruppe als formaler Rechtsträger agiert oder ein Förderverein gegründet wird, muss im Detail entschieden werden.

Aktions-Knowhow aneignen

Die Handlungsfähigkeit der Gruppe, ihrer Teile und der einzelnen Personen steigt mit der Aneignung von Handlungsmöglichkeiten – sowohl der materiellen und sonstigen Ausstattung der Gruppe wie auch des Knowhows, also des Wissens um das Wie von Öffentlichkeitsarbeit, Direct-Action-Techniken, Kommunikation und Subversion, Rhetorik oder rechtlichen Verhältnissen. Hier liegt ein Schlüssel zur Überwindung der oft nur sehr geringen Wirkungskraft politischer Gruppen. Spontane Aktionen sind ohnehin kaum möglich, während gleichzeitig die Dominanzverhältnisse verschärft werden, denn wo Wissen ungleich verteilt ist, setzt sich der Vorschlag derer durch, die erfahrener und entschlossener wirken. Emanzipatorische Politik wirkt zudem nicht über große Aufmärsche, auch wenn viele politische Gruppen – ob links oder rechts – das glauben und an ihre Anhänger-

Innen vermitteln. Demonstrationen stellen kaum Kommunikation zwischen Menschen her, reproduzieren Normalität und entsprechen den Erwartungshaltungen. Viele kleine Aktionen, die mit der »Normalität« brechen, direkte Intervention, subversive Kommunikation im Alltagsgeschehen, d.h. an Arbeitsplätzen, Ausbildung, Treffpunkten, in Vereinen, Kino oder Stadien, im Laden oder auf der Straße, in Behörden, Bahn, Bus und Gerichten, haben ein erheblich höheres Potential, Menschen zu erreichen, Kategorien zu hinterfragen und Wahrnehmungen zu verändern.

- Wissen um Aktionsmöglichkeiten und -techniken aneignen – in Seminaren, über Schriften oder Gespräche, in Übungen usw.
- Praktisch werden: die Methoden reflektieren und fortentwickeln. Das erhöht die Chance, im Alltag allein und in Gruppen handlungsfähig zu werden.
- Kreative Aktionen sind meist spontan möglich und nötig – oder zumindest mit kurzen Vorlaufzeiten. Wer die Methoden der Subversion vom Fake bis zum versteckten Theater kennt und anwenden kann, wer als Gruppe in verschiedenen Rollenaufteilungen kommunizieren kann, wer mit Spraydosen umgehen oder technische Manipulationen überall vornehmen kann, hat mehr Möglichkeiten.[376]
- **Besondere Ideen für *Attac*-Gruppen: Trainings und Seminare zu Aktionstechniken, Kommunikationsstrategien, Subversion, Öffentlichkeitsarbeit, direkter Intervention usw. veranstalten – und zwar so, dass nicht nur das Wissen der dominanten Aktere, sondern aller gesteigert wird. Ziel ist, als Gruppe handlungsfähiger zu werden, aber auch die Einzelnen zu stärken für die ständige Intervention, Aktion und Kommunikation im Alltag.**
- Vernetzung: Erfahrungsaustausch, gegenseitige Hilfe, gemeinsame Seminare und Workshops, Veranstaltungsreihen und vor allem der Zugang zu Ressourcen wie Werkzeug, Aktionsmaterialien und mehr sind als Kooperation mehrerer Gruppen effizienter und anspruchsvoller möglich.

---

[376] Internetseite zu Aktionsmethoden und -beispielen: *www.direct-action.de.vu*.

Experimente, Freiräume und Ausstiege

Die Veränderung von Gesellschaft in einem dauernden, emanzipatorischen Prozess ist die Vorstellung des Freikämpfens von immer mehr sozialen Orten gegenüber dem Zwang zur Verwertung und der Zurichtung auf Hierarchien, Normen und Rollen. Projekte, Kooperationen und Zusammenhänge von Menschen, Gegenöffentlichkeit und Selbstorganisierung dienen einerseits der zumindest teilweisen, individuellen Befreiung der Beteiligten aus ihren gesellschaftlichen Zwängen und der Stärkung gleichberechtigten Zugangs zu Ressourcen. Andererseits schaffen sie Reibungsflächen für eine Auseinandersetzung mit den bestehenden gesellschaftlichen Verhältnissen. Dieses Anliegen wird oftmals von den AkteurInnen in politischen Gruppen, besonders oft von den Eliten politischer Bewegung als überflüssig oder sinnlos dargestellt. Die Veränderung im Hier und Jetzt würde keinen Sinn machen, da Veränderungen unter weiter andauernden Herrschaftsverhältnissen (z.B. Kapitalismus) vergeblich, uneffizient oder gar nicht möglich seien. Diese Aussage ist richtig insoweit, dass es nichts komplett Richtiges im Falschen geben kann – allerdings sind »richtig« und »falsch« Kategorisierungen und damit Herrschaft. Die Kritik verkennt aber, dass innerhalb des Bestehenden sehr wohl Handlungsmöglichkeiten ausgeweitet werden können. Veränderung entsteht aus der Reibung konkreter Versuche – das Scheitern ist Ausgangspunkt von Protest, also selbst dann ist das Experiment wichtig.

Jeder gesellschaftliche Subraum kann eine Kampfzone für Veränderungen sein. Da Gesellschaft immer ein komplexes Ganzes ist und nicht trennbar von seinen Teilen (es gibt kein menschliches Leben außerhalb von Gesellschaft), ist auch jede Veränderung eine der Gesellschaft. Unterschiedlich kann sein, wie stark nach außen, also auch auf Veränderung bis Reibung mit dem Umfeld etwas wirkt. Spannend sind daher soziale Experimente, die ihre Verknüpfung mit dem sozialen Umfeld offensiv angehen.

- Beispiele: Eigentum teilen oder abschaffen innerhalb von Gruppen odor Projekten. Hinzu kommen öffentliche Projekte wie die Umsonstläden[377] oder die NutzerInnengemeinschaft.[378]
- Politische Zentren und Treffpunkte aufbauen als offene Plattformen ohne Grenzen, Beschränkungen und Verbote.
- Aktionen starten mit einer Vorbereitung ohne Hierarchien und erzwungene Geschlossenheit.

---

[377] Zur Idee siehe *www.umsonstladen.info*.
[378] Zur Idee siehe *www.laich.info/nutzigem*.

- Wo Kooperationen entstehen, sollten alle Beteiligten unabhängig handlungsfähig bleiben können.
- Konkrete Aktion: Treffpunkte aller Art schaffen, die frei sind von äußeren Zwängen und inneren Hierarchien, z.b. besetzte Häuser oder Plätze, Umwidmung von bestehenden Räumen und zeitlich befristet Orte »befreien« über Demonstrationsrecht oder Infostände als Mittel, um offene Strukturen zu schaffen. Besonders offensiv und vermittlungsstark ist, solche Räume da zu schaffen, wo die Gegensätze aufeinander prallen: Gratiszonen im Kaufhaus, herrschaftsfreie Bereiche vor der Polizeistation oder im Rathaus, Faulenztreff im Arbeitsamt, Bildung-von-unten-Experimente in Uni oder Schule usw.
- **Besondere Ideen für *Attac*-Gruppen: Die eigene Gruppe als Experiment begreifen und sich nicht darauf reduzieren lassen, ab und zu am Abend über Politik zu reden oder Aktionen vorzubereiten. Einkommens- und Zeitausgleich in der Gruppe, Eigentumsteilung mit anderen Gruppen oder der Aufbau von Projekten und Experimenten, die visionäre Einblicke in eine Gesellschaft jenseits von Herrschaft und Verwertung schaffen sind deutlich wertvoller als ausgedehnte Unterschriftensammlungen für belanglose Steuern oder Appelle an die Mächtigen. Verändert die Städte und Regionen – Quadratmeter für Quadratmeter!**
- Vernetzung: Viele große Projekte wie soziale Zentren und Gratis-Kooperativen sind über Gruppengrenzen hinweg leichter zu realisieren.

Normalität brechen

So unglaublich es klingt, so ist es doch – die meisten politischen Gruppen versuchen sehr bewusst, möglichst »normal« zu sein, d.h. in ihren Äußerungen und Aktionsformen in dem Rahmen zu bleiben, der gesellschaftlich anerkannt ist, von den Medien beachtet oder dem nicht mit Repression begegnet wird. Diese Strategie führt dazu, dass viele Aktionen unbeachtet bleiben oder von mächtigeren Interessengruppen instrumentalisiert und umgedeutet werden können. Um Bestehendes in Frage zu stellen und Visionen anzuregen, müssen Aktionen Überraschung bis Verwirrung bewirken können.

- Wenn Kriege beginnen, erwarten Menschen auch Proteste. Die erwartete Form sind Demonstrationen und Mahnwachen. Dieser Erwartungshaltung kommt die Friedensbewegung voll entgegen.

Getragen werden ihre Aktionen von den Medien, meist vor allem von denen, die auch sonst die »Normalität« aufrecht halten und Aktionsformen diffamieren, die davon abweichen. Diese Aktionsformen im vorgedachten Kanal schaffen keine Erregung. Sie kanalisieren Protest und lassen das gesellschaftliche Geschehen als ertragbar sowie demokratisch wohlgeordnet erscheinen. Das Gegenteil wäre das Ziel kreativer Aktion – Überraschungen setzen, mit bisher Gewohntem brechen, das Traditionelle und sich Wiederholende in Frage stellen, scheinbar Selbstverständliches untergraben. Dafür sind Aktionsformen und -inhalte nötig, die (vor allem im Alltagstrott) Gegenimpulse setzen: Anregungen zum Nachdenken, zur Aufnahme von Kommunkation, zum Diskutieren von Alternativen und Visionen, z.B. durch sichtbares oder verstecktes Theater, Inszenierungen im öffentlichen Raum, subversive Veränderungen an Werbung, Kriegsspielzeug und -büchern.

- Kreativität zählt: Um Normalität zu brechen, ist nicht der große Aufwand entscheidend, sondern den Punkt zu treffen, an dem sich die Standards im Alltag zeigen. Am Fahrkartenschalter der Bahn beim BahnCard-Kauf oder im EinwohnerInnenmeldeamt die Kreuze bei Mann/Frau verweigern mit der Aussage: »Geschlechter werden gemacht« oder »Was interessiert meine BahnCard, ob ich männlich oder weiblich definiert wurde?« kann viel Irritation hervorrufen – und das ist nur ein Beispiel – fast jede Situation kann durch die richtige Frage, Aktion, Überspitzung oder Irritation so verändert werden, dass das Selbstverständliche plötzlich zum Absurden wird.

- **Besondere Ideen für *Attac*-Gruppen: Das Brechen von Normalität in Aktionskonzepte und -formen einzubauen, gilt für *Attac* genauso wie für andere Gruppen. Doch eines erscheint zusätzlich wichtig: *Attac* selbst ist das »Normale« in der politischen Arbeit geworden. Dieser Anforderung zu entsprechen, normalisiert und kanalisiert politische Aktion. Um kreativwiderständig, unberechenbar und damit auch wirksam im Sinne des Nachdenkens, des Erzeugens kritischer und visionärer Kommunikation zu sein, kann gerade eine *Attac*-Gruppe wirkungsvoll agieren – wenn sie überraschende politische Ideen und Aktionen verwirklicht. Der Aufschrei des »Wie kann gerade eine *Attac*-Gruppe so etwas machen?« würde mit einiger Sicherheit durch die Medien rauschen – ein Indiz dafür, dass gesellschaftliche Eliten einen Kontrollverlust fürchten. Damit würden *Attac*-AktivistInnen auch an der Zuschüttung von**

Gräben mitwirken, die zwischen verschiedenen politischen Gruppen bestehen.

Soziale und materielle Gleichberechtigung der AkteurInnen

Wer Gesellschaft verändern will, kann in jedem Subraum der Gesellschaft anfangen. Jede Basisgruppe ist ein solcher. Ein Ansatzpunkt ist die materielle Ausstattung: Geld-, Zeit- und Materialzugang sind je nach sozialer Stellung, Kontostand, Wohnungsgröße und -ausstattung sehr unterschiedlich. Das fördert Dominanzen und reorganisiert die Abstufungen zwischen Menschen in der Gesellschaft. Wenn sich Basisgruppen als soziale Gruppe mit Anspruch auf Gleichberechtigung betrachten, muss sie über die Theorie oder den Streit um das Diskussionsverhalten hinauskommen, denn eine Person mit deutlich besserem Wissenszugang, mehr Erfahrung, besserer Zeit- und Geldausstattung usw. bleibt bevorteilt, auch wenn sie sich an Redeverregelungen hält. Wenn sich politische Basisgruppen aber als soziale Gruppe verstehen, entsteht ein zusätzlicher Aufwand für die Organisierung von praktischer Gleichberechtigung und Selbstorganisierung. Der ist sinnvoll, wenn dadurch der Aufwand für andere Reproduktionstätigkeiten so sinkt, dass Zeit, Kraft und Geld gespart werden – bis dahin, dass auf Lohnarbeit ganz oder teilweise verzichtet werden kann. Selbstorganisierung muss daher effizient sein, sonst wird sie zur Nische und schafft eher Inseln als Ausgangspunkte widerständiger politischer Kultur.

- Zeitausgleich und -zugewinn: Aktivitäten als Gruppe so organisieren, dass alle daran teilhaben können. Wo starke zeitliche Beschränkungen zu sehen sind, können diese ausgeglichen werden durch gegenseitige Hilfe in Bereichen der Alltagsgestaltung oder Organisierung von Treffen, die z.B. mit der Anwesenheit von Kindern verträglich sind. Die heute verbreiteten Tauschringe könnten ein solcher Ansatz sein, überwinden aber in der vorherrschenden Strategie das Grundproblem nicht. Wer viel Zeit hat, hat auch in Tauschringen Vorteile, da Zeit die Währungseinheit ist. Nicht selten haben die, die im kapitalistischen System mehr Währungseinheiten (Geld) haben, auch im alternativen Tauschring die meisten Währungseinheiten (Zeit). Dieses gegenseitige Inwertsetzen kann überwunden werden, indem Menschen sich gegenseitig ohne Verrechnung so helfen, dass sich die zeitlichen Möglichkeiten für Aktivitäten in der Basisgruppe annähern.

- Materieller Ausgleich: Eine Basisgruppe kann sich als NutzerInnengemeinschaft an materieller Ausstattung verstehen, d.h. alle haben Zugang zu der materiellen Ausstattung aller – Computer, Fahrzeuge, Werkzeug, Räume für Treffen usw. werden auch den anderen Aktiven zugänglich gemacht. Die weiterentwickelte Variante wäre der Aufbau gemeinsamer Infrastruktur, d.h. an verschiedenen Orten (z.B. in dafür nutzbaren Privaträumen) werden Arbeitsmöglichkeiten geschaffen. Das Heimwerkzeug wird in einer gemeinsamen Werkstatt zusammengestellt, die Computer in einem gemeinsamen Computerraum oder Farben, Pinsel, Kleister und Stoffe in einer Direct-Action-Werkstatt. Das schließt nicht aus, dass Einzelgeräte auch verbleiben können, wo sie ständig gebraucht werden, denn die materielle Ausstattung eineR durchschnittlichen MitteleuropäerIn ist derart hoch, dass bei der Bildung von gemeinsamer Infrastruktur in einer Basisgruppe unglaublicher Überfluss zu Tage tritt.
- Geldausgleich: Wo der materielle Ausgleich, d.h. die gemeinsame Nutzung von Infrastruktur, weit entwickelt ist, verringern sich auch die verschiedenen Handlungsmöglichkeiten von Menschen in Folge von Reichtumsunterschieden. Dennoch können einige verbleiben. So wird Kommunikation und Mobilität vielfach weiterhin vom Geld abhängen. Hier einen Ausgleich zu schaffen, würde Gleichberechtigung praktisch fördern. Denkbar ist ein ständig verhandelter Ausgleich oder eine gemeinsame Kasse in der Gruppe. Das ist nicht die Kasse der Gruppe, sondern eine Kasse, aus der z.B. Mobilität, Kommunikation usw. im Rahmen der politischen Arbeit finanziert werden, d.h. dass die Personen sich dort Geld nehmen können, die sonst auf Aktivität verzichten müssten.
- Selbstorganisierung im Alltag: Für alle entstünde ein materieller und finanzieller Gewinn (durch weniger Ausgaben) durch eine Erhöhung der Selbstorganisierung, d.h. die Reduzierung des Anteils an der materiellen und sonstigen Reproduktion über den anonymen Markt oder Abhängigkeitsverhältnisse. Nahrungsmittel, technische Geräte usw. können über »Schnorren«, Tausch, gemeinsame Nutzung, Reparatur und mehr Ideen organisiert statt finanziert werden. Bei effizienten Strategien schafft das neue zeitliche Freiräume und verringert Abhängigkeiten für alle. Auch diese Idee ist wiederum mit einem nach außen gerichteten Projekt koppelbar, z.B. mit dem Aufbau von Umsonstläden, die immer denen besonders helfen, die sich direkt für sie engagieren. Solche Verbindungen von Selbstorganisierung im Alltag und politischer Außenwir-

kung sind besonders geschickte Orte realer Gesellschaftsveränderung und Ansätze für visionäre Debatten, die über eine Ein-Punkt-Kritik hinausgehen.

- **Besondere Ideen für *Attac*-Gruppen: Wie jede andere Gruppe auch kann eine *Attac*-Gruppe zur sozialen Basisgruppe für die dortigen AkteurInnen werden. Wahlweise kann sie sich an solchen Strukturen mit anderen Gruppen beteiligen – Ziel ist so oder so die Schaffung materieller Gleichberechtigung der AkteurInnen.**

- Vernetzung: Gemeinsame Infrastruktur, Geld- und Zeitausgleich sowie NutzerInnengemeinschaften und Selbstorganisierungs-Kreise können über den Kreis der Gruppe hinaus noch besser organisiert werden. Je mehr sich daran beteiligen, desto größeren werden die Möglichkeiten. Zudem ist zu erwarten, dass sich zur Zeit nur ein kleiner Teil an solchen sozialen Experimenten der praktischen Gleichberechtigung beteiligen wird, weil Politarbeit immer noch sehr stark vom Alltagsleben getrennt wird. Daher ist ein gruppenübergreifender Ansatz schon förderlich, um überhaupt eine handlungsfähige Menge an Menschen für die Idee eines materiellen und Zeitausgleichs, für gemeinsame Infrastruktur, Selbstorganisierung im Alltag usw. zu gewinnen. Es würde dann wiederum auch Vernetzung und Kooperation über Gruppengrenzen hinweg fördern, wenn Menschen aus verschiedenen Bezügen als soziale Gruppe zusammen Lösungen für ihren Alltag entwickeln.

Offene Plattformen aufbauen

Eine gemeinsame Infrastruktur kann nach außen geöffnet werden. Offene Plattformen entstehen dort, wo es keine Beschränkungen mehr gibt, wer sie wofür nutzen darf. Absprachen werden gleichberechtigt zwischen den AkteurInnen selbst getroffen. Passwörter, Türschlüssel und andere formale Hierarchien existieren nicht mehr oder sind für alle gleichermaßen überwindbar. Die AkteurInnen sind aufgerufen, die Aufrechterhaltung und Weiterentwicklung der offenen Plattform als ihre eigene Angelegenheit zu begreifen. Der materielle Reichtum offener Plattformen entsteht aus Spenden und aus der Übergabe bisherigen Privateigentums in den eigentumsbefreiten Raum. Hinzu kommt das Wissen der Beteiligten, das in einer Plattform für alle transparent gemacht werden sollte – in Form von Workshops, Trainings, Infotafeln oder eingerichteten Presseverteilern auf Faxgeräten und Computern. Solange die Plattform nicht reprivatisiert wird (Klau,

Verkauf, Hierarchisierung u.ä.), bleibt die Nutzbarkeit aller Gegenstände für die vorherigen BesitzerInnen voll erhalten.

- Ständig verfügbare Räume oder Häuser können zu offenen Plattformen verändert werden, wie sie z.B. in der Idee der Projektwerkstätten[379] in einigen Orten umgesetzt werden. Durch sie ist eine Arbeitsinfrastruktur in einer Stadt oder Region, ein Haus oder einige Räume dauerhaft öffentlich zugänglich. Solche Plattformen sehen völlig anders aus als Umweltzentren oder ähnliche Häuser, wo einige gemeinsame Räume zu finden sind, aber sonst alles nach Gruppen getrennt ist. Diese haben unterschiedlich ausgestattete Räume und jede schließt ihren Bereich sorgsam ab.

- Möglich sind offene Plattformen auch bei Aktionen, auf Camps und Kongressen.[380] Sie verbessern nicht nur die Arbeitsmöglichkeiten aller die Plattform nutzenden Menschen, sondern enthierarchisieren die politische Arbeit, weil bisher meist nur wenige Personen den Zugang zu technischer Infrastruktur, Presseverteilern usw. haben. Denkbar ist, dass die gesamte Infrastruktur, die errichtet wird, für alle offen ist. Es gibt verschiedene Zelte oder Räume, wo die OrganisatorInnen, aber auch Gruppen, die noch etwas mitbringen, ihre Materialien zusammenstellen. Ein Medienzelt/-raum, eine Direct-Action-Plattform und viele andere Bereiche können entstehen.

- **Besondere Ideen für *Attac*-Gruppen: Hortet Eure Möglichkeiten und Euren materiellen Reichtum nicht für Euch, sondern schafft offene Strukturen, damit viele das nutzen können, was vorhanden ist. Das kann von einem Teil der Gruppe, der ganzen Gruppe oder einer Kooperation mehrerer Gruppen ausgehen. Gerade letzteres ist besonders attraktiv, denn dann können *Attac*-Aktive auch das nutzen, was von anderen eingebracht wird. Offene Plattformen erhöhen den Reichtum aller, weil dieser nicht mehr individuell ist. Denn Reichtum ist nur dann sinnvoll, wenn er auch nutzbar ist. Da der Anteil materiell gut gestellter Personen in *Attac*-Gruppen recht hoch ist, zudem *Attac*-Gruppen und die mit ihnen verbundenen Or-**

---

[379] Der Name ist dabei unwichtig, identitäre Konzepte werden nicht verfolgt. Die Idee entstand aus der radikalen, unabhängigen und damals ziemlich großen Jugendumweltbewegung Ende der 80er Jahre. Von den damals ca. 50 Projektwerkstätten sind nur noch wenige übrig, eine ist in der letzten Zeit neu entstanden. Mehr unter: *www.projektwerkstatt.de*, die ehemalige Gemeinschafts-Homepage der Projektwerkstätten, heute eher eine offene Internetplattform im Bereich kreativer Widerstand, Selbstorganisierung, Herrschaftskritik, Utopien und Schaffung von Freiräumen.

[380] Mehr: *www.projektwerkstatt.de/plattform*.

ganisationen teilweise erhebliche Zuschüsse erhalten, wäre es besonders wichtig, dass sich solche Gruppen am Aufbau offener Plattformen beteiligen. Wichtig ist, dass aus dem Einbringen materieller Ressourcen kein Anspruch an Kontrolle geknüpft wird.

- Vernetzung: Was für die einzelne Gruppe gilt (siehe oben), kann auch in einem offenen Netzwerk geschehen. Das bietet sogar weitere Vorteile, denn die bereits vorhandenen materiellen Ressourcen (Bücher, Geräte ...) der eine solche Plattform gemeinsam aufbauenden Gruppen und Personen schaffen aus dem Stand eine gute Infrastruktur.

Gegenöffentlichkeit schaffen

Politische Gruppen orientieren sich in ihrer Öffentlichkeitsarbeit zur Zeit an den dominanten, bürgerlichen Medien oder schaffen sich aus Mangel an strategischen Aktionsansätzen und verständlichem Groll gegenüber den Sprachrohren der Eliten weitgehend abgeschottete Inseln. Fast alle Demonstrationen, politischen Veranstaltungen oder autonomen Zentren haben keine oder wenig Außenwirkung. Viele wollen das auch gar nicht, sondern haben sich selbst als Zielgruppe. Eine Debatte über Außenwirkung, Kommunikation über die Grenzen der eigenen »Familie« hinaus findet selten statt.

Gegenöffentlichkeit bezeichnet eine Vielzahl von Aktionsformen, deren Ziel es ist, Menschen zu erreichen. Dabei spielen Medien eine Rolle, aber nicht die prägende. Gegenöffentlichkeit überwindet die Orientierung am Bestehenden. Wo dennoch auf die vorherrschende, bürgerlich-staatsnahe Medienlandschaft gesetzt wird, beschränkt sich Pressearbeit nicht auf Texte und Beiträge, die dem Standard entsprechen. Stattdessen schafft sie eigene Akzente und Handlungsformen.

- Subversion, d.h. die Umkehrung der Wirkung dominanter Werbung und Medien für eigene Ideen, ist ein wichtiger Baustein kreativ-widerständiger Politik. Sie als ein Element von Gegenöffentlichkeit ständig weiterzuentwickeln, ist eine wirksame und oft lustvolle Sache: Gefälschte Pressemitteilungen auf dem Briefkopf mehr beachteter Gruppen oder Personen, Plagiate der Zeitungen selbst, Auftreten als zielgerichtet erfundene Gruppe usw. – denkbar wäre die Gründung der eigenen Gegengruppe bei Aktionen, wie es beispielsweise das Bündnis »Mehr Sicherheit für Magdeburg« bei Protesten im Oktober 2003 war.[381]

- Eigene Medien vom Internet über eigene Zeitungen, Radiosender oder Sendungen bei Freien Radios u.ä. bis hin zum (nicht legalen!) Piratenfunk auf freien oder stark gehörten Frequenzen stellen Gegenöffentlichkeit her. Sie können ständig oder zeitweise bei Aktionen oder Veranstaltungen bestehen.

- Flugblätter sind Gegenöffentlichkeit, ebenso eigene Plakate, Aufkleber und das subversive Verändern bestehender Plakate. Letzteres kann wiederum wahllos oder subversiv erfolgen, z.B. Informationsheftchen oder Aufkleber zu Geschlechterkonstruktion in passenden Spielzeugpackungen oder Büchern, Informationen zu Militärpolitik an dazu passenden Stellen usw.

- Selbst für BekennerInnenschreiben (anonyme Erklärungen nach Aktionen) muss nicht auf die kontrollierte Presse geschielt werden. Solche Texte können auch massenweise auf gut frequentierte Flächen wie Telefonzellen, Automaten, an Ampeln oder in Bücher, Zeitungen usw. geklebt werden. Je offizieller es wirkt (Subversion), desto länger bleibt es dort.

- Zur Gegenöffentlichkeit gehören alle Formen der breiten öffentlichen Vermittlung, also auch Transparente an sichtbaren Stellen, Graffitis mit politischem Inhalt, Reden, Straßentheater usw.

- **Besondere Ideen für *Attac*-Gruppen: Die meisten *Attac*-Gruppen gehen bislang den bequemen, d.h. vor allem den normalen Weg. Mit oder ohne Beziehungen zu Medien werden Presseinformationen geschrieben. Prominente helfen dabei, bekannt zu werden. Subversive Elemente oder der Aufbau eigener Medien gehören selten zum Repertoire des Handelns. Früher oder später wird das für *Attac*-Gruppen ohnehin zum Verhängnis. Wenn der Hype von *Attac* vorüber ist und der Name der Gruppe nicht bereits den Abdruck in der Zeitung garantiert, fehlt die Übung in anderen Formen der Öffentlichkeitsarbeit. Die Fixierung auf die bürgerlichen Medien kanalisiert bereits heute den Inhalt und die Form. Vieles ist dort nicht formulierbar, bleibt in der Redaktionszensur oder sogar in der Selbstzensur der Gruppe hängen. Denn viele formulieren ihre Pressetexte bereits danach, was die Presse erfahrungsgemäß abdruckt. Radikalere Positionen und originelle Aktionen fallen schon der eigenen Zensur zum Opfer. *Attac-***

---

[381] Siehe *www.bms-md.de.vu*.

Gruppen sollten sich die Methoden der Gegenöffentlichkeit erobern, eigene Medienprojekte schaffen und zusätzlich die Formen der subversiven Agitation erobern.

- Vernetzung: Zeitungen, Radio, Nachrichtensendungen in offenen Kanälen, Kooperationen mit Kinos, Wandzeitungen, Videoprojekte und vieles mehr sind als offene Kooperation mehrerer Gruppen besser umsetzbar und erreichen mehr Wirkung, weil die Verbreitung und Vielfalt an Beiträgen steigen und das Ganze zudem zu einer ständigen Vernetzung zwischen den Beteiligten führt. Insofern sind Projekte der Gegenöffentlichkeit besonders für Kooperation geeignet und sollten, wenn sie von Gruppen als Idee entwickelt werden, möglichst schnell an weitere herangetragen werden.

Nie stehenbleiben – von der einheitlichen zur offenen Gruppe

Keine Strategie ist gut, wenn sie statisch bleibt. Die Reflexion, das kreative Sammeln von Ideen »fürs nächste Mal« usw. sind wichtig. Es geht nicht um Perfektion, sondern um ständige Weiterentwicklung. Immer können neue Aktionsformen, Vermittlungsstrategien und Methoden des internen Hierarchieabbaus ausprobiert werden.Politische Basisarbeit muss ein gesellschaftliches Experimentierfeld werden. Die Langeweile, die politische Bewegung zur Zeit ausstrahlt, ist auch eine Folge davon, dass politische Arbeit zur Routine abflacht und abgestandene Aktionsformen wiederholt werden. Dynamik und Kreativität fehlen. Einzelne Ausnahmen werden zum Farbtupfer in einem ansonsten grauen Einerlei – und zieren dann die Werbeprospekte der langweiligen Verbände.

- Ziel ist, die eigene Gruppe zu einer offenen Plattform zu entwikkeln. Sie wird ein Treffpunkt, an dem sich Menschen austauschen und im Stil des »Open Space«[382] zu konkreten Projekten zusammenfinden, die daran jeweils Interesse haben. So können sehr unterschiedliche Dinge mit- und nebeneinander laufen – von der Vorbereitung von Aktionen über langfristige Projekte bis zur Schaffung von sozialen Basisgruppen, d.h. Runden, in denen Menschen einen Zeit- und Einkommensausgleich vereinbaren, Gemeinschaftseigentum bilden usw. Am Ende würde die Gruppe aufhören, als Gruppe mit identitärem Konzept, gleichem Namen

---

[382] Gruppenmethode, bei der in einem offenen Raum viele unterschiedliche Gesprächsrunden stattfinden können (siehe *www.hierarchnie.de.vu*).

und SprecherInnen zu existieren. Stattdessen gäbe es offene Treffpunkte, je nach Interesse auch verbunden mit Veranstaltungen, Gratisessen, Kino, Aktionen usw. sowie viele autonome (d.h. selbstorganisiert-unabhängige) Teilgruppen, deren Zahl im günstigsten Fall immer unübersichtlicher wird und deren Aktivitäten eines Tages selbst für die »CheckerInnen« der vorherigen einheitlichen Gruppe überraschend sind.

- **Besondere Ideen für *Attac*-Gruppen: Genau diese Entwicklung ist möglich. Jede *Attac*-Gruppe (und jede andere Gruppe auch!) hat die Möglichkeit, sich von einem eingeschränkten Selbstverständnis als Untergruppe einer Großorganisation mit festem politischen Profil zu einem offenen »Haufen« für viele Ideen und Teilprojekte zu entwickeln. Dieser Prozess kennt kein Ergebnis und damit auch keinen Stillstand. Das »Offene«, das fehlende Selbstempfinden als feste Gruppe ist genau das Spannende. Die Frage »Wer seid Ihr?« ist nicht mehr zu beantworten – sondern bietet gleich einen Gesprächseinstieg über Identitäten und offene Gesellschaft. Der Wandel der Gruppe wird zur Aktion. In einer Gesellschaft, die identitär organisiert ist, stellt die Existenz des Anti-Identitären bereits einen Bruch der Normalität dar.**

- Vernetzung: Eine große Chance böte sich, wenn diese Entwicklung nicht nur in einer Gruppe laufen würde, sondern die bisher in verschiedene identitäre Nischen gespaltenen Personen dort kooperieren, wo sie Interesse verspüren. Die offenen Treffpunkte und Querschnittsprojekte (eigene Medien, Veranstaltungsreihen, Aufbau offener Plattformen usw.) verknüpfen die einzelnen Ideen aus der laufenden Arbeit heraus und nicht über die Dominanz schaffenden Koordinierungsgruppen oder andere Apparate.

Netzwerke und Bündnisse »von unten«

Attac-Gruppen sind nicht allein: Antifas, Ökos, soziale Gruppen, Frauenhäuser, Studentengruppen und Bürgerinitiativen füllen die Adressverzeichnisse – auch wenn die Hochphase für viele Gruppen vorüber ist. Vielerorts gibt es sogar mehrere Öko- oder Antifagruppen. Das reicht zu Streit gegeneinander, Macht- und Ausgrenzungskämpfen bis hin zum erbitterten Wahlkampf um AStA-Posten, SchülerInnenvertretungsgeldern und mehr. Kooperationen dagegen sind eher selten und bestehen meist nur zwischen wenigen Gruppen. Viele arbeiten auf sich bezogen, treten unter eigenem Namen auf und zeigen bei der Frage von Kooperation und Vernetzung ebenso Furcht vor Kontrollverlust wie in der internen Struktur. In wenigen Ausnahmen, vor allem bei der Vorbereitung größerer Aktionen gegen Kriege, Sozialabbau usw., bilden sich Bündnisse.

Die genannten Tipps für Gruppen kooperativ umsetzen

Was für jede Gruppe gilt, kann auch von Kooperationen oder Netzwerken mehrerer Gruppen umgesetzt werden – oft sogar dank größerer Vielfalt, Möglichkeiten und Ressourcen deutlich besser. Daher gelten viele der Hinweise im vorherigen Kapitel auch hier bzw. sind dort unter den Extra-Punkten »Vernetzung genannt«.

Kollektive Identitäten vermeiden

Verschärft tritt in Bündnissen und Vernetzungen das Problem kollektiver Identitäten auf. Nicht Menschen agieren zusammen, sondern VertreterInnen, die krampfhaft versuchen, die Meinung ihrer Gruppe wiederzugeben und damit die Konstruktion der identitären Gruppe selbst voranzutreiben. Zudem beraubt sich das Bündnis jeglicher Dynamik und Spontanität, weil alles erst noch in den Basisgruppen besprochen werden muss. Ein persönliches »Ja, ich mache mit« oder »Ich mache dies oder das« wird selten. Alles läuft im »Wir«, vorsichtig taktieren die GruppenvertreterInnen, nicht selten prägen versteckte Machtkämpfe das Geschehen.

Hinzu kommt, dass Bündnisse selbst identitär konstruiert sind. Einheitliche Namen und Label müssen her, eine feste Form wird vereinbart mit Abstimmungen und zentralen Treffen. Meist wird ein Koordinierungskreis oder eine Steuerungsgruppe bestimmt. Dort landen die ohnehin dominanten Personen mit den größten Zeit- und materiellen Ressourcen. Bei Aktionsinhalten und -formen regiert das Prinzip des kleinsten gemeinsamen Nenners – der Kompromiss zwischen 1 und 100 ist dann nicht 50 oder 51, sondern 1, weil 1 auch in 100 enthalten ist. Diese Logik zeigt Furcht, das geringe Selbstbewusstsein und das Ringen um Kontrolle. Mutige Positionen und kreative Aktionskonzepte haben in einer solchen Atmosphäre keine Chance.

Vernetzung und Kooperation bedürfen keiner Formalisierung. Einheitliche Namen und Strukturen schaffen nur neue handelnde Subjekte, die als identitäres Kollektiv agieren statt die Handlungsfähigkeit der autonomen Teile erhöhen. Die Organisationseliten der meist als Bündnisse konstruierten Zusammenarbeit fürchten auch in der Ebene oberhalb der Basisgruppe ständig um ihren Einfluss und ihre Kontrolle. Ständig laufen Machtkämpfe zwischen hierarchisch organisierten, identitären Basisgruppen. Gänzlich unverstellbar ist meist, dass innerhalb einer Zusammenarbeit eigenständig Menschen oder Teilgruppen agieren. Das Plenum wird fast religiös zum entscheidenden Punkt stilisiert und das Abstimmen aller über alles, d.h. die Dominanz des Kollektiven über das Autonome wird als Basisdemokratie[383] verklärt. Mit solchen Strukturen sichert sich das Ganze die Herrschaft über die Teile, konkret der Eliten über die Menschen und Gruppen. Das Ganze agiert nicht als Summe aller, sondern durch die dominanten Personen und Strömungen, die im Namen des Ganzen agieren, sprechen und sich mit taktischen Mitteln die Mehrheiten verschaffen. Der Gegenentwurf ist ein offener Treffpunkt, bei dem Streit, Austausch und kreative Debatte um Strategien im Mittelpunkt stehen.

Verzicht auf zentrale Entscheidungen

Kernpunkt der formalen Veränderung ist der totale Verzicht auf zentrale Entscheidungen. Die Basisdemokratie wird wie jede andere Form der Entscheidungsfindung einfach abgeschafft. Künftig findet das statt, an dem genügend Leute oder Gruppen Interesse oder Lust haben, es mit umzusetzen. Niemand spricht mehr im Namen des Ganzen. Diese Situation wird offensiv vertreten, denn sie bricht mit der Erwartungshaltung von außen. Presse, Politik und andere fordern zentrale Ansprechgremien und -personen ständig ein. Es bedarf eines aktiven Erklärungsaufwandes, die andere Form zu vermitteln. Das ist bereits politische Aktion – sogar mit visionären Aspekten, denn der Verzicht auf Entscheidungsfindungen deutet auch Alternativen für die Gesamtgesellschaft an. Alles, was geschieht, geschieht aufgrund der Vereinbarung der konkret Betroffenen bzw. Interessierten sowie auf der Basis der tatsächlich stattfindenden Kooperation gleichberechtigter Teile des Ganzen. Welch eine beeindruckende Vision ist es allein schon, sich Treffen deutscher politischer Gruppen vorzustellen, bei denen es nicht mehr um Wahlen, Abstimmungen über die einzig richtige Aktionsform, das gemeinsame Label, die einzige gemeinsame

---

[383] Dabei ist dieser Begriff durchaus passend. Demokratie ist ein Herrschaftssystem und hat mit Autonomie und Selbstbestimmung nichts zu tun. Basisdemokratie bedeutet, dass die Herrschaftsausübung aus einem Kollektiv, nicht aus einer repräsentativen Gruppe heraus erfolgt.

Presseinformation, den einzigen und gemeinsamen Aufruf usw. geht! Welch ein Potential an Kreativität und Energie könnte allein dadurch frei werden, dass Menschen nicht mehr um Mehrheiten kämpfen müssen, um ihre Ideen umzusetzen.

Verzicht auf zentrale Strukturen

Fast überall gibt es zentrale Strukturen. Modern ist, diese verklärend als Koordinierungs- oder Vorbereitungskreis zu benennen, oftmals sind sie gar nicht direkt erkennbar, sondern nur informell tätig. Doch politische Bewegung braucht gar keine zentralen Strukturen. Auch das *Attac*-Netzwerk hätte ganz anders und ohne Bundesgeschäftsstelle aufgebaut werden können. Das hätte allerdings den Interessen der Führungskader widersprochen, die als zentrale Personen und SprecherInnen auftreten wollten. Denkbar ist aber sehr wohl, dass innerhalb von *Attac* wie in allen anderen Vernetzungen keine Zentrale vorhanden ist, sich sehr wohl aber Projekte, Kampagnen oder was auch immer ein Büro, eine Projekt-Kontaktstelle u.ä. schaffen können. Diese Stellen stehen dann gleichberechtigt nebeneinander als Ansprechadressen nach außen. Alle können nach außen treten oder im Namen derer, die sich für ein Projekt konkret zusammengefunden haben und sich auf eine gemeinsame Position geeinigt haben. Wieweit sie kooperieren, ist ihre Sache, d.h. Kooperation entsteht von unten. Wenn es gemeinsame Initiativen gibt, werden sie von denen getragen, die sich dafür interessieren. Bezogen auf *Attac* könnte das heißen: Das zentrale Büro wird aufgelöst, die dadurch freiwerdenden Möglichkeiten in den Aufbau eines vielfältigen Nebeneinanders vieler Projektstellen für die verschiedenen Themen und Kampagnen gesteckt.

Mit dem Verzicht auf SprecherInnen, zentrale Strukturen und gemeinsame Entscheidungsfindung ist der Verzicht auf ein gemeinsames Label und die kollektive Identität insgesamt verbunden. Das ist nicht nur ein »Nein«, sondern bietet Ansatzpunkte für visionäre Debatten und Reibung mit der herrschaftsförmigen Gesellschaft, in der kollektive Identitäten (Nationen, Clubs und Clans, Parteien und Firmen, Polit- und Religionssekten, Familien und Cliquen) prägend sind. Dem »Wir« ein offensives Experiment entgegenzustellen, d.h. den Verzicht auf einen einheitlichen Namen, auf ein Label usw. auch deutlich zu benennen, kann bereits eine politische Aktion sein. In der konkreten Arbeit verhindert es in großem Umfang Bürokratie, notwendige zentrale Treffen und Entscheidungsfindungen. Es schafft die Basis für Vielfalt und Dynamik.

Kaum instrumentalisier-, unterwander- oder beherrschbar!

Wichtige Vorteile der »Organisierung von unten« sind fehlende Kontrollierbarkeit und Möglichkeit zur instrumentellen Beherrschung. Ein offener Verbund ohne Label, einheitlichen Namen und Positionen kann von niemandem »vertreten« werden. Die Medien und andere gesellschaftliche Eliten werden zwar Führungspersonen zu konstruieren versuchen, um deren Äußerungen als kollektive Meinung darzustellen oder um Protest unter die Führung kontrollierbarer Personen zu kanalisieren. Dieses wird aber erschwert, wenn ein Verbund vielfältig ist, keine Zentrale hat und alle Teile eigenständig mit ihren Aktionen und Positionen agieren.

Eine Chance zur Umsetzung: Sozialforen

Von besonderer Bedeutung für den Aufbau offener Vernetzung und Kooperation könnte der Aufbau der *Sozialforen* sein. Zwei Jahre nach dem Hype von *Attac* sind sie der neue Liebling der Medien. Die Praxis politischer Arbeit verändert sich zwar wenig, aber die Wiederholungen täuschen über die Wirkungslosigkeit des Engagements hinweg. Die Erfolgsmeldungen der Gründungsversammlungen vermitteln den eisernen Durchhaltewillen oft schon recht betagter PolitakteurInnen. Nur wenig spürbar ist von Aufbruch, Kreativität und Vielfalt. Vieles deutet darauf hin, dass die Sozialforen wie *Attac* ein neues Strohfeuer und mancherorts ein weiterer Ansatz von Kanalisierung des Protestes sind – hier vor allem zum aktuellen Sozialabbau. Es ist aber anders denkbar und kann sich daher lohnen, in die Gründungsphase von Sozialforen die hier genannten Ideen einzubringen. Manche NGOs und alteingesessene »Linke« werden sich wehren. Sie neigen dazu, alles kontrollieren zu wollen und haben Angst vor unüberschaubarer Vielfalt. Wo sich dynamischere Strategien durchsetzen, lassen sich Menschen und Gruppen aktivieren, die längst nicht mehr mitmachen bei der langweiligen Art, wie Politik in Deutschland umgesetzt wird. KünstlerInnen, viele kleine Gruppen, WGs und alternative Projekte, Menschen am Rande der Gesellschaft und in den Nischen politischer Bewegung bieten ein frecheres, subversiveres Potential für kreativ-widerständige Politik als die aalglatten FührerInnen von *Attac* und anderen NGOs.

Sozialforen sind nicht der einzige Ort, an dem sich offene Kooperation als Organisierungsform gegenüber Bündnislogik und Hierarchie
durchsetzen lassen. Von politischer »Bewegung« kann nur gesprochen werden, wenn es ein vielfältiges Nebeneinander sich über-
schneidender, miteinander kooperierender Projekte, Gruppen, Plattformen und Vernetzungen gibt. Die Hoffnung wäre, dass neben der
kreativen Aktion auch die Gräben und Kämpfe in einer solch offenen
Struktur überwunden werden zugunsten einer offensiven Streitkultur.
Einigkeit und Harmonie sind ebenso Gift für eine offene, kreative Bewegung wie Spaltung und Trennung.

Aktionsmethoden aneignen und weiterentwickeln

Viel politische Wirkung geht verloren, weil die AkteurInnen nicht
spontan auf Situationen reagieren können. Politische Arbeit – wenn
sie denn überhaupt noch nach außen gerichtet wird – besteht meist
aus wenigen Aktivitäten mit großem zeitlichen Abstand, weil die Vorbereitung viel Kraft kostet und angesichts der starren Organisie-
rungsformen mit regelmäßigen Treffen plus Einbindung in die Zwänge
des Alltags nicht mehr möglich ist. Die beschlossenen organisatorischen Vorgaben werden von den Mitmachenden aus Mangel an Alternativen und fehlender Kraft zu eigenen Ideen kommentarlos akzeptiert. Im Alltag trifft mensch zwar permanent auf Formen von Herrschaft, Ausbeutung, Diskriminierung oder Umweltzerstörung. Doch
fehlt hier die Kraft und das Wissen um Handlungsmöglichkeiten. Politisches Engagement und Alltag spalten sich, weil es kaum praktische
und mentale Vorbereitung gibt, politische Widerständigkeit am Ar-
beits- oder Ausbildungsplatz, beim Einkaufen, in der FußgängerIn-
nenzone, im Bus oder Zug, in der Familie oder im FreundInnenkreis
zu zeigen. Jeder gesellschaftliche Subraum ist ein Ort der ständigen
Reorganisierung von Herrschaft und Unterdrückung – folglich kann
auch jeder Ort der richtige Platz sein, um diese zu demaskieren, ab-
zuwehren und Alternativen zu diskutieren.

Die Techniken solcher »direkten Aktion«,[384] d.h. des selbstbestimmten Handelns zur Verbesserung der eigenen Lebensumstände, rei-

---

[384] Der Begriff »direkte Aktion« wird auch im anarchosyndikalistischen Bereich verwendet
und meint dort vor allem, seine eigenen Belange in die Hand zu nehmen. Unter diesem
Aspekt hat er eine Nähe zu dem hier verwendeten Begriff, jedoch blenden große Teile der
AnarchosyndikalistInnen aus, dass eine Aktion nur dann als emanzipatorisch betrachtet

chen von Kommunikation (Subversion, Überidentifikation, verstecktes Theater usw.), über soziale Intervention und Gegenöffentlichkeit bis zu Blockaden. Wenn in einer Stadt oder Region viele Menschen und viele politische Gruppen über das nötige Wissen für Aktionen verfügen, wird alles deutlich einfacher werden, weil die Vorbereitungszeit verkürzt wird, weil viele Einzelne auch ohne ständige Anleitung der führenden Personen agieren können und jederzeit eine Reaktion z. B. auf Diskriminierungen, Unterdrückung und andere Vorgänge im Alltag erfolgt. Aneignung von Wissen bedeutet nicht automatisch Anwendung – sondern sie erweitert Handlungsmöglichkeiten, d.h. mensch kann selbstbestimmt entscheiden, was wann passend ist. Das Knowhow kann über gemeinsame Seminare, Trainings, Aktionen mit Auswertung, Internetseiten und Broschüren[385] erworben und weitergegeben werden. Hinzu kommen Erfahrungen und kleine Hilfsmittel, die mensch fortan immer dabei hat – von passenden Schraubenschlüsseln über Pfeifen bis zu anderen Werkzeugen.

Kommunikation und Vermittlung

Die Qualität einer Aktion, die nicht nur im Einzelfall helfen will, misst sich darin, wie stark sie eine Kommunikation mit Menschen aufbauen kann und die gewünschten Inhalte vermittelt. Unter diesem Gesichtspunkt erscheinen die zur Zeit gängigen politischen Aktionsformen eher ungeeignet. Die meisten Demonstrationen, Mahnwachen, Petitionen, Unterschriftensammlungen und vergleichbaren Aktionen erreichen kaum Menschen oder vermitteln kaum etwas hinaus über einfache Parolen oder das Gefühl, irgendetwas getan zu haben.

* Theater, Musik, Speakers' Corner, Videoprojektionen oder Ausstellungen in den Innenstädten, Rat- oder Kaufhäusern können Menschen sehr direkt erreichen. Wenn über Flugblätter und Infostände Inhalte vermittelt und Personen als DiskussionspartnerInnen bereitstehen, kann viel Kommunikation geschaffen werden.

---

werden kann, wenn sie nicht nur an die Herrschenden appelliert. Ein Streik ist in diesem Sinne keine »direkte Aktion«, weil er an die InhaberInnen der Fabriken appelliert. Die Aneignung der Fabrik wäre die »direkte Aktion«. In der englischen Fassung des Begriffs »Direct Action« stammt dieser vor allem aus England, wo in den 90er Jahren viele Basisgruppen durch Flächen- und Häuserbesetzungen, Sabotage usw. Projekte verhindert haben und Alternativen aufgebaut haben, ohne den staatlichen Rahmen zu akzeptieren. Als Beispiel kann die Internetseite *www.ecoaction.org* genannt werden. In diesem Kapitel wird ein erweitertes Verständnis des Begriffs der direkten Aktion verwendet, der die gesellschaftlichen Bedingungen mit einschließt.

[385] Mehr unter *www.direct-action.de.vu*, viele Veröffentlichungen unter: *www.projektwerkstatt.de/materialien.*

- Versteckte Theateraufführungen mit Einbindungen der PassantInnen in die Handlung können den kommunikativen Effekt stärken. Die Gruppe spielt eine Szene, aber es wird nicht erkennbar, dass es Theater ist und die AkteurInnen zusammengehören.
- Irritation oder die direkte Störung als normal geltender Abläufe erregen starke Aufmerksamkeit und bieten die Chance, Normen in Frage zu stellen und den Blick auf Alternativen oder gar Visionen richten. Teil jeder Aktion sollte daher die Frage sein, wie die Inhalte, von der Kritik bis zur Vision, vermittelt werden.
- Von besonderer Bedeutung ist die Vermittlung bei illegalen Aktionen. Hier fallen verschiedene Varianten weg – zumindest bei höher strafbewehrten Protestformen. Die Verknüpfung mit offenen Kommunikationsformen zum gleichen Thema ist hilfreich.

Subversion
Subversion kann die Wirkung einer Vermittlung steigern. Sie nutzt die Ausstattung von Staat, Konzernen, Marktinstitutionen und großen Organisationen, denn deren Möglichkeiten zu repressiver Macht, Steuerung von Diskursen, öffentlicher Manipulation und Einflussnahme auf Medien sind fast unendlich. Es besteht keine Chance, hier ähnliche »Power« aufzubauen und die Herrschaftssysteme mit gleichen Methoden zu besiegen. Im Einzelfall können Überraschungsmomente gelingen, wobei Überraschung schon selbst ein Mittel der Kreativität ist und damit eine auf gleiche Mittel setzende Strategie überwindet. Neben der Kreativität, die innerhalb herrschaftsarmer, von Selbstbestimmung und Vielfalt getragener Systeme entwickelt werden kann, ist die Subversion ein zentrales Mittel, der geballten Macht von Staat und Marktelementen entgegenzutreten. Subversion meint, die Kraft des Gegenüber nicht zu bekämpfen, sondern so umzulenken, zu verändern und zu verdrehen, dass sie für die eigenen Ideen oder zumindest gegen das Gegenüber gewendet werden kann. Zum einen können die Handlungen der Machtsysteme verdreht werden, zum anderen können die Apparate und Handelnden selbst so umgelenkt werden, dass sie gegen sich zu arbeiten beginnen.
- Antirepression: Die Repression wird genutzt, um die Funktionsweise und die Interessen der Herrschenden zu demaskieren. Festnahmen, Personalienkontrollen, Gerichtsverfahren, Knäste usw. werden als Aktionsflächen umgestaltet, um die Hintergründe sowie im günstigsten Fall Visionen jenseits von Repression zu thematisieren.

- In ähnlicher Weise können Parlamentssitzungen, die Atmosphäre in Kaufhäusern, die allgegenwärtige Werbung, die Autoritätsgläubigkeit, der Ordnungswahn und vieles mehr für Verdrehungen und Demaskierungen genutzt werden.
- Die kreative Umgestaltung von Werbeflächen kann schon dann, wenn nur einzelne Worte oder Buchstaben verändert werden, völlig andere Aussagen sichtbar machen – ohne großen Aufwand. Fakes (Fälschungen z.B. auf amtlichen oder sonstigen Briefbögen oder Ankündigungen tatsächlich auch gewollter Vorgänge wie Gratisfahrtage usw.) und andere Kommunikationsguerilla-Strategien setzen auf Autoritätsgläubigkeit und verwandelt diese in politische Aktion. Der Aufwand ist meist niedrig und die Wirkung hoch, wenn Subversion angewendet wird. Überidentifikation, d.h. das Nachspielen dessen, was kritisiert werden soll, in zwar glaubwürdiger, aber übersteigerter Form, kann Interessen von Machtapparaten demaskieren.
- Die Gegenseite kann zu eigenen Zwecken umgelenkt werden. So entsteht eine Straßenblockade, wenn per anonymem Anruf der Polizei glaubhaft gemacht wird, dass auf einer Kreuzung Straftaten geschehen u.ä.[386] Mit passenden Gesprächsabläufen bis Theaterstücken können PolizistInnen zu Mitwirkenden bei Aktionen werden.

Militanz, Macht und die Gewaltfrage

In der Debatte um Aktionsstrategien nimmt die Frage nach Gewalt bereits seit längerer Zeit eine wichtige Stellung ein. Sowohl von militanzbefürwortender wie auch von gewaltfreier Seite wird oft behauptet, dass hier der Schlüssel zu Erfolg und Misserfolg liegt. Die Begründungen dafür sind dürftig. Denn die Frage der Militanz ist keine grundsätzliche, sondern eine der Entscheidung im jeweiligen Augenblick. Welche Aktionsmethode sinnvoll ist, kann niemals per Norm und ohne Kenntnis der Situation festgelegt werden. Die Ablehnung von Gewalt basiert auf der Position, dass eine gewaltfreie Gesellschaft nicht mit Gewalt geschaffen werden kann. Mit der gleichen Logik ließe sich formulieren, dass im Kampf um eine atomstromfreie Zukunft nur Solarstrom verwendet werden darf und bei Aktionen für ein autofreies Leben nur per Fahrrad und Fuß agiert wird. Eine Be-

---

[386] Notrufnummern, Rettungsstationen, Feuerwehr usw. sollten für solche Aktionen nicht genutzt werden. Subversion muss gezielt die treffen, die Herrschaft ausüben und deren Strukturen sich gegen die Selbstbestimmung der Menschen richten.

gründung solcher Behauptung erfolgt nie. Es wird darauf gehofft, dass diese Setzungen unhinterfragt wie Glaubensgrundsätze oder mathematische Regelsätze übernommen werden. Nicht besser als dogmatisch gewaltfreie sind gewaltverherrlichende Positionen, wenn z.B. formuliert wird, dass die Gewalt des Staates nur mit Gewalt zu brechen ist. Solche Positionen schalten den Mensch als denkendes, handelndes und reflektierendes Wesen aus und unterstellen ihn Grundsätzen, die nicht mehr zu hinterfragen sind.

Zur Frage von Gewalt erscheinen andere Überlegungen viel sinnvoller: Die konkrete Vorgehensweise bei Aktionen muss frei wählbar sein. Das bedeutet, dass intensiv abgewogen, kreativ und emanzipatorisch entschieden wird, denn das macht das Selbstbestimmungsrecht von Menschen aus.

- Militante wie gewaltfreie Aktionen dürfen Menschen nicht in ihrer Selbstentfaltung und damit auch in ihrer körperlichen Unversehrtheit einschränken. Das setzt hohe Ansprüche an die Ausführung von Aktionen selbst – hinsichtlich der Vermittlung, der Zielgenauigkeit und auch der Umsicht, Menschen nicht selbst zu treffen und nicht mehr als nötig einzuschränken.[387]
- Gewalt und Macht als Mittel im Innenverhältnis politischer Bewegung scheidet aus, weil es anti-emanzipatorisch wirkt, per Gewalt dort Herrschaftsverhältnisse durchzusetzen, wo Herrschaftsfreiheit bereits verwirklicht werden könnte.[388]
- Für militante Aktionen ist die Aneignung von Aktions-Know-How wichtig. Fehler sind hier gefährlich – für die AktivistInnen selbst (Selbstgefährdung, Repression) und für Unbeteiligte. Richtiges Werkzeug, präzise Vorbereitung, Trainings und mehr sind erforderlich. Wer aber die richtigen Verschaltungen für Elektronik beherrscht, wer Stinkstoffe gezielt in Lüftungsschächte einführen kann, wer Türen nach Belieben öffnen oder dauerhaft verschließen kann, Züge, Kameras oder Automaten lahm legen kann, hat

---

[387] Wer fordert, dass Menschen gar nicht eingeschränkt werden dürfen, spricht sich unbemerkt gegen jede Aktion aus. Denn schon jedes öffentliche Wort, jeder Blickfang, erst recht aber Flugblätter oder eine Demonstration durch die Stadt führt zum Zwang auf andere Menschen, ihr Verhalten darauf einzustellen. Der auf Herrschaftsausübung gerichtete Rechtsstaat versucht immer wieder, den Nötigungsparagraphen dafür zu bemühen. Menschen nicht einschränken zu wollen, heißt soziale Kontakte als solches in Frage zu stellen. Für eine emanzipatorische Politik ist ein solcher Stil nicht passend, da er Kommunikation verneint.

[388] Die Praxis sieht anders aus: Gewaltförmige Rauswürfe, Gebrauch des Hausrechts, Ausschlüsse usw. sind in vielen politischen Zusammenhängen an der Tagesordnung.

mehr Möglichkeiten, das Geschehen nach eigenen Ideen zu gestalten.

Aktionen als offene Strukturen gleichberechtigter Teile
Innerhalb von Aktionen und Projekten sind Herrschaftsverhältnisse unter emanzipatorischem Blickwinkel immer falsch, da sie den Aufbau oder die Akzeptanz von Herrschaft in einem gesellschaftlichen Subraum bedeuten, obwohl anderes möglich wäre. Emanzipation, d.h. der Abbau von Herrschaft, die (Selbst-)Befreiung von Menschen und deren Selbstentfaltung, ist aber immer und überall nötig. Daher gilt für jede Aktion das, was in den vorhergehenden Kapiteln zum Dominanzabbau, zu gleichberechtigten Arbeitsmöglichkeiten, zur Autonomie und zum konkreten Vorgehen benannt wurde. In der Vorbereitung und Durchführung von Aktionen können kreative und hierarchiearme Methoden verwirklicht, Freiräume oder unabhängige Medien geschaffen werden.

Kombiniere ... die Mischung macht's!
Diese und andere Einzelaspekte müssen nicht nebeneinander stehen. Der Reiz, alle Methoden im Rahmen eines Projektes anzuwenden, ist hoch. Wer eine Aktion organisiert gegen Verwertungslogiken, dabei gleichzeitig auf Alternativen hinweist und über Utopien diskutieren kann, mit einem eigenen Medium weitergehende Informationen streut usw., hat andere Handlungsmöglichkeiten als Gruppen, die immer wieder bei Null anfangen und nur Einzelaktionen schaffen. Neben der Vernetzung verschiedener Ansätze helfen Orte, an denen Protest, Freiraum, Gegenöffentlichkeit, Selbstorganisierung usw. zusammenkommen – z. B. in der Form bunter sozialer Zentren oder zeitlich beschränkter »Gegenwelten« inmitten der Normalität des markt- und herrschaftsförmigen Alltags, wie es z.B. mit dem »Utopie-Camp« im Sommer 2003 in Gießen versucht, aber überwiegend verboten wurde.[389] Die dortigen Ansätze sind ausbaubar.

---

[389] Berichte zum Utopie-Camp-Verlauf unter *www.abwehr-der-ordnung.de.vu*. Siehe außerdem die Broschüre »Die Mischung macht's!« unter: *www.projektwerkstatt.de/materialien*.

Von Attac zur unabhängigen, offenen Gruppe _____

Die Frage »*Attac* – Ja oder Nein?« verkürzt das, um was geht – nämlich um die Form der Organisierung, der direkten Aktion, der offenen Plattformen und nicht-identitären Vernetzung. Für alle, die bei *Attac* bleiben oder neu hinzustoßen, heißt das: Wie kann das unter dem Label »Attac« Erreichte so weiterentwickelt werden, dass nichts verloren geht, was den AkteurInnen wichtig ist? Wie kann auf der anderen Seite die eigene Arbeit so geöffnet und das auch sichtbar gemacht werden, dass das Label »Attac« nicht Türen verschließt, weil eine Gruppe, die *Attac* heißt, oft identifiziert wird mit der Politik ihrer Chefetagen.

Ob *Attac* oder eine andere Gruppe – der Weg zu kreativen, offenen, vielfältigen Aktionsformen, zur Verbindung mit visionären Ideen und interner Gleichberechtigung ist ein weitreichender, aber spannender und notwendiger Entwurf einer emanzipatorischen Praxis. Es kann hilfreich sein, frühzeitig den Kontakt zu anderen Gruppen zu suchen, denn von diesem Entwurf ist nicht nur *Attac* weit entfernt. Wo Neues entsteht, sollte es von Beginn an als offener Prozess laufen, d.h. offen für alle, die sich für Veränderungen hin zu einer vielfältigen Bewegung interessieren. Emanzipatorische Politik braucht viele neue, kreative Versuche, aber: Eine andere Organisierung ist möglich!

Kommentierte Quellen

Hier folgen einige grundlegende Informationsquellen, die über die Fuß-
noten hinaus eine Breite an Informationen bieten. Sie werden neben
den bibliografischen Angaben kurz beschrieben.

Literatur

Attac Deutschland (Hrsg.) (2004): Alles über Attac, Fischer Taschen-
buchverlag Frankfurt am Main. Selbstdarstellung über das, was Attac
ist und macht.

Attac Österreich (Hrsg.) (2004): Die geheimen Spielregeln des Welthandels. WTO, GATS, TRIPS und MAI. Promedia Wien.

Bello, Walden/Bullard, Nicola/Sachs, Wolfgang/Shiva, Vandana u.a.
(2003): Die Umwelt in der Globalisierungsfalle, VSA-Verlag Hamburg
Dokumentation der Redebeiträge und ausgewählter Reaktionen des
McPlanet-Kongresses 27.-29.6.2003 in Berlin.

Bergstedt, Jörg (1998): Agenda, Expo, Sponsoring – Recherchen im
Naturschutzfilz. IKO-Verlag, Frankfurt. Berichte und Analysen zum
Zustand der Umweltbewegung, vor allem ihrer Staats- und Wirt-
schaftsnähe. Dabei tauchen wesentliche Teile der heutigen Attac-
Eliten im Kapitel über Jugendumweltbewegung auf, in der sie sich bis
Mitte der 90er Jahre engagierten.

Bergstedt, Jörg (1999): CD »Agenda, Expo, Sponsoring«. IKO-Verlag
Frankfurt. Sammlung von ca. 1000 Dokumenten mit Belegen zu den
Aussagen des oben genannten Buches.

Bergstedt, Jörg (2002): Reich oder rechts? Umweltgruppen und
NGOs im Filz mit Staat, Markt und rechter Ideologie, IKO-Verlag
Frankfurt. Umfangreiche Sammlung von Verflechtungen von NGOs,
Basisgruppen, Netzwerke und Instituten mit Wirtschaft, Staat, rech-
ten und esoterischen Gruppen.

Bergstedt, Jörg (2002): Nachhaltig, modern, staatstreu? Projektwerkstatt Saasen. Analyse linker Positionen, Forderungen und Ideologien von Agenda 21 bis Tobin Tax in Hinblick auf ihren emanzipatorischen Gehalt sowie Staats- und Marktnähe.

Brand, Ulrich (Hrsg.) (2001): Nichtregierungsorganisationen in der Transformation des Staates, Westfälisches Dampfboot Münster. Kritische Bestandsaufnahme verschiedener Autoren über die Arbeitsweise von Verbänden bei Öffentlichkeits- und Lobbyarbeit.

Buchholz, Christine u. a. (Hrsg.) (2002): Handbuch für Globalisierungsgegner, Kiepenheuer & Witsch Köln. Verschiedene Kapitel zu den Formen und Themen der Globalisierung und ihrer Kritik.

Cassen, Bernard/George, Susan/Richter, Horst-Eberhard/Ziegler, Jean u.a. (2002): Eine andere Welt ist möglich! VSA-Verlag Hamburg. Dokumentation der Redebeiträge und ausgewählter Reaktionen auf den Attac-Kongreß 19.-21.10.2001 in Berlin.

Grefe, Christiane/Greffrath, Mathias/Schumann, Harald (2002): attac – Was wollen die Globalisierungskritiker? Rowohlt-Verlag Berlin. Idealisierende und oft verfälschende Beschreibung der Herkunft und Ziele von Attac und seiner Mitwirkenden. Die AutorInnen sind JournalistInnen von taz/Wochenpost, Spiegel und Zeit.

Gruppe InKAK (2003): Attacke! Selbstverlag Hamburg. Broschüre mit Quellen und Kritiken zu Attac (Stand: Herbst 2002). Die Gruppe und Bezugsquelle existiert nicht mehr.

Gruppe Landfriedensbruch (1999): Vom Gipfel kann es nur noch aufwärts gehen! Projektwerkstatt Saasen. Dokumentation von Vorbereitung und Durchführung der Proteste gegen den EU- und G7-Gipfel in Köln 1999 mit Schwerpunkt auf Steuerung, Dominanzen, Staats- und Parteinähe, Ausgrenzungen und Manipulationen – etliche er heutigen Attac-Eliten fielen auch damals mit ihren Strategien auf.

Die meisten der kritischen Veröffentlichungen sind über *www.projektwerkstatt.de/materialien* zu bestellen.

Internetseiten

www.attac.de: Internetseiten von Attac Deutschland.

www.attac.org: Internationale Seiten von Attac.

www.share-online.de: Kerngruppe von Attac, Bewegungsakademie, Bewegungsstiftung usw.

www.attac-online.de.vu: Attac-kritische Seiten der *www.projektwerkstatt.de*, sortiert nach verschiedenen Themen und mit Hunderten von Quellen und Zitaten sowie vielen weiterführenden Links.

www.free.de/schwarze-katze/doku/attac.html: Linksammlung zu Attac-kritischen Texten der Schwarzen Katze.

www.de.indymedia.org/2002/01/13556.html: Anarchistische Attac-Kritik.

www.no-law-no-war.de.vu: Kritische Seiten zur Friedensbewegung und kriegsbefürwortenden Teilen politischer Bewegung.

www.projektwerkstatt.de/debatten: Sammlungen von Zitaten, Quellen und Texten zu politischer Organisierung, Gruppen, NGOs, Parteien usw.

www.herrschaftsfrei.de.vu: Debatten und Texte zu herrschaftsfreier Gesellschaft, Kritik von Herrschaft, Staat und Markt, Utopien.

www.wahlquark.de.vu: Kritik an Demokratie, Rechtsstaatlichkeit und Wahlen.

www.hierarchnie.de.vu: Kritik an Dominanzen und Hierarchien in politischen Gruppen sowie konkrete Vorschläge zu Kreativität und Entscheidungsfindung von unten.

www.direct-action.de.vu: Tipps und Beispiele für freche Aktionen.

Namens-Index

Stichwort-Index